U0522853

吉田茂时代的
日本政治与外交研究

郑毅 著

中国社会科学出版社

图书在版编目（CIP）数据

吉田茂时代的日本政治与外交研究／郑毅著. —北京：中国社会科学出版社，2016.3
ISBN 978-7-5161-6216-3

Ⅰ.①吉…　Ⅱ.①郑…　Ⅲ.①政治—研究—日本②外交—研究—日本
Ⅳ.①D731.3②D831.3

中国版本图书馆 CIP 数据核字（2016）第 046023 号

出 版 人	赵剑英
责任编辑	梁剑琴
责任校对	刘　娟
责任印制	何　艳

出　　版	中国社会科学出版社
社　　址	北京鼓楼西大街甲 158 号
邮　　编	100720
网　　址	http://www.csspw.cn
发 行 部	010-84083685
门 市 部	010-84029450
经　　销	新华书店及其他书店
印刷装订	北京市兴怀印刷厂
版　　次	2016 年 3 月第 1 版
印　　次	2016 年 3 月第 1 次印刷
开　　本	710×1000　1/16
印　　张	22.25
插　　页	2
字　　数	361 千字
定　　价	79.00 元

凡购买中国社会科学出版社图书，如有质量问题请与本社营销中心联系调换
电话：010-84083683
版权所有　侵权必究

目 录

前言 …………………………………………………………… (1)

第一编　战败与单独占领 …………………………………… (1)
　　日本"无条件投降"论质疑 ………………………………… (3)
　　1945，战败国：日本的选择 ………………………………… (11)
　　战后与占领的现代意味 …………………………………… (17)
　　美国对日本战争反省意识的矫正 ………………………… (22)
　　论占领方式与被占领国政治生态形成之间的关系
　　　　——以美国对日占领史为中心 ……………………… (34)
　　吉田茂与麦克阿瑟在占领时期的合作 …………………… (49)

第二编　帝国意识与皇国史观 ……………………………… (59)
　　战前日本的帝国意识研究
　　　　——以吉田茂的《对满政策之我见》为中心 ………… (61)
　　近代日本帝国意识成因研究 ……………………………… (70)
　　皇室·反战·神道：吉田茂的皇国史观研究（上）………… (78)
　　皇室·反战·神道：吉田茂的皇国史观研究（下）………… (89)

第三编　政治生态与权力政治 ……………………………… (99)
　　试论吉田茂的权力来源 …………………………………… (101)
　　1949 年日本国会选举的政治意味 ………………………… (110)
　　旧金山媾和前后日本政治资源重组与结构演变 ………… (119)

日本双重政治体制问题探析 …………………………………（131）
　　　试析日本新保守主义思潮的流变 ………………………………（138）

第四编　**外交政策与片面媾和** ……………………………………（151）
　　　战后东亚地区冷战格局的形成及特征 …………………………（153）
　　　吉田内阁的对外政策与战后初期中日关系 ……………………（163）
　　　旧金山媾和与战后日本外交政策的形成 ………………………（173）
　　　日本对台政策策略研究
　　　　　——以"吉田书简"为中心 ……………………………（180）
　　　战后日本媾和外交策略研究
　　　　　——以吉田茂的"商人式国际政治观"为中心 …………（189）
　　　试析吉田茂的中国政策观 ………………………………………（201）
　　　吉田茂の対華外交政策について ………………………………（210）

第五编　**政治遗产及其他** …………………………………………（249）
　　　近代日本西化的路径选择与中日甲午战争 ……………………（251）
　　　근대 일본의 서구숭배와 국수주의 …………………………（262）
　　　帝国意识支配下的东亚人口移动问题研究
　　　　　——以日本满洲移民政策为中心 ………………………（287）
　　　论政治互信缺失与现实中日关系的困局 ………………………（299）
　　　吉田茂の遺産について …………………………………………（307）

附录
　　　附录一　吉田茂年谱 ……………………………………………（323）
　　　附录二　吉田历届内阁成员名录 ………………………………（326）

主要参考文献 ………………………………………………………（329）

后记 …………………………………………………………………（344）

前　言

美国历史学者约翰·W. 道尔曾用这样一段文字概括日本百年近代史："日本作为现代国家的兴起令人震惊：更迅猛、更无畏、更成功，然而最终也比任何人能够想象的更疯狂、更危险、更具有自我毁灭性。回想起来，这简直就像是某种错觉——一场九十三年的梦想，演变成了由美国军舰引发和终结的噩梦。1853 年，一支四艘军舰的不起眼的美国舰队（其中两艘是蒸汽动力的'黑船'）抵达日本，强迫日本实行开放；1945 年，一支庞大的、耀武扬威的美式'无敌舰队'再次来临，迫使日本关起大门。"①

从 1945 年 8 月 28 日美国军队正式占领日本本土开始，到 1951 年 9 月 8 日《旧金山和约》签订止，日本战败投降被迫进入第二次锁国时期，也就是美国对日占领时期，这是所谓战后日本的原点。在这段日本历史上独一无二的特殊历史时期，前职业外交官吉田茂因其战前的亲英美派外交官身份和战时反战派的政治资本，以 68 岁之高龄而赢得重新踏入政治权力中心的机遇，开启了一个吉田时代。五次组阁连续执政七年零两个月，成为在日本近代以来的宪政历史上排名第四的长期执政的政治家。吉田茂的执政生涯大部分时间是在美国对日占领期间度过的，这种特殊历史背景，决定了吉田茂的政治理念和政治决策过程，只能是在维护战败国国家利益与接受占领国的强制改造之间寻找平衡点和利益共同点。

将某个历史人物作为一个时代的象征或者是象征性符号，实际上是

---

① ［美］约翰·W. 道尔：《拥抱战败：第二次世界大战后的日本》，胡博译，生活·读书·新知三联书店 2008 年版，第 1 页。

一件比较困难的事情，尤其对日本这样一个相对比较特殊国度的历史人物。

吉田茂作为一个政治人物或者是政治家而言，作为一个历史时期的象征或是符号，同样见仁见智。

20世纪70年代，日本社会在经济高速增长的时代之后出现对占领时代日本政治生态的反省、反思，出现了一股以特定政治人物前首相吉田茂执政历史的研究热。

1970年7月，前日本防卫大学校长、京都大学教授猪木正道受日本文化界名流东畑精一和松本重治的邀请为吉田茂作传。他从《读卖周刊》1977年第43期一直到1979年第46期，连载发表了篇幅巨大的《吉田茂传》，猪木正道认为吉田茂是日本近现代历史上少见的具有"国际感觉"的人物之一。他评价吉田茂"在外交方面向美国一边倒，在国内政策方面健全财政、稳定通货、采取通货收缩措施，作为保守政治家重建日本的做法看来，他是个当世得力的政治家"[1]。

一个政治人物能否成为一个时代的符号或者说成为一个时代的象征，并非取决于他个人的自我评定或是他周围群体的颂扬与认同，历史地位的认同需要时间的检验和不同社会群体的认同。

实际上，在猪木正道为吉田茂作传之前，日本学者高坂正尧在1968年就出版了《宰相吉田茂》一书，该书改变了以往学界、舆论界对前首相吉田茂的负面批评的倾向，高坂正尧从现实主义国际政治观视角重新评价吉田茂在战后日本重建过程中的地位与作用，认为吉田茂是具有商人式国际政治观的政治家，在战后日本重建自由主义经济体制和民主政治过程中发挥了无可替代的作用。高坂正尧的研究结论和分析评价，对此后日本社会的吉田茂研究产生了重要的影响。

将吉田茂研究提升到一个新高度的是美国学者麻省理工学院教授约翰·道尔（Johnw. Dower），他是研究近现代日本史和美日关系史领域最重要的学者，1979年他以英语世界的读者为对象，撰写并由哈佛大学出版 *Empir and Aftermath: Yoshida Shigeru and the Japanese Experi-*

---

[1] ［日］猪木正道：《吉田茂传》上、下，吴杰等译，上海译文出版社1983年版，第1页。

ence, *1878–1954*，日本驻加拿大大使馆顾问大洼愿二将其译成日文版，后多次再版。这部专著对战前吉田茂的外交经历和思想、战后保守政治的构建，均有系统深入的研究。如果说猪木正道的《吉田茂传》是以英国原始档案材料为主，着重评述吉田茂的战前与战后外交思想和个人政治经历的话，那么可以说，约翰·道尔的这部著作是综合性研究吉田茂生平的传记，在资料运用方面更有特点，采用了大量日本和美国方面的相关资料。

约翰·道尔将吉田茂评价为是与昭和天皇比肩式的人物，称："第二次世界大战结束以来几乎半个世纪，日本已经有超过20位的首相。其中一些人具有杰出的（领导）技巧的影响力，当然这些人是包含其中的，比如岸信介、池田勇人、佐藤荣作、田中角荣、中曾根康弘。然而，在日本国内外的民众眼中，吉田茂在这些人中显然是处于前列并远远高于其他人的。事实上，在1945年二战结束以后的政治人物中，只有昭和天皇的受瞩目程度和名望超过了吉田茂，在历史的长河中，只有这两个人注定能保有这样的地位这么多年——一个人处于另一人的阴影（影响）中，而两者又都高于他人。"①

日本法政大学教授袖井林二郎对约翰·道尔的这部研究著述评价甚高，认为这部吉田茂研究著述对日本社会的"吉田热"有很重要的推动作用，袖井称同诸多所谓吉田茂评传类著述相比，约翰·道尔的这部研究成果才是真正的吉田茂传记。②

进入21世纪后，日本学界对吉田茂的研究仍不时有新作出现。日本东京国际大学教授原彬久在2005年出版的新著《吉田茂：尊皇の政治家》，从书名中可以明确地看出作者对吉田茂的政治定位，原彬久认为："应该说战后日本是与吉田茂相伴开始的比较合适。吉田执政长达七年两个月，包含了美国对日占领下的几乎全部过程和恢复独立之后的两年半有余，是战败和建设的时代。是战后日本的制度和精神的'基础'重新形成的时代。因此，研讨作为日本的最高领袖的吉田在那个

---

① John W. Dower, *Japan In War & Peace*, New York: The New Press, 1995.
② ［美］约翰·道尔：『吉田茂とその时代』下册，［日］大洼愿二译，中央公论社1991年版，第451—452页。

时代是如何决策如何行动的？而且，吉田没有做过哪些决断，为什么？他没有完成哪些事项？所有这些问题对把握战后日本的'基础'的形成及其本质是非常重要的。不管是否愿意都必须承认，这一'基础'部分，它规定了此后的日本的'形态'，所以我们无法将视线从吉田茂的决断和行动的轨迹上移开。"①

1967年5月，退出日本政坛的前首相吉田茂在给《大英百科全书》作卷首论文《激荡的百年史》时，以自己的从政经验对日本战前、战中的历史加以这样的总结："日本虽然在太平洋战争中遭到惨败，但总的说来，还是在国际政治的惊涛骇浪中巧妙地掌住了航舵。然而，这是日本人卓越的'机智'赐予的。特别是明治时期的领导者们都具有卓越的'机智'。因此，我一直提倡，凡事都要有这种'机智'。但是，'机智'这种东西，和幸运一样，不是信手拈来的，它们好像都是赠给具有卓越的历史敏感并勤奋工作的国民的一种礼物。对于那些被胜利冲昏头脑和过分相信自己实力的人们，绝不会赐予这种幸运和'机智'。日本的历史也证实了这一点。"

他还特别强调指出："回顾明治以来的百年史，我更加痛切地感到这一点，同时希望今后肩负日本重任的人们也能体会此中意义。"②

与战后日本诸多早已在人们的政治记忆中连名字都已遗忘的首相们相比，吉田茂无疑是我们认识、了解日本战后历史的最佳向导式人物。对于一位68岁步入人生黄昏时段才成为首相的政治人物而言，他在1945年日本战败前的经历和仕途无法称得上辉煌，在某个历史时期甚至可以忽略不计，因为他从当时的日本政治舞台上消失了，其中的原因各有不同。但他战前的成长经历和仕途生涯恰好是明治时代的产物，是

---

① ［日］原彬久：《吉田茂：尊皇の政治家》，岩波书店2005年版，第239頁。
② ［日］吉田茂：《激荡的百年史》，孔凡、张文译，世界知识出版社1986年版，第2页。

所谓"明治教养人"①的标志性人物，甚至可以说是明治维新三杰之一大久保利通衣钵的正统继承者。关于这一点，无论是其个人的政治信念与政治手法，还是其婚姻关系，都表明了两者之间的特殊关联性。吉田茂在1945年日本战败后的人生转折与权力复归，则是日本明治维新历史的轮回，是一个缩影与象征。

透过一个特定政治人物的权力之旅，可以洞悉那个时代一个国家和社会的万千世相。德川家康是了解江户时代日本的切入点，大久保利通可以被视为明治维新时代日本的一个镜像，吉田茂则是担负着重塑战后日本骨骼历史使命的政治人物。

中国与日本作为东亚世界最重要的两个国家，在漫长的两千多年的交往史上彼此都是一个无法回避的他者存在，对对方的观察与研究始终是一个重要的领域。早在20世纪80年代，中国日本史学界就有"搞有中国特点的日本史研究"的呼吁，时逢中国改革开放的时代大幕甫起，东邻日本作为经济大国成为中国社会学习借鉴的标本，日本热从经济领域自然也扩展到史学研究领域，日本史研究自然是一个热点。日本在战后20年间成为举世瞩目的经济大国，其中因素固然纷繁复杂，但吉田茂执政时期所确立的经济中心主义国策无疑是一个不可忽视的重要因素，从历史学的视角去探究一个政治人物的政治活动的过程，解读战后日本社会制度与精神的"基础"重构的历史过程，这本研究文集所收录的文稿是笔者近30年来从事这一领域研究的一个总括，是笔者长期持续关注吉田茂研究的兴趣所在。

---

① "所谓明治教养人，是指在日本免除了殖民地化的危险确立起主权国家地位的时期完成了人格形成的那一代人。那些得以与国民一起庆祝日清、日俄战争胜利的人们，是在连倡导独立自尊的福泽谕吉也会落下喜悦之泪的时候，即在作为民族国家的日本最兴旺的时期度过青春期的人们。"日本著名思想家竹内好语，参见[日]竹内好《国家的独立和理想》，载[日]竹内好著、孙歌编《近代的超克》，李冬木、赵京华、孙歌译，生活·读书·新知三联书店2005年版，第275页。

第一编　战败与单独占领

日本"无条件投降"论质疑

法西斯国家中，日本帝国主义是最先发动侵略战争，又是最后一个投降的国家。关于日本无条件投降论观点，近年来我国史界多有争论。① 本文拟对无条件投降的原则及由此而涉及的相关问题，加以分析探讨。

一

1941年12月7日，日美太平洋战争爆发后，第二次世界大战演变为一场真正具有世界规模的战争。轴心国德、日、意三国为表明将战争进行到底的决心，签订了以不单独媾和为宗旨的"三国协定"，和以不放下武器为内容的"三国军事协定"，向全世界表明轴心国要将战争进行到底的顽固态度。1942年9月30日，希特勒在演说中扬言："德国永不投降。"② 对此，以中、美、苏、英为首的26个国家，于1942年1月1日共同发表了《联合国家宣言》，称："保证运用其军事与经济之全部资源，以对抗与之处于战争状态之'三国同盟'成员国及其附从国家。……并不与敌国缔结单独之停战协定和和约。"③ 之后，美国总统罗斯福于1943年1月24日在北非卡萨布兰卡

---

① 参阅陈本善《关于日本无条件投降的问题》，《现代日本经济》1990年第5期；徐康明：《日本是无条件投降还是有条件投降》，《世界史研究动态》1985年第8期；黄瑞云：《关于日本投降是有条件的还是无条件的小议》，《湖北师院学报》1985年第4期。

② 陈正飞编著：《第二次世界大战史料》（第四年），大时代书局1946年版，第282页。

③ 《反法西斯战争文献》，世界知识出版社1955年版，第34—35页。

会议期间首次提出"无条件投降"的基本原则,"……彻底消灭德国和日本的作战力量……就是要德、意、日无条件投降"①。这一基本原则的提出,对同盟国阵营彻底战胜轴心国起到了十分重要的作用。尽管当时和此后有人对此项原则有过非议,②但其历史地位却不容低估。不过由于罗斯福没有谈到无条件投降的具体原则,因此当意大利、德国、日本先后投降时,三国的投降方式及其条件差异很明显。无条件投降的原则在意、德、日三国投降过程中贯彻和体现的程度有所不同,从三国尤其是从德、日两国投降的历史过程和最终结果来看,笔者认为无条件投降原则在德国的投降过程中被贯彻得最彻底;而从日本的投降方式看则有所保留,或者可以讲是有条件投降。

1943年12月1日,中、美、英三国发表的《开罗宣言》中首次明确提出日本无条件投降的具体原则,即:"三国之宗旨在剥夺日本自1914年第一次世界大战开始以后在太平洋所夺得或占领之一切岛屿,在使日本所窃取于中国之领土,例如满洲台湾澎湖群岛等,还归中国。……使朝鲜自由独立。三大盟国确认上述之各项目标并与其他对日作战之联合国家目标一致,将坚持进行为获得日本无条件投降所必要之重大的长期作战。"③随着意大利、德国的战败投降,1945年7月26日,中、美、英三国又联合发布了《促令日本投降之波茨坦公告》,公告重申:"吾等通告日本政府立即宣布所有日本武装部队无条件投降,除此一途,日本即将迅速完全毁灭。"④在这两份战时盟国对日重要文件中,都明确提出了日本无条件投降问题,但两者之间的内涵已出现深刻变异,《波茨坦公告》中提出的是"所有日本武装无条件投降",而不是《开罗宣言》中提出的"日本无条件投降"。盟国的这一变化立即

---

① [美]罗森曼:《富兰克林·D.罗斯福公开发表的文件和讲话》,转引自[美]威廉·哈代·麦克尼尔《美国和俄国,它们的合作和冲突1941—1946》上卷,叶佐译,上海译文出版社1978年版,第417页。

② J.F.C.富勒认为:"同盟国的无条件投降政策有意识地阻止了德国进行有条件的投降,这对每一个德国人来说,只能意味着二者之中取其一:胜利或毁灭。"[英]富勒著:《第二次世界大战》(1939—1945),转引自[美]保罗·克奇克梅提《战略投降》,北京编译社译,世界知识出版社1958年版,第196页。

③ 《国际条约集(1934—1944)》,世界知识出版社1961年版,第407页。

④ 《国际条约集(1945—1947)》,世界知识出版社1959年版,第78页。

被日本方面觉察，日本外相东乡茂德就认为这种变化有可能出现对日本较为有利的情形，并表示日本如果拒绝《波茨坦公告》将是"极大的失策"。日本政府也认为《波茨坦公告》对日本来说"是无条件投降的条件"。①

1945年7月28日，铃木贯太郎首相在军部的压力下表示对中、美、英三国《波茨坦公告》采取"默杀"的态度，被中、美、苏、英等盟国理解为"置之不理"拒绝公告。于是，8月6日、9日美国在日本投下了两颗原子弹，使日本政府本土决战的信心彻底动摇。东乡外相向日本天皇表示："应该以此为转机结束战争"，天皇也承认："应该如此。连这样的武器都用上了，战争已不可能再继续下去了。本想争取有利的条件结束战争，反而丧失了时机。"② 8月9日，苏联正式对日宣战。在这种情况下，日本政府首脑召开会议，东乡外相在会上表示："日本必须现在就接受波茨坦公告最后通牒，只要求保留日本天皇。"海相米内光政也认为："归根到底，只有接受三国提案的条件，设法结束战争。"③ 即主张以保留维持国体为条件接受公告；而主战派陆相阿南惟几、参谋长梅津美治郎等人则力主以保证维持国体、战犯由日本方面自行处理、不作保障占领等作为接受《波茨坦公告》的附加条件。最后，在天皇的"圣裁"下通过了前者的意见。天皇私下对内大臣木户幸一说："只要国体得到维护，解除武装和惩罚战争罪犯也就无可奈何了。要忍难忍之苦，实行投降。"④

美国在接到日本政府的复文后，陆军部部长史汀生对杜鲁门总统说："天皇的存在不独对日本人，而且对美国人都是至关重要的。它将有利于投降的进程，避免占领军和战败军队之间的流血冲突。"国务卿贝尔纳斯旋即着手起草复电，对日本的要求予以这样的答复："自投降之时刻起，日本天皇及日本政府统治国家之权力，即须听从于盟国的最

---

① [日] 外务省编：『終戦史録』下卷，北洋社1977年版，第483—534页。
② [日] 太平洋战争研究会编：《日本最长的一天》，韩有毅、夏宁生、何勇译，河北人民出版社1986年版，第12—13页。
③ [日] 参谋本部编：『敗戦の記録』，原书房1967年版，第282—283页。
④ [日] 弥津正志：《天皇裕仁和他的时代》，李玉、吕永和译，世界知识出版社1988年版，第238页。

高司令官，该司令官将来采取其认为适当之步骤以实施投降条款。……日本政府之最后形式将依日本人民自由表示之意愿确定之。"① 在这份复电中，显然美国政府对日本的复文采取了"模糊"的处理态度，即承认了日本方面保留天皇的请求，同时又对天皇的"至高无上的统治大权"加以限制。

日本方面对来自美国方面的回答，理解得非常明确。8月14日，天皇裕仁在御前会议上表示："关于国体，敌方也是承认的，我毫无不安之处。……如果现在停战，可以留下将来发展的基础。"② 当晚，日本政府向中、美、英、苏四国发出通告，以天皇认定"对方对（日本）国体抱有相当好意"为由，决定接受《波茨坦公告》。8月15日中午，天皇向全体国民发布《终战诏书》宣告投降。诏书只字未提"战败"和"无条件投降"，仅以一中性语"终战"以示战争结束，明言国体已得到维护。③

发动并进行长达14年之久的侵略战争，就这样以天皇"圣裁"的形式，在美国方面的默认下，以保留天皇制为条件接受了《波茨坦公告》的无条件投降条款而告结束。不能不说这是打了折扣、有所保留的"无条件投降"。

二

为了更清楚地阐论该问题，有必要将曾处于相同境地的日、德两国加以比较。从投降的历史过程和投降方式上来看，两者是有所区别的。

1945年2月11日，美、英、苏三国在《克里米亚声明》中对德国无条件投降的具体原则做出明确规定："苏、美、英、法四国分区占领并控制德国；完全毁灭纳粹主义的一切形式和制度等等。"这一声明被后来1945年5月8日《德国无条件投降书》全盘接受，德国的投降是

---

① 《国际条约集（1945—1947）》，世界知识出版社1959年版，第78页。
② ［日］参谋本部编：『戦败的记录』，原书房1967年版，第209页。
③ 复旦大学历史系编译：《1931—1945日本帝国主义侵略史料选编》，上海人民出版社1983年版，第552页。

真正彻底的无条件投降。德国被四大盟国分区实行军事占领，盟国管制委员会行使德国政府职能，纳粹制度被彻底铲除。而日本在接受《波茨坦公告》后的无条件投降过程中，只是日本军队无条件投降，它同德国的投降至少有几点不同：其一，投降后主权天皇制转变为象征天皇制，但日本政治结构中的核心部分毕竟被保存下来，它对战后日本保守政治体制的形成产生了重要影响；其二，投降后日本政府成为美国占领军的政策执行机构，作为统治国家的机器继续运转，因而没有遭到实行军政统治的处分；其三，投降后的日本是由美国实行单独占领，而不是像德国那样由四国分区占领，这就使美国有条件按照美国的意愿来重建日本。

造成上述差异的原因很复杂，本文简要试加分析。

第二次世界大战有欧亚两个主要战场（北非战场属侧翼战场）。在针对德、日两个法西斯国家作战的过程中，决定战争结束与否的盟国力量组合有所不同。在欧洲苏联是正面抗击德国法西斯的主要力量，美、英在对德战争中同苏联结为同盟。因此，在解决德国问题上美国不可能置苏联于不顾而独自垄断，苏联在德国投降及处理战后德国问题上具有无可抗拒的影响力。而在亚洲太平洋战场，美国和中国是抗击日本帝国主义的主要国家，当时中国蒋介石政权在外交上全面依赖美国。因此，美国总统罗斯福曾说过："在（我们）与俄国在政策上严重对立之时，中国任何时候都会站在我们一边。"[①] 因此，在亚洲美国实际上垄断着对日本的处理权。

随着德国无条件投降和战争结束期的临近，在战后世界安排问题上美苏之间出现尖锐矛盾。这种客观形势无疑有利于日本在有所保留的情况下向盟国投降。由中、美、英三国发表的敦促日本无条件投降的《波茨坦公告》，事先并未同苏联方面协商。波茨坦会议后，杜鲁门总统就表示："在太平洋，我们决不再受俄国策略的愚弄。我决定，对日本的占领不能重蹈德国的覆辙。我不想分割的管制或划分占领区。我不想给俄国人以任何机会，再让他们像在德国和奥地利那样去行动。我希

---

① ［日］信夫清三郎编：《日本外交史1853—1972》下册，天津社会科学院日本问题研究所译，商务印书馆1980年版，第709页。

望用能够使这个国家恢复国际地位的方式来管理它。"① 因此，基于这种观点美国政府断然拒绝苏联在1945年8月中旬提出的，由苏军华西列夫斯基元帅同美国麦克阿瑟将军并任盟军占领日本总司令和苏军占领北海道的建议。日本的投降过程和投降事宜的安排，实际上是由美国政府控制完成的。盟国尤其是苏联未能在日本投降问题上发挥类似在德国投降时那样的影响。

显然，美国在如何结束对日战争和占领并改造日本问题上早就有所打算。这就是为保证日本尽快投降和美国占领政策能顺利实施，要保留并充分利用日本天皇。

战争结束的方式问题既是政治问题，更主要的是军事问题。它归根到底取决于交战双方实力对比和战争形势。

战败前的日本同投降前的德国在军事实力上有很大不同。德国在无条件投降前夕，国土基本被盟军占领，军事上已没有讨价还价的筹码。日本战败前，本土尚未遭到地面攻击，在海外尚存有百十万军队。因此，日本手中还保有一定的军事实力，政府内的主战派就提出了"本土决战""一亿玉碎"的叫嚣。1945年6月8日，御前会议发布《今后应采取的指导战争的基本大纲》，确定战斗到底的决心和本土决战的战略部署。② 美国在硫磺岛战役以及冲绳战役中因日军的顽固抵抗而蒙受巨大损失，若美军在日本本土登陆将付出重大伤亡是可以预见的。因此，美国方面希望促使日本尽快投降，以减少美军损失。早在1943年美国驻日大使格鲁凭借长达十年的驻日经验，就提出："最有效和最能减少损失的做法是在日本投降和实行占领时利用天皇。反之，如果盟国采取严厉的态度，主张废除天皇制，日本人就会为了天皇誓死战斗到底，这将会给美国带来巨大的损失。"③ 格鲁又提出："天皇是唯一能使日本稳定的力量，如果不支持天皇，我们就会背上沉重的包袱，无限期

---

① ［美］哈里·杜鲁门：《杜鲁门回忆录》卷一，李石译，世界知识出版社1964年版，第333页。

② 复旦大学历史系编译：《1931—1945日本帝国主义侵略史料选编》，上海人民出版社1983年版，第536页。

③ ［日］弥津正志：《天皇裕仁和他的时代》，李玉、吕永和译，世界知识出版社1988年版，第219页。

地管理面临崩溃的 7000 万人口的社会。"① 格鲁的意见受到美国政府的重视。《波茨坦公告》事实上采纳了格鲁的观点，有意回避了最为敏感的"天皇制问题"，为最后在日本投降后保留并充分利用天皇埋下了"伏笔"。

三

1945 年 8 月 10 日，日本御前会议决定在"不包括改变天皇统治国家大权的要求之下"②，接受投降。中、美、英、苏四国的答复亦如前述。梅津美治郎等主战派上奏天皇说："自日本投降时起，日本天皇及日本政府即须从属于盟军最高司令官。……臣等诚惶诚恐，谨陈所见，如此规定，必使帝国变为属国……断难接受。"③ 而天皇却对东乡外相说："按对方答复办理即可，还是接受为好。"④ 在 8 月 14 日的御前会议上，天皇进一步阐明了关于国体保留问题的看法："关于国体问题，听说有各种疑虑，但通过这次复文，可理解到对方抱有相当善意。……所以，我认为可以在此时接受对方的要求。"⑤

从《波茨坦公告》的内容和盟国给日本的复电来看，天皇制既没有承认，但也未明确加以否认。其结果是，天皇制只是受到限制，加以改造后保留下来；日本政府在投降后并未招致解散。

因此，从日本帝国接受《波茨坦公告》这段历史来看，尤其是同前期无条件投降的纳粹德国相比，日本的无条件投降是不彻底的，是有所保留的，不应称之为无条件投降。美国在促成日本此种投降方式上承担着很大的责任。天皇制保留成为美国顺利结束战争并占领日本，同时也成为日本统治集团重建日本的政治基础。战后日本保守政治势力长期

---

① [日] 弥津正志：《天皇裕仁和他的时代》，李玉、吕永和译，世界知识出版社 1988 年版，第 222 页。
② 《国际条约集（1945—1947）》，世界知识出版社 1959 年版，第 78 页。
③ [日] 外務省编：『終戦史録』下卷，北洋社 1986 年版，第 483—534 页。
④ [日] 太平洋战争研究会编：《日本最长的一天》，韩有毅、夏宁生、何勇译，河北人民出版社 1986 年版，第 22 页。
⑤ [日] 下村宏：『終戦秘史』，大日本雄弁会講談社 1950 年版，第 150 页。

得以把持日本政局，同日本的这种投降方式、同天皇制的存续也有着密不可分的关系。战后日本政治发展轨迹的源头应从日本帝国主义"无条件投降"这一历史过程中去发掘、探寻。战后40年来日本社会内不断出现的歪曲甚至美化侵略战争的言论、修改教科书等，也不仅仅是学术观点的问题，它可以说是日本帝国主义思潮沉渣泛起的反应，这种现象的出现同当年日本帝国主义的投降方式不无关系，也同因这种投降方式而规定的军国主义势力不能彻底铲除相连。

（原载《外国问题研究》1994年第2期）

1945，战败国：日本的选择

1945年时的日本，处于历史命运的转折点：有史以来，第一次被外国占领，第一次接受了一个由外国人起草的"和平宪法"，整个国家开始向着另一个方向转型。

1945年8月15日，中午12时。

整个日本列岛完全处于静止状态。所有日本人，包括在遥远的太平洋诸多岛屿上和中国大陆的百万侵华大军，都在静候一个重要消息的广播。

"这是极其重要的广播，"日本NHK著名播音员和田信贤郑重地说，"请所有听众起立，天皇陛下现在向日本国民宣读诏书。我们以崇高的心情播送天皇陛下的讲话"。

随即演奏日本国歌《君之代》。

神秘又令人敬畏，略显苍老而又十分陌生的天皇"鹤鸣"，随着电波传出……

"朕深鉴于世界之大势及帝国现状，决定采取非常措施，以收拾时局，兹告尔等忠良臣民：朕已饬令帝国政府通告美、英、中、苏四国，愿接受其联合宣言。"

昨天还在准备"本土决战""一亿玉碎"的日本人，突然间仿佛陷入一种从未有过的虚脱状态。

日本学者色川大吉在《昭和50年史话》一书中，再现了裕仁天皇宣布战败时世界与日本截然不同的情形："无论在墨尔本、华盛顿、莫斯科、巴黎、新加坡、德里、北平、汉城、雅加达，到处都在敲响着钟声。群众蜂拥在马路上相互拥抱，满街都是人，载歌载舞。可是，与此

相反，在我们这个国家里，沉重的沉默，精神茫然若失，呜咽流涕，顷刻之间，蔓延至整个日本列岛。"

许多狂热的日本人纷纷涌向二重桥皇宫前的广场，长跪不起，失声痛哭或仰天悲叹。更有在此切腹自杀者，活脱脱一幅世界末日的惨景。

给日本以美国式的民主

1945年8月30日，麦克阿瑟以征服者的姿态飞抵"神风"队员聚集的厚木机场。

之前盟军总部已正式在二重桥皇宫对面的第一生命保险公司大楼安营扎寨。它隔着绿树掩映的护城河与皇宫遥遥相望，顶楼上迎风飘扬的星条旗，似乎是在告诉天皇和所有的日本人，今后掌握日本命运的将是美国人，而不再是天皇了。

麦克阿瑟以占领者的身份进驻后，遵从美国政府的旨意，同时也接受日方的恳请，没有像美国在德国那样设置军政府，而是保留了日本政府并将其置于自己的统辖之下，使其在内政方面继续行使政府的职能。

盟军的斯特林将军对这种占领方式的解释是："利用日本国政府这种占领方式所取得的好处是巨大的。如果没有日本国政府可资利用，我们势必要有一个直接运转管理7000万人国家所必需的全部复杂机构。他们的语言、习惯、态度与我们的都不同。通过净化并利用日本国政府，我们节省了时间、人力和物力。换言之，我们是要求日本人自己整顿自己的国家，而我们只是提供具体指导。"

如何提供具体指导？就是按照美国国家利益的需要，用美国式的民主政治理念去改造军国主义色彩浓厚的日本。

73岁的币原喜重郎和68岁的吉田茂，两位有着亲英美政治背景的人物恰逢其时浮出水面，成为麦克阿瑟的合作者：前者当了首相，后者为外相。

美国对日本的改造运动是以非军事化和民主化为目标而展开的。

10月11日，当币原首相拜访麦克阿瑟时，麦克阿瑟口述五项指令：（1）以赋予选举权解放妇女；（2）奖励组织工会；（3）学校教育的民主化与自由化；（4）废除秘密检查、司法制度；（5）经济结构民

主化。

1946年1月19日,麦克阿瑟宣布,为了对反对和平罪以及包括反人道罪在内的战争罪犯提起公诉和进行宣判,决定设立远东国际军事法庭,历史上也称为东京审判。

1948年11月12日,历时3年的东京审判终于有了判决:东条英机等7名甲级战犯被判绞刑;木户幸一等18人被判无期徒刑;东乡茂德被判20年徒刑;重光葵被判7年徒刑。12月23日,东条英机等7名战犯,在东京巢鸭监狱被执行绞刑。

美国人担心7名甲级战犯的遗体会成为日后日本军国主义死灰复燃的招牌,下令将尸体火化并将骨灰用军用飞机撒到了东京湾中——但1978年,25名甲级战犯中14人的灵位仍被偷偷地迎进靖国神社。

"和平宪法":世上独有的一部宪法

以麦克阿瑟为首的盟军总部(简称盟总)对日本改造过程中,最具有历史意义的举措就是《日本国宪法》的修改、颁布和实施。

1946年2月13日,时任币原内阁外相的吉田茂被告知,盟总有重要文件转交,务必在官邸等候。很快,盟总代表民政局局长惠特尼和助手卡迪斯来访,将一份英文宪法草案交给吉田茂,并声称麦克阿瑟早就充分考虑了天皇的地位,根据这份草案修改宪法,就能够达到维护天皇制的目的,否则就不能保障天皇的地位。同时严词申明如若不尽快制定出新宪法,由11个国家组成的远东委员会也要提出修改日本国宪法问题,届时将对天皇制的存废构成极大的威胁。最后,惠特尼强调:"如果日本政府不接受麦克阿瑟草案,那么盟军总部将把草案向日本人民公布,这对日本政府而言恐怕不是最佳的选择吧!"

事后不久,裕仁天皇传话给币原首相:"阁议的决定,不宜过于拖延。关于天皇的地位,按照盟军总部的方案不也很好吗?"于是,内阁停止争吵服从"圣裁",同意以麦克阿瑟草案为蓝本修改宪法。

1946年8月,日本众议院审议通过新宪法。此时已身为首相的吉田茂特意选定明治天皇诞辰纪念日即11月3日,正式颁布《日本国宪法》。天皇宣布其为国法,并定于次年5月3日正式生效。

在《日本国宪法》生效前一天，麦克阿瑟致函吉田首相，对新宪法的实施表示祝贺："在新宪法生效的同时，日本便确立了民主政治，为了纪念走向民主自由的这个具有历史意义的跃进，日本国旗今后自由地悬挂在代表着立宪政治三权分立的国会、最高法院和总理大臣官邸，悬挂在国民的象征和国民统一的象征——日本的宫城之上，我认为这是非常恰当的。为了使日本国民的生活具有进入一个新时代（基于个人自由、尊严、宽容和正义的永久和平的新时代）的意义，我祝贺日本国旗迎风飘扬。"

新宪法的特点之一，就是确立了"象征天皇制"。《日本国宪法》第一条规定："天皇是日本国的象征，是日本国民统一的象征。"

特点之二，是确立了"主权在民"的原则。新宪法前言中声明："兹宣布，主权属于国民，并制定本宪法。"

特点之三，是明言放弃战争，否定交战权。新宪法第九条规定："日本国民衷心谋求基于正义与秩序的国际和平，永远放弃以国权发动的战争、武力威胁或武力形式作为解决国际争端的手段。为达前项目的，不保持陆海空军及其他战争力量，不承认国家的交战权。"这一规定，可以说是世界各国宪法中绝无仅有的。

该条款的首倡者币原首相曾对麦克阿瑟说过："全世界都会嘲笑我们是不切实际的幻想家，但100年以后我们会被人民称为预言家。"

新宪法的颁布实施无疑是日本社会转型的一大标志，它昭示着日本社会已进入一个新的历史时代。

吉田茂：将日本"瘦马"带上经济起飞之途

吉田茂是与战后西德经济复兴之父阿登纳齐名的战后日本著名保守主义政治家。

日本前首相岸信介曾说："如果要从日本选一位世界第一流的政治家，那么提出吉田茂前首相的名字，谁都不会有异议。"

麦克阿瑟对自己的合作者也赞誉有加，称："他们（指日本人）在有才干的首相吉田的领导下，以自己的长处从毁灭了的废墟里上升成为一个生气勃勃的国家。"

日本战败初期，绝大多数城市化为废墟。几百万人无家可归，或露宿街头巷尾，或蜷缩在地铁通道。同时，饥饿威胁着日本人。食物匮乏，物价飞涨。为了解决温饱问题，人们想方设法找粮源。甚至连天皇出外巡视的专列，也被随行人员从地方索要的米、菜装满，运回东京。

币原内阁的大藏相涩泽大臣向首相建议："不如让皇太子明仁到美国留学，以表示日本恭顺之意，这样美国也许会提供粮食。"言外之意就是用皇太子充当人质，以换取美国的粮食。币原首相回绝说："我怎么能提出这种胆大包天的动议。"涩泽无计可施，急得在办公室里号啕大哭。

在社会状况极度混乱的情况下，币原内阁在1946年4月22日辞职。吉田茂接替鸠山一郎出任自由党总裁奉命组阁。但吉田并不急于组阁，他对身边的亲信说："最好等麦克阿瑟元帅答应供给粮食以后再组阁。如果全国摇起红旗来，只要经过一个月，美国就会拿来粮食。"6天后，麦克阿瑟紧急召见吉田茂，向他保证："我担任盟军最高统帅期间，保证不让一个日本人饿死。"麦克阿瑟给白宫发电称："不给我面包，就给我子弹！"结果，数百万吨粮食运来了。

1946年5月22日，第一届吉田内阁成立。

据吉田茂的女儿麻生和子回忆，自吉田入驻外务大臣官邸后，时常早晨起床后在官邸后面凸出的石崖上来回踱步，宛如笼中虎。眺望着废墟般的东京，时常叹息："什么时候才能把这片废墟变成鳞次栉比的人家呢？恐怕20年后也不能做到！"

不过，吉田内心虽万分焦急但仍表现出乐观的一面，他曾戏言："幸亏美国人的空袭把日本炸成了废墟，如果日本现在采用新机器、新设备，它就能成为一个了不起的国家，生产力将大大超过在战争中打赢了的国家。销毁旧机器要花不少钱，但是敌人已经帮我们干了。"

自第一届吉田内阁开始，到1955年12月第五届吉田内阁垮台，中间除1947年5月至1948年10月有两届社会党内阁之外，在他长达7年之久的执政期间，经济中心主义是其施政的最大特征。

吉田茂坦言自己的治国理念："无论'纳粹'或'法西斯'都是由于国家贫困引起的。'民主'是富国的产物。要实现'民主'，首先要让国民吃饱，让国民就业，让他们的生活得以安定提高，这是至关重

要的。"

吉田颇有自知之明,他绝不凭感觉和政治热情去直接领导经济工作,而是听取经济学家的意见,制定出"超重点倾斜生产方式"这一重大决策,优先发展煤炭、钢铁、化肥、海陆运输等产业,以此为突破口,带动整个日本经济,使日本重获国际竞争力。这一国策为日后历届政府所继承,成为战后日本经济复兴和创造经济奇迹的重要原因之一。

为了确保经济中心主义国策不受国防军费开支的影响,吉田选择同美国签订《日美安保条约》,使日本接受美国的核保护,免费乘坐安全车。为此,他提出"瘦马论",声称"日本的现状,不能只根据军事上的要求来决定兵力数量。目前,充实国家的经济力量以安定民生,仍是先决问题。日本由于战败,国力消耗殆尽,如同一匹瘦马,如果让这匹晃晃悠悠的瘦马负荷过度的重载,它就会累垮"。

1954年12月,吉田内阁因政治丑闻而垮台。第二年,即1955年,日本工矿业生产比战前水平高出90%,农业生产也高于战前的水平。此后十余年,日本经济发展速度一直保持最快的增长速度。

到60年代中期,日本的国民生产总值已超过英、法、西德,跃居资本主义世界第二大经济强国。

(原载《中国新闻周刊》2005年8月15日)

战后与占领的现代意味

狭义上的"战后"可以看作美国对日占领（1945—1952）时期，这段历史时间虽然不长，仅仅7年，但它在整个日本现当代历史中所处的特殊地位，却是十分重要的。"日本在第二次世界大战中的失败给它带来了巨大而突然的变化，这种变化只有明治维新才能与之相比。"① 日本社会的转型期框架与发展基础，象征天皇制、和平宪法、西式民主政治制度、东京审判、保守政党的育成、教育制度改革、农地改革、经济的复兴、亲美外交政策、防卫力渐增政策等，都是在这一特定时期内以法律、制度、政策等方式确定下来的。抛开这段历史，就无法真正解读当代日本社会所面临的问题，无法把握其政治走向。

战后以来，日本社会内部对美国对日占领的评价，可以大体划分为肯定和否定两种截然不同的论调。

对这段被占领时期的历史持肯定观点的人们认为，通过占领，日本社会内部发生了根本性的变革，农地改革解放了农民，鼓励成立工会，妇女解放，解散财阀虽不彻底但也使经济界内产生了竞争力，通过解除公职实现了领导层的更替以及政治上的地方分权化，尤其是借助新宪法确立了基本人权，其中第九条放弃战争条款使日本不得重整军备。尽管由于朝鲜战争的爆发，日本实行了轻军备，但不必往军备上投入更多的金钱，可以专注于发展经济，这项国策带来了今天日本的经济发展。从这个意义上来说，占领对于今天的日本而言具有非常大的贡献。

相反，对占领持否定观点的一方认为，异民族的统治导致日本人道

---

① ［美］埃德温·赖肖尔：《当代日本人——传统与变革》，陈文寿译，商务印书馆1992年版，第84—85页。

德心低下，拜金主义盛行，在国际上沉醉于一国和平主义，丧失了国际感觉等。丽泽大学教授西锐夫就认为"战后是屈辱的历史"①。

当代日本学界对美国对日占领这段历史极为重视，视其为日本历史上最重要的时期之一。诸多学者将其看成与明治维新同等重要的历史时期。丽泽大学松元健一教授认为，日本的第一次开国是幕末黑船来航而引起的开国；第二次开国是第二次世界大战因战败而实行的开国；现在是第三次开国，由于冷战体制解体而进行的第三次开国。②法政大学袖井林二郎教授则明确提出："战后日本的发展史是建立在占领的遗产上的，这一事实是不可否定的。"③一桥大学中村政则教授也认为战后改革是日本近代化历史的第二次开国，是和明治维新同样重要的改革。④松下政经塾政经研究所所长小泽一彦认为："日本由于战败，从战前的超集权主义走捷径直接转化为民主主义，可以说是幸运的。"⑤东京大学教授富永健一从日本近代化层面高度肯定美国占领军当局主导下的战后政策，他指出："被称为战后改革的民主化革命，所有的一切都是战败后的被占领状态下，由总司令部（GHQ）给日本政府发布指令来实施的。带来如此程度大规模经济的、政治的、社会的、文化的变动的改革，若不是在战败和据此而出现的占领这一空前绝后的状况下，毫无疑问是不可能完成的。可以说若没有总司令部的占领政策，日本政府单独绝不可能进行这样彻底的改革。"⑥占领时期的诸多改革成果，在占领结束后基本上被人们看成占领时期的遗产，而一些日本政界人士则视其为某种政治层面的禁区，如和平宪法、防卫费不超过 GNP 1%、靖国神社参拜、历史问题的再认识等。

---

① ［日］西锐夫：『國に破れてマッカーサー』，中央公論新社 1999 年第 5 版，第 236 頁。

② ［日］田中良紹：『憲法調査會證言集國のゆくえ』，現代書館 2004 年版，第 73—97 頁。

③ ［日］袖井林二郎、竹前榮治：『戰後日本の原点——占領史の現在』上，悠思社 1992 年版，序言。

④ ［日］中村正則：『明治維新と戰後改革——近現代史論』，校倉書房 1999 年版。

⑤ ［日］小泽一彦：《现代日本的政治结构》，世界知识出版社 2004 年版，第 19 页。

⑥ ［日］富永健一：『日本の近代化と社會變動』，講談社 1990 年版，第 223 頁。

从美国对日占领的全貌以及同世界历史上的占领史相比较来分析，我们可以看出美国对日占领不同于历史上的一般军事占领，是真正的全面占领。之所以说是真正的全面占领，主要在于世界历史上的一般占领，基本上是以瓦解被占领国的军事体制，破坏、削弱其国家战斗力，索取战争赔偿金为主要占领目的，一般占领并不改变被占领国的政治结构、法律制度、行政体系。而美国的对日占领是以同盟国签署的《波茨坦公告》为基础，对被占领国日本从政治、经济、军事、教育、法律、宗教、社会等方面进行全面彻底的改造。

从改造日本帝国的占领政策角度而言，初期的占领政策既反映了美国的国家利益，同时也反映和代表了战时反法西斯统一战线成员国的共同利益；而1948年冷战构造开始形成之后的美国对日政策，完全是单纯代表美国自身的国家利益和亚洲战略，从占领过程来看，美国的对日占领政策前后并不统一，政策本身往往前后矛盾。从占领政策的实施全过程来观察，初期相对严厉，改革力度大，后期则相对宽容，对初期的占领政策有明显的修正痕迹。

对被占领国经济领域的占领政策，无论是对德国（指西方三国占领区）还是日本都是采取"宽大的占领"。从经济援助到经济重建、复兴，直至重新在经济层面实现崛起。战后的德国和日本分别在短时期内实现经济复兴，重新成为资本主义世界的经济强国，其中固然原因复杂，是综合各种有利因素而形成的一种结果，但从占领时期美国的占领政策层面回溯其重建、复兴的基础的话，两者间的关联性是显而易见的。

而从对两国军国主义基础和体制的惩罚性角度来分析，美国的占领政策无论是对战后德国国内法西斯主义的铲除，还是对战后日本国内军国主义势力的清洗情况，应该说是"严厉的占领"，它表现了占领政策的一面。笔者认为这种对德、日两国法西斯主义和军国主义势力的铲除和清洗，是比较完全、彻底的，是占领政策最为成功的一个领域。

日本和德国的军国主义、法西斯主义势力，在占领时期从思想、理论到组织、人员都成为铲除和清洗的对象。民主主义、和平主义思想与理念在这两个国家中已然成为社会主流思想和意识。

1983年1月，日本主流媒体之一的《朝日新闻》进行了一次民意

调查，对战后保持近40年和平的原因进行调查。日本国民提出三个理由：一、悲惨的战争体验；二、国民的努力；三、和平宪法。① 战后日本的社会意识，无疑是由于第二次世界大战的举国战败而形成的弥漫整个社会的，因战败国意识而引发的和平主义思潮。社会存在决定社会意识。

和平主义思潮的兴起，是战败的残酷现实给日本社会各阶层造成强烈冲击的结果。反对战争、反省忏悔，成为一种普遍的社会现象。而且，占领者当局改造日本的目的，也是希望通过民主化和非军事化改革，是日本成为和平之国。以麦克阿瑟草案为蓝本而制定的《日本国宪法》，最大的特征就是它是一部和平宪法。其基本原则是"和平主义、民主主义以及基本人权的原则"。1946年3月，日本政府公布《宪法修改草案纲要》后，根据《每日新闻》社的舆论调查，支持宪法中"放弃战争"条款的人数达70%。② 和平主义思潮，在战后日本盛行近30余年，70年代末出现衰退迹象，具有浓厚民族主义色彩的新保守主义思潮，逐渐占据了社会主流地位。

80年代兴起的新保守主义，可以视为在大国意识支配下的民族主义思潮。

1982年11月27日，中曾根康弘就任首相后，明确表示"我的政治信条"就是"日本一定要修改美国所给予的和平宪法，这是我一贯的信念"③。他在国内政治领域提出要进行"战后总决算"，就是向所谓的战后"禁区"挑战。和平宪法的修改、防卫费突破GNP 1%、参拜靖国神社、大东亚战争的再认识等都属于应该突破的"禁区"。随后一批具有这种新保守主义色彩的政治家如森喜朗、桥本龙太郎、石原慎太郎、小泉纯一郎等人，都追随这种政治风向。

在和平宪法修改问题上，中曾根说："有必要让日本民族根据自己的意志，虽然我们不是林肯，但要用他的'来之于民，为之于民的人

---

① ［日］中村正则：『明治維新と戦後改革——近現代史論』，校倉書房1999年版，第54頁。

② 高增杰编：《日本的社会思潮与国民情绪》，北京大学出版社2001年版，第77页。

③ ［日］内田健三：『現代日本の保守政治』，岩波書店1989年版，第122頁。

民政府'的精神来修改一下宪法。"① 按照中曾根的改宪理念，主要是修改和平宪法中对日本成为政治大国不利的条款，而不是推翻和平宪法。他指出："现行的宪法是在日本人还没有充分的意志自由的时期，根据占领军的政策制定的，这是事实。因此，从民主宪法的前提出发，重新估价宪法，是正确的。"②

前不久，中曾根康弘已经推出了自己草拟的新版日本国宪法序言。

显然，占领时代所产生并实施了半个多世纪的和平宪法，已经成为当代日本社会政治中的主议题，修改和平宪法是未来一段时期内日本国内政治的中心问题，而"战后总决算"中的所谓禁区已经被突破，如防卫费突破 GNP 1%、海外派兵（PKO 法案）、靖国神社参拜等，和平宪法的修改无疑将是被突破的下一个目标。

（原载《东亚历史与文献研究》第一辑，2008 年 2 月）

---

① ［日］斋藤荣三郎：《中曾根首相的思想与行动》，共工译，商务印书馆 1984 年版，第 116 页。

② ［日］中曾根康弘：《新的保守理论》，金苏城、张和平译，世界知识出版社 1984 年版，第 130 页。

美国对日本战争反省意识的矫正

众所周知，东久迩皇族内阁是日本近现代史上唯一的皇族内阁，它的历史使命就是在日本历史上未曾有过的特殊时刻，维护国体和接受被美国占领的事实。而国体的维护和接受被占领的事实，核心问题是东久迩内阁对这场战争反省的政治立场、态度及美国方面的对应策略，这对战后日本社会战争观和历史观的形成有直接的影响。

一 东久迩首相对战争反省的政治立场

东久迩皇族内阁是在日本军队无条件投降而政府继续行使职能的特殊历史环境下组阁执政的。但鉴于美国占领军是唯一的权力当局的残酷现实，东久迩首相的权力合法性首先要得到盟军总司令麦克阿瑟的承认。

9月15日，麦克阿瑟同意召见东久迩首相。

东久迩首相向麦克阿瑟表示："我想努力使我国忠实执行《波茨坦公告》，建设和平的新日本。"①

麦克阿瑟回答道："日本将来的政治，必须是以民主主义为根本，全体国民参与政治。尤其是妇女要有参政权是非常必要的。通过个人的政治参与，可以预防战争。战败国的政治尤为困难，国家的重建需要极大的忍耐和努力，总理大臣要加倍努力，处理这种困难局面。"②

9月29日，东久迩第二次拜访已迁入东京日比谷第一生命大厦的

---

① ［日］長谷川峻：『東久邇政權五十日』，行研出版局1987年版，第160页。
② 同上书，第160—161页。

麦克阿瑟。

一见面，东久迩就表示："美国方面一直在要求打倒日本的封建遗风，建立民主主义。我就是封建式遗物的皇族。由我来组织内阁，从民主主义角度是不合适的吧。如果元帅认为我不合适的话，请直言，我明天就辞去总理大臣。"

麦克阿瑟深知皇族的威信在特殊时期的重要性，回答道："的确，皇族是封建的遗物。不过，你虽然作为皇族而生，至今为止并没有不妥之处。美国人所说的封建遗物、非民主主义之类的，是指他的家庭背景而言，你的思想行动并不是非民主主义的。你担当首相对现实而言不但不是封建的，反而是最民主的。你应当继续担任内阁总理大臣。"①

东久迩接着向麦克阿瑟提出："我的内阁政策，是为了适合联合国的占领政策而制定的。如果在元帅看来，对于这个内阁政策有什么不满意的请明确告诉我。还有，现任内阁的大臣中，如有您认为不合适的，也请明示。我将按照您所希望的那样随时改正。"

麦克阿瑟的答复是："现今内阁的政策，作为联合国方面也是非常满意的。而且，现在内阁的大臣也没有更换的必要。"②

东久迩内阁提出日本重建的基础是：维护国体，全民总忏悔，天皇无战争责任。

东久迩组阁后的首要政治目标是：维护国体。

8月18日，东久迩去明治神宫参拜时，就祈祷要护持国体，将日本建设成为道义和文化高度发达的民主主义和平国家。

8月28日，他在接受内阁记者团采访时明确表示："维护国体，是我们超越理论和感情的坚定不移的信仰。是祖先流传下来流淌在我们血液中的一种信仰。即使在现在，实践前不久的终战诏书，就是护持国体。"③

在举国战败投降的动荡形势下，如何维护国体是东久迩内阁的政治使命。

---

① ［日］長谷川峻：『東久邇政權五十日』，行研出版局1987年版，第163页。
② 同上书，第163—164页。
③ 同上书，第179页。

8月18日，新任东久迩内阁文部大臣前田多门在接见记者时表示："日本教育的基础如若去除了教育敕语和终战的天皇御诏敕，将不复存在。""今后的教育必须是在努力维护国体的同时，以建设和平国家为目标。"

东久迩新首相也发表讲话，称即使是在占领之下，天皇大权和国体也不会有任何的变化。

为此，他首先提出"一亿总忏悔论"和"天皇无战争责任论"，作为维护国体的理论武器。

1945年8月下旬，东久迩首相在同记者团会见时率先提出所谓"一亿总忏悔"的战败反省主旨基调。他提出，"'维护国体'是我们坚定的超越一切理论和感情的信仰"。他进一步指出日本之所以战败，"完全是政府的政策错误所致，同时，还有国民的道义的崩溃也是原因之一。……因此我深信全体国民的总忏悔乃是我国重建的第一步，是我们国内团结的第一步"①。

在随后的施政演说中，东久迩首相用数字分析说明瓜达尔卡那尔岛争夺战之后到日本战败的过程，主导思想是要说明日本之所以战败，是由于物力方面的低下和科技能力的落后。

东久迩提出导致日本战败的原因有如下几个方面：

（一）"战争能力的急速毁灭"；

（二）"原子弹的出现和苏联的参战"；

（三）"不适合日本的统治"；

（四）"政府、官吏、军"使国家出现"动脉硬化"直至"脑溢血"的政策行为；

（五）"国民道德的低下"。②

在东久迩所提出的"一亿总忏悔论"中，其核心思想就是通过"一亿总忏悔论"达到追捧天皇的目的。从而完全回避了日本作为国家行为而应承担的发动侵略战争的责任，尤其是回避了以中国为主的广大

---

① ［日］吉田裕编:『日本の时代史·26·戦後改革と逆コース』，吉川弘文館2004年版，第87—88页；《朝日新闻》1945年8月30日。

② ［日］小森阳一:『天皇の玉音放送』，五月书房2003年版，第84页。

亚洲国家的民众所蒙受的被侵害的战争责任问题。天皇和日本国民成为一个共同体，天皇以"一君"身份给"万民"带来和平，为此而应感恩戴德的万民理应因战争的失败而向天皇忏悔。

"一亿总忏悔"论的政治用意，在于将"开战责任论"模糊为"战败原因论"。

在他的战争反省中并未把矛头指向军部，而是将战争责任问题偷换成战败的原因问题。但日本社会各阶层却不约而同地将军部视为轻率开启战端并导致战败的祸首。国民诘问既然军事力量已然残破衰败为什么还要叫嚣"彻底抗战"，以致战争未能尽早结束；既然战争能力如此低下为什么还要发动招致如此惨状结果的战争？"过去的领导当局应该在国民总忏悔之前担负自己的责任。"

二 日本社会内部对战争反省的政治态度

战后日本社会对军部势力的批判和对战争的反省运动，是以东久之尔皇族内阁对战败反省为契机而出现的。

近代以来，在日本长期皇国主义教育下形成的潜意识中认为日本是一个神国，是"金瓯无缺"的国度，这样的国家是永远不会被征服的。"神州不灭""皇国不败"意识是日本国民的主体意识。这样一种举国盛行的战争意识，使得在第二次世界大战的后期日本面临四面楚歌之时，日本政府提出的"一亿玉碎"战争口号，依然被大部分国民所接受。所谓"玉碎"，被人们理解为玉即使粉碎、消失了，也不是失败。

皇国不败意识的形成，主要是基于明治维新以后的皇国主义教育背景。皇国不败、神州不灭是作为近代日本国民教育的一项重要内容融入社会教育之中的。

战败的残酷现实，直接促成日本社会国民意识的大分化。

重臣集团、旧军人是从战术上反省战争，关注的主要问题是战术层面导致战争失败的原因；吉田茂等外交官出身的反战派则是从战略层面反省战争，认为对美国的太平洋战争是一大失策，他将战争责任归咎于东条英机等军人政客。在"近卫上奏文"中，吉田和近卫共同表达反

军部、反战的政治意识,明确向天皇奏明日本战败的必然性和由此而可能引发的共产主义革命的危险性。所有这些问题和危险产生的祸根,就在于军部内的主战派,因此应"……彻底清除这一小撮人,改组军部,是拯救日本免于共产主义革命的前提和先决条件。伏祈圣断"①。当1945年8月15日日本战败投降后,吉田在给前驻美大使来栖的信中称:"切除军阀操纵政治之毒瘤,肃清政界。……如是,败仗就未必是坏事,雨后天地更佳。"② 主张战后日本复兴的关键,是重新构建以天皇为核心的价值体系。

  长期受军部法西斯压制和打击的日本共产党,在1945年10月4日,根据美国占领军司令部发布的《关于废除对政治、民权、宗教自由限制的备忘录》的指令而重获政治自由,因此产生一种解放意识,并认为美国占领军是"解放军",是"民主势力的朋友"。③ 日本共产党认为天皇制是导致日本走向战争深渊的症结所在,明确提出"战败对日本而言是迈出了民主主义革命的第一步。可是这场民主主义革命,并不是通过日本人民的力量完成的,战败的结果,是由外国带来的。由此来看,民主主义革命存在内发性软弱的问题"④。1946年2月24日,日共第五次代表大会发表政治宣言,提出如下政治斗争目标:(1)废除天皇制,建立人民政权;(2)废除寄生地主制;(3)战犯财产收归国有;(4)解散财阀,全面实行对金融机构的统一管理;(5)建立最低工资制和实行7小时劳动制;(6)解放妇女。宣言规定"用和平民主的方法完成当前的民主革命"。这一政治纲领符合当时美国占领军当局在日本实行积极的民主化改革和彻底的非军事化政策的需要,因而获得了较多的支持。⑤

---

  ① [日]猪木正道:《吉田茂传》下,吴杰等译,上海译文出版社1984年版,第449页。
  ② 同上书,第48页。
  ③ [日]朝尾直弘等:『岩波講座日本歷史』第22卷,岩波书店1964年版,第153—154頁。
  ④ [日]高畠通敏编著:『討論·戰後日本の政治思想』,三一書房1977年版,第22—23頁。
  ⑤ [日]內田健三:『戰後宰相論』,文藝春秋社1994年版,第15頁。

战败后，日本的财界并没有直接承担因为他们为追求利润，而推动国民陷入战争经济的责任。财界同日本政府一样将战争责任全部推卸到军部身上。面对占领，日本财界迅速做出反应。8月22日，垄断资本家团体日本经济联盟会设立了和平对策委员会，目的是通过由军事产业向和平产业的转换，实现由垄断资本控制经济运营的主导权。

9月18日，重要产业协议会、全国商工经济会协议会、商工组合中央会3个团体联合成立经济团体联合会。该联合会成立的宗旨，就是统一财界的意见，作为向政府和占领当局交涉的一个渠道。

但GHQ方面认为由战前传统财界人士组成的这种经济团体，并不符合占领当局在日本实施经济民主化政策，因而通过解散财阀、公职追放令、逮捕战犯嫌疑人等措施，对这些旧财界组建的组织进行了打击，迫使重要产业协议会在1946年2月27日解散，日本经济联盟会在1946年5月29日解散，全国商工经济会协议会在1946年9月30日解散。

适应占领政策形势的新财界团体，取代旧财界的代表组织应运而生。1946年4月30日，对战前的领导者持批判态度的新财界团体经济同友会宣告成立。6月17日，关东经营者协会成立。8月9日，日本产业协议会成立，16日，经济团体联合会成立。关西地区则在10月1日，单独成立关西经济联合会。

以丸山真男、神岛二郎等为代表的知识层精英人士则以一种历史的眼光来看待战败这一现实问题，他们认为这是日本继幕末明治维新之后的第二次开国。[①] 这种开国意识是战后日本社会政治思想的重要内容之一。

绝大多数日本国民面对战败的残酷现实，大多呈现一种虚脱感，长久以来信奉的"神国不灭""本土决战""一亿玉碎"等信仰与理念破灭，对日本社会传统价值体系崩溃感到茫然和失落，对穷困生活现实产生无助感。

发动太平洋战争的首相东条英机，最先成为国民发泄不满的首要人物。

---

① ［日］高畠通敏编著：『討論・戦後日本の政治思想』，三一書房1977年版，第10頁。

1945年9月17日，《朝日新闻》发表社论，指出东条英机是具有反国体的独裁思想的人物，称其为军阀。日本国民无人对自杀未遂的东条英机表示同情。

日本社会也对军部干涉、介入政治的行为加以批判和反思。

1945年11月28日，进步党领袖斋藤隆夫在众议院指出："满洲事变时军部干涉政治、军国主义渐次得势，事实上在左右国家的政治是不争之实。可是，这种弊害的累积并未被制止，最终导致挑起并卷入这场战争中，最后落得如此惨状的结果。"①

日本海军方面也倒戈转而责难陆军，1945年11月30日，海军省书记官榎本重治代表海军谈话时，强调日本海军从始至终反对日美开战，海军常常对陆军的"暴走"行为加以制止等，以寻求国民和社会的谅解。

10月9日币原喜重郎内阁成立后，沿用了东久迩内阁的这种政治策略，在11月24日设立"大东亚战争调查会"（1946年1月改称"战争调查会"），根据内阁决定设立该会的目的，就在于"对战败的原因以及战争的实际状态进行调查"。

以这种政治目的而设立的"大东亚战争调查会"，从设立之初就引起对日理事会中苏联代表、英联邦代表的质疑，不久被迫停止活动。

三　美国占领当局的矫正策略

GHQ当局对日本战争责任问题的处理具有很巧妙的政治意味。

第一，GHQ当局在战争责任问题上采取战争指导者同日本国民相分离的政策，只强调要追究战争指导者的责任。

9月22日美国政府发表《投降后美国的初期对日方针》，其中特别指出："对于使日本国国民现在和将来将处于困苦境地的陆海军指导者及其协同者的所作所为，要彻底清查。"明确表明同东久迩首相所提出的"一亿总忏悔"战争责任观相区别，"指导者责任观"成为GHQ当

---

①　[日]吉田裕编著：『日本時代史・26・戦後改革と逆コース』，吉川弘文館2004年版，第89頁。

局的主导思想,东京审判正是在这样一种战争责任观的指导下进行的,而且,东京审判并未在日本社会引发骚动显然同这种战争责任处理方式有直接的关联。

第二,对日本国民战争观的矫正。

GHQ当局在每月汇总日本情况的《GHQ月报》中是这样看待日本人的战争观的:"在占领军进入东京的时候,日本人根本没有战争赎罪意识。他们不知道把日本引入战争的经过和失败的原因。他们不清楚士兵的残暴行为,因而也没有意识到道德上的过失。人们普遍认为,日本失败的原因仅仅在于产业和科学落后,以及没有原子弹。"①

①1945年12月15日,GHQ发出"关于国家神道的指令"。

②禁用"大东亚战争"一词,该用词涉嫌美化以建立大东亚共荣圈为目的的战争为圣战。

③1945年12月8—17日,所有日本报纸都刊载了由GHQ提供的《太平洋战争史——军国日本的崩溃》一文,作为对日本国民再教育计划的一部分加以实施。文稿是由GHQ民间情报教育局(CIE)计划科科长布拉德福特·史密斯起草完成的。

④GHQ的民间情报局(CIE)为了使日本国民了解战争真相,了解引导日本走向战争并导致毁灭的军国主义领导者的责任和罪行,在NHK广播中连续播放名为《真相是这样的》节目,每周播放1次,连续播放10周,中心主旨就是宣传美国是击败日本军国主义的最主要国家,以军部为中心的军国主义者应承担战争责任,而天皇、宫内集团、财界、新闻界人士等稳健派同军国主义者是相对立的政治势力;军国主义者对日本国民隐藏和遮盖了战争真相,欺骗了日本国民。

日本右翼学者将此视为美国对日本人进行"战争赎罪意识"的灌输,而不断加以抨击。②

---

① [月]高桥史朗:《战后50年与占领政策——日本人的战争赎罪意识是如何形成的》,载[日]历史研究委员会编《大东亚战争的总结》,东英译,新华出版社1997年版,第413页。

② [月]高桥史朗:《战后50年与占领政策——日本人的战争赎罪意识是如何形成的》,西部迈:《日本人对历史的认识》,小堀桂一郎:《剖析战败国史观》,安村廉:《社会党史观占上风将导致国家灭亡》,载[日]历史研究委员会编《大东亚战争的总结》,东英译,新华出版社1997年版。

在GHQ的宣传中，完全无视中国以及东南亚各国人民的抗战意义，将战争限定在太平洋区域，以太平洋战争相称。向日本国民传播以美国为中心的太平洋战争史观。这种战争史观的宣传与教育，导致日本国民对军部势力固然产生了反感和仇恨，但同时也造成对中国以及亚洲各国所蒙受的侵略战争的痛苦和现实的无视，形成了并非真实的战后日本国民的战争观。

美国《芝加哥太阳报》驻东京特派记者马克·凯恩，对于GHQ当局主撰并向日本国民传播的美国式太平洋战争观，对于《太平洋战争史——军国日本的崩溃》和《真相是这样的》内容中所具有的独特政治性表示担忧。他在同年12月17日的日记中记述道："关于电台广播以及从明天开始预定连载20次的报纸连续刊文，我感到困惑的是其政治性。那位怯懦的总理大臣币原喜重郎被描写成军国主义的果敢之敌。攻击主要集中于军人，天皇和财阀的首脑人物等显然的战争罪犯却被排除在外。最近的日本历史之某些部分得到朴实的解释，在有的场合则受到歪曲。"①

第三，回避对天皇的战争责任的追究，制造出战后日本最大的政治神话。在麦克阿瑟的直接干预下，东京审判回避了天皇的战争责任问题，实现了美国方面只追究战争指导者责任的审判目的。这一举措被认为是美国取得占领成功的最关键因素。

四 东久迩内阁对华战争反省的具体表现

日本战败之后，日本国内有强烈的呼声希望向中国派使谢罪。

1945年8月15日上午10时，中国国民政府所在地重庆，国民政府委员长蒋介石亲临重庆中央广播电台，发表了他亲自起草的《抗战胜利告全国军民及全世界人士书》的广播演说：

"我们的抗战，今天获得了胜利。正义战胜强权，在这里得到了最后的证明……我相信，今后地无分东西，人无分肤色，所有的人们都一定像一家人一样亲密地携手合作，这个战争的结束必然会使人类发扬互

---

① ［美］马克·凯恩：『日本日记』，筑摩书房1963年版。

谅互敬的精神,树立相互信赖的关系……"

"我中国同胞须知,'不念旧恶'和'以德报怨',是我们民族传统至高至尊的德性。我们至今一贯地只认黩武的日本军阀为敌,而不以日本人民为敌……"

"我们必须切记,如果以暴行答复敌人从前的暴行,以奴辱来答复他们从前的错误的优越感,则将成为怨怨相报,永无终止,绝不是我们仁义之师的目的……"①

这份"以德报怨"的宣言,就成为中华民国政府对战败国日本处理政策的基本准则。

"日本被中国打败了,尤其是道义上日本也是输家。"这种对华认识在战败后的日本社会有着广泛的社会基础。

东久迩组阁后,当时就有民间人士向东久迩首相提议,日本应向中国派出谢罪使。当时,东久迩本人也有向中国谢罪的想法。甚至他本人有亲自作为谢罪使臣的考虑。如若不妥,则考虑由近卫文麿代为成行。②

近卫文麿是1937年7月7日日本发动全面侵华战争时的内阁首相,而后扶植汪精卫在南京建立傀儡政权,发表了臭名昭著的所谓"近卫声明",宣称今后日本不以蒋介石的国民政府为谈判对手。

东久迩对近卫文麿说:"发表那样声明的当时责任者是您本人,由您去向蒋主席谢罪最为合适。"③

近卫深知自己在中国早已是声名狼藉,对前去谢罪之事百般推脱坚持不去。

9月17日,东久迩首相在接待中央通讯社记者宋德和时表示:"终战之际,蒋介石总统呼吁全体中国国民,对日本要以德报怨,对此我从内心里表示感激。迄今为止日本对中国以及中国国民所采取的态度,是完全错误的。联合国军司令部将来如果允许日中之间交通重开的话,我

---

① 秦孝仪编:《先总统蒋公思想言论总集》卷32,台北中央党史委员会1984年版,第121—123页。

② [日]長谷川峻:『東久邇政権五十日』,行研出版局1987年版,第192页。

③ 同上书,第193页。

考虑从日本向中国派出谢罪使节。今后，日本要建设成为道义和文化高度发展的民主主义和平国家，为世界人类的幸福做出贡献。"①

此后，东久迩反复强调日本要改正对中国的认识，要尊重中国以及中国人。

牺牲了自己政治生命及名誉而充当投降仪式日本政府全权代表的重光葵外相在战争责任问题上同东久迩首相等人出现严重的分歧。他在手记中记述了分歧的原因："东久迩宫殿下和近卫公爵现今都想回避责任，向美国记者提供长篇的通讯素材，说挑起战争的责任均与自己无关，而全在东条大将以下的军阀身上。他们不仅这样公开说，还让《朝日新闻》公开宣传。近卫公爵企图通过《纽约时报》记者，以记者与陛下的会见记的形式，发表陛下对袭击珍珠港一事完全不知的通讯，并为此作出安排记录拜谒陛下的计划。作者（重光）14日接受近卫公爵来访，方知此事，而只有哑然不语。事已至此，作者感到再留在内阁里已无意义。"②

1945年9月17日，重光葵自己提出的内阁大改造计划，建议除首相外的所有内阁成员都应辞职，以新人组阁"开辟一个清算过去的战争责任的新时代"③。而东久迩首相却只想更换重光葵一人，要求其提出辞呈。近卫文麿、绪方竹虎两人向东久迩推荐赋闲在家的职业外交官吉田茂接替外相一职，当晚8时30分，吉田茂被任命为东久迩内阁外相。

五　对日本战争反省意识的评析

东久迩皇族内阁仅存在了50天，虽然执政时间非常短暂，但由于它处于特殊的历史节点上，其内阁的地位与作用不容忽略。尤其是东久迩本人及其内阁的战争反省政治立场和态度，对战败后处于精神虚脱状

---

① ［日］長谷川峻：『東久邇政權五十日』，行研出版局1987年版，第193頁。
② ［日］重光葵、伊藤隆、渡辺行男：『續重光葵手記』，中央公論社1988年版，第258頁。
③ 同上书，第250页。

态的日本国民具有很大的引导性作用。

　　东久迩的天皇无责任论实际上被美国占领当局所接受，东京审判的过程和结果说明了这一点；而他规避开战原因的战争观对日本社会的战争反省运动有误导之效，至于他力主向中国派遣谢罪使的想法和主张，则是应予正视的一段历史，应予以客观的评价。至于美国方面的矫正策略，完全是基于美国的国家利益和战争立场，对日本社会的战争观予以美国化的塑造和修正，虽然正面揭示了南京大屠杀的历史事实，但其核心内容是局限于太平洋战争，完全忽视了日本对中国、朝鲜等亚洲邻国的侵略事实，对日本社会的战争反省意识中出现很严重的偏颇有明显的因果关系存在。正如美国制作的矫正日本人战争观的广播节目《真相是这样的》名称所示，真相是这样的，但不是真相的全部。

（原载《日本研究》2011 年第 3 期）

论占领方式与被占领国政治生态形成之间的关系

——以美国对日占领史为中心

美国对日占领虽然只有6年8个月的时间，但这段特殊时期的历史被日本学者视为与明治维新同等重要的大事件，有"第二次开国"之说。就美国而言，美国的对日占领方式与同时期战败国德国的分区占领方式有着很大的差异性，占领方式的差异性造成被占领国的社会转型过程与结果也产生巨大差异，尤其是被占领国政治生态与占领国的政治倾向和选择有着直接的因果关系。

一 单独占领方式

1945年8月15日，盛极一时的大日本帝国以昭和天皇（裕仁）发布所谓《终战诏书》的形式，宣布接受中、美、英、苏四国联合签署的《波茨坦公告》，历时长达6年之久的第二次世界大战暨反法西斯战争结束。

日本战败投降前，在日本政府内部以铃木贯太郎首相、东乡茂德外相、米内光政海相为首的主和派，清楚地意识到进行无谓的抵抗只能危及天皇制的存续，坚持接受《波茨坦宣言》，最后以昭和天皇"圣裁"的形式决定日本投降。日本政府在天皇"圣裁"决定接受《波茨坦公告》的情况下，以自我认定的表达方式致电同盟国，称"帝国政府在得到1945年7月26日由美、英、中三国首脑共同宣言条件中，不包括变更天皇统治国家大权的要求的谅解下，接受宣言"。而美国政府的复电则采取了一种"腹语"的表达方式予以答复，称"自投降时起，天

皇和日本政府统治国家的权限从属于联合国最高司令官；日本统治形式最终应取决于日本公民自由表达之意志"。天皇与主和派对此答复的理解是，美国方面并未明确否定天皇的地位和大权，因而可以视为国体并未改变。但包括铃木贯太郎首相在内的相当一部分阁员也不愿承认"国体"将会因战败投降而改变的现实。

为履行《波茨坦公告》，确保以美国为首的联合国军顺利进驻日本本土，昭和天皇下令由东久迩稔彦亲王组成皇族内阁。

日本著名占领史学者五百旗头真认为："以昭和天皇为代表的日本政府抑制了'狂热主义'之魂，忍受战败及被占领的屈辱，并以间接统治的方式接受了外部文明的统治，期待将来'复兴的希望'，这是希律王主义的再现。"①

东久迩内阁的使命，是履行日本战败投降的程序和协助美国占领军完成对日本本土的军事占领。

8月14日，罗斯福总统在白宫召开记者招待会，宣布日本正式接受《波茨坦公告》，并任命道格拉斯·麦克阿瑟将军为接受日本投降事宜的联合国军最高司令官。8月28日晨，美军先遣队顺利在厚木机场着陆，拉开了美国在日本长达6年8个月之久的军事占领的序幕。

20世纪60年代美国驻日大使赖肖尔对美军进驻日本的军事行动发表了这样的评论："日本用它的一切为赌注去冒险，结果失去了一切。80年来的巨大努力和非凡成就都化为乌有。在日本土地上有史以来第一次响起了外国征服者的脚步声。"②

日本宣布战败投降后，美国参谋长联席会议下面的参谋作战计划联席委员会曾提出过由美、中、英、苏四国按德国模式分区占领日本及首都东京的计划。③但由于日本突然宣布投降，美国方面认为不需要盟国承担攻占日本的付出，美国单独可以完成对日占领，因而放弃了共同占

---

① [日]五百旗头真主编：《战后日本外交史（1945—2005）》，张立译，世界知识出版社2007年版，第3页。

② [美]埃德温·赖肖尔：《当代日本人——传统与变革》，陈文寿译，商务印书馆1992年版，第84页。

③ [日]五百旗頭真：『米国の日本占領政策 戦後日本の設計図』下，中央公論新社1993年版，第216—218頁。

领计划。

太平洋战争末期，重返菲律宾的美国陆军五星上将、盟军远东最高统帅道格拉斯·麦克阿瑟已确定了对日实施军事占领的计划和部署。

按照麦克阿瑟的军事占领计划，军事占领可以在1945年7月15日以后随时展开。

第一期，将首先占领东京、名古屋、大阪、神户、下关海峡、函馆地区等若干重要战略区域，以海空军支持由15个陆军师团迅速完成占领。实施占领1年后，将占领军缩减为8个军团。

对其他国家参加对日军事占领，麦克阿瑟态度消极。他认为即使其他国家参加对日占领，对日本全境和所有占领军，麦克阿瑟本人必须拥有绝对的指挥权。而且，其他国军队不能独立管理某一区域。

对于苏联方面提出由苏联军队单独占领北海道的北半部地区，并由苏军华西列夫斯基元帅直接指挥的要求，美国政府拒绝接受，美国不希望分治德国的局面在亚洲重演。① 麦克阿瑟也明确表示，若有一名红军士兵踏上日本领土，他就将驻东京的苏联代表投入监狱。

对日本现存政府、机构，麦克阿瑟认为出于管理和统治的需要，可以考虑利用现存的行政组织。甚至为促使各地日军放下武器投降，军部机构和天皇本人都可以加以利用。

华盛顿参谋长联席会议稍加修正、调整后，基本上赞成麦氏占领方案。认为对日本、朝鲜占领的最佳方式，是区别于德国的全境占领，有选择地占领主要战略区域。对麦氏利用日本政府的提案表示认可。

8月28日之后美国对日单独占领，基本上是按照这一方案展开实施的。

麦克阿瑟作为联合国军总司令部最高司令官，全权负责实施美国对日本的占领政策，是7000万日本人的真正命运主宰者。吉田茂对此曾有这样的评论："对于战败国日本的占领任务，主要是由美军来执行的，而且占领军最高统帅是麦克阿瑟元帅，这对日本说来是如何幸运的

---

① ［日］半藤一利：『昭和史1926－1945』，平凡社2012年版，第496—498页。

一件事。我确信这种幸运是日本人永远不能忘记的。"①

杜鲁门总统赋予联合国军总司令官麦克阿瑟史无前例的绝对权力。

(1)"天皇和日本政府的统治权,隶属于作为联合国军最高司令官。您可以根据您的想法行使您所拥有的权力。"

(2)"对日本的统治,若能取得令人满意的结果的话,可通过日本政府来实施。但如有必要,您也可直接实施。您对您所发布的命令可以采取包括武力在内的必要手段和想法去实行。"②

1945年9月6日,美国国务院、陆军、海军部通过联合参谋本部对麦克阿瑟下达指令规定,天皇和日本政府的权限从属于麦克阿瑟,麦克阿瑟为实现其占领使命可以行使其认为合适的权限。

美国政府重申,美国占领军和日本的关系"并不是基于契约的基础之上,而是以日本无条件投降为基础而形成的"③。

从形式上来讲,对日本的军事占领是由49个联合国成员国共同完成的,但对日本的军事占领,主要是由美国军队具体实施、完成的。美军占领日本全国各地大约花费了一两个月的时间,总兵力近60万人。

麦克阿瑟元帅对日本的掌控主要是依靠GHQ和美国第八军。第八军下设第一军团和第九军团。军团之下在日本各地设立地方军政司令部。北海道、东北、关东、北陆、东海、近畿、中国、四国、九州岛等地被分为8个管辖区,各都道、府、县均设有军政小组。后期北海道地区民事处合并于札幌,东北地区合并于仙台,关东地区合并于板桥,东海和北陆地区合并于名古屋,近畿地区合并于大阪,中国地区合并于吴,四国地区合并于高松,九州岛地区合并于福冈。

美国政府,特别是SWNCC(国务院、陆军部、海军部联合委员会)实际上是美国对日占领政策的真正决策机构。远东委员会对政策提案的承认与否决结果,并不能决定政策的走向。美国总统对某项政策

---

① [日]吉田茂:《十年回忆》卷一,韩润棠等译,世界知识出版社1965年版,第57页。
② [日]西锐夫:『国に破れてマッカーサー』,中央公論新社1999年第5版,第57页。
③ [日]细谷千博等编:『日米関系资料集(1945—1997)』,東京大学出版会1999年版,第21页。

认可后,通过联合参谋部下达给麦克阿瑟元帅。麦克阿瑟元帅和 GHQ 将政策通过中央终战联络事务局(CLO)通告日本政府,日本政策将该项政策以日本政府的法令形式,直接传达给日本国民,这就是所谓的间接统治方式。

担任政策实施的联合国最高司令官,对于从华盛顿(参谋长联席会议)发布的命令如何具体实施、贯彻,GHQ 方面具有很大的处置权利。因此,如宪法修改、制定,解散内务省,免除天皇战争责任、农业改革、医疗福祉改革等项改革都具有浓厚的 GHQ 的特色。

GHQ 的政策以备忘录、指令、暗示等形式作为一种命令下达给日本中央终战联络事务局(CLO),或者直接向各省、厅传达指令。日本政府将这些命令、指令以法律、政令、省令、规则、通知、通牒等形式直接下达到各地方厅。①

对上述这些命令在各地的履行情况,GHQ 通过地方军政机构进行监视、督察。

地方军政机构是 GHQ 的下派机构第八军军政局,其下是军团军政部,再其下是地方(北海道、东北、关东、近畿等 8 个地区)军政部,在最基层是府县军政部(或小组)。由这些府县军政部对地方厅直接进行监视。府县军政部发现地方厅履行命令不正确时,不能立即发出纠正指令,必须通过上级军政部向 GHQ 报告,由 GHQ 向日本政府发出纠正指令,也就是所谓的"间接统治"。但事实上,各地军政部直接插手、干涉地方厅的事例也很多。

1949 年 6 月,GHQ 将军政向"保障占领的民政"转变,占领机构逐渐缩小、重组,府县一级军政部被撤销,改为府县民政部,1950 年 1 月全部废止。全国只设立 8 个管区的地方民事部,脱离第八军的序列直接由 GHQ 民政局统一管辖。

---

① [日]竹前荣治、天川晃:『日本占領秘史』上,朝日新闻社 1977 年版,第 56—57 页。

二　间接统治方式

1945年9月2日密苏里号战舰上的日本投降仪式结束的当晚，作为日本政府中央终战联络事务局地方机构，在神奈川县厅设置的横滨终战联络委员会委员长铃木九万，被传召到新竞技场宾馆。当时，GHQ总部就设置在该宾馆。

接待铃木九万的是副参谋长马歇尔少将，告知明天GHQ将预定公布三项通告。日本政府闻讯后，连夜派中央终战联络事务局局长冈崎胜男前往横滨，紧急求见参谋长萨瑟兰中将，希望GHQ暂停公告发布。①

9月3日，重光葵求见麦克阿瑟，在会面中，麦氏本人表示："实行直接军政并非本意"，宣布停止三项公告的发布和实施。②

三项公告的第一项是日本政府的一切权力、职能置于联合国军最高司令官的权力之下；第二项是违反占领政策者将以军法惩处；第三项是发行军票日圆和日本银行券共同作为日本的法定货币。

美国方面之所以要采取直接军管并发布三项通告，而麦克阿瑟很快又取消了军管和三项通告，其中主要是由于美国方面出现的对日政策混乱，加之占领超出想象的顺利。

太平洋战争末期，美国政府考虑到日本军队在太平洋诸岛的激烈抵抗状况，预计进攻日本本土将受到更为猛烈的抵抗，因而正在着手准备进攻本土作战计划。但日本突然宣布接受《波茨坦公告》，完全超出了美国军方的预料。美国政府方面和占领军在进驻日本后，在对日本实施直接军政还是间接统治问题上出现了沟通不畅的状况。

但由于美国单独占领日本，尤其是麦克阿瑟在厚木机场落地后，发现占领异常顺利，日本各地并未出现反抗行为，因而决定利用日本政府在日本实施间接统治，放弃了原来准备的军管政策。不过，公告的第一、第二项依然作为占领政策贯彻实行，并未因未曾公布而受到影响。

---

① [日] 吉田茂：《十年回忆》卷一，韩润棠等译，世界知识出版社1965年版，第40—42页。

② [日] 竹前荣治、天川晃：『日本占領秘史』上，朝日新闻社1977年版，第65页。

这样一来，在美国占领日本期间就出现了东久迩、币原喜重郎、片山哲、芦田均、第一次吉田茂、第二次吉田茂、第三次吉田茂七届内阁政府。这七届日本内阁的存续，对战后日本国家重建发挥了至关重要的作用。可以说，战后日本社会的政治、经济、外交、国防、教育、天皇制等诸方面的运行基础和制度建设都是在这段历史时期内确立、形成的。从这一层面而言，由直接军管转为间接统治的重要性也就在于此。

麦克阿瑟在日本方面请求之下放弃直接统治的军管方式，这种政策选择也基本上符合美国政府的对日占领政策。1945年9月22日公布的《美国占领日本初期的基本政策》和同年11月3日发表的《给盟军最高统帅有关占领和管制日本的投降后初期基本指令》两份重要对日政策文件中，在有关占领和统治方式问题上有较为明确的政策指令，"旨在能促进满足美利坚合众国之目标，最高司令官将通过日本国政府的机构及包括天皇在内的诸机关行使其权力。日本国政府将在最高司令官的指令下，被允许就内政行使政府的正常职能"。美国的政策"是要利用日本现存的政府形式，而并不是支持它"。遵照这样的政策精神，麦克阿瑟充分利用保存完好的日本政府及其各级管理机构实施占领政策也是一种较为明智、合理的政策选择，而且美国方面也从这种统治方式中获得最大的管理效益。希德林将军说："利用日本国政府这种占领方式所取得的好处是巨大的。如果没有日本国政府可资利用，我们势必要有直接运转管理一个七千万人口国家所必需的全部复杂机构。他们的语言、习惯、态度与我们都不同。通过净化并利用日本国政府，我们节省了时间、人力和物力。换言之，我们是要求日本人自己整顿自己的国家，而我们只是提供具体指导。"①

作为当事人和政策选择者的麦克阿瑟也剖析了自己这种政策取向的原因，曾经历过一战后对德军事占领的麦克阿瑟，认为自己虽然对军事占领并不陌生，"然而历史清楚地表明，没有任何一次现代的对战败国的军事占领是成功的"。"历史也教导我们：几乎所有的军事占领都孕育着未来的新的战争，我曾研究过亚历山大、恺撒和拿破仑等人的传

---

① [美]鲁思·本尼迪克特：《菊与刀》，吕万和、熊达云、王智新译，商务印书馆2012年版，第267页。

记,尽管这些名将都是伟大的,但当成为占领军的领袖时又全部都犯了错误。"什么样的占领错误?麦克阿瑟以自己的军事经验概括总结为:"我得以亲眼看到以前那种军事占领形式所造成的根本性的弱点:文官权力为军事权力取代,人民失掉自尊和自信,不断占上风的是集中的专制独裁权力而不是一种地方化的和代议制的体制,在外国刺刀统治下的国民精神状态和道德风尚的不断下降,占领军本身由于权力弊病渗入他们队伍之中并产生了一种种族优越感而不可避免地堕落下去。如果任何占领状态持续过久,或一开始并不小心注意,那么一方就变成奴隶,另一方则变成主人。"①

正是基于这种占领理念,麦克阿瑟坦言:"我从受命为最高统帅那时候开始,就拟定了我想要遵循的各项政策,通过天皇和帝国政府机构来执行这些政策。我完全熟悉日本的行政的弱点和强处,感到我们所设想的改革是会使日本与现代先进的思想和行动齐头并进的改革。"②

同时期,由于盟国对战败后的德国实行的是分区占领和军政府制度,直到1949年9月,德意志联邦共和国才产生第一届阿登纳政府,比日本整整晚了4年。从战后日本、德国对军国主义思想、纳粹势力的清洗、铲除程度来分析,两国迥然不同的状况是否同实行间接统治和军政制有很大的关联性?答案应该是不言自明的。

美国政府要求麦克阿瑟完成的对日占领使命,主要是体现在两份重要文件中。

第一,《日本投降后初期的美国政策》。该文件是由美国国务院、陆军部、海军部共同制定的,在1945年8月29日麦克阿瑟离开菲律宾前往占领地日本的前一天传送到麦克阿瑟手中。

第二,《日本投降后的军政基本指令》。该文件是由美国国务院、陆军部、海军部联合委员会(通常称为SWNCC)起草的,1945年11月3日获得参谋长联席会议的承认。

基于四大盟国所颁布的《波茨坦公告》,在联合国名义下的美国对

---

① [美]道格拉斯·麦克阿瑟:《麦克阿瑟回忆录》,上海师范学院历史翻译组译,上海译文出版社1986年版,第176—177页。

② 同上书,第177页。

日单独占领，其所要实现的最终目的无非是两大目标：其一，是彻底铲除日本再次发动战争的社会基础。这里主要体现在对明治时代以来日本社会所建立的政治体制、军事制度、国民教育、经济制度等领域，进行制度上的革命。彻底抛弃《大日本帝国宪法》、制定并颁布《日本国宪法》；解除日本军队的武装，进行东京大审判；对以各种形式鼓吹和支持侵略战争的团体、个人进行严厉的整肃；国家与神道分离，禁行《教育敕语》；解散财阀等。都是从制度层面对近代以来日本社会内所保有的支持对外侵略战争的社会结构的一次彻底拆除。从战后日本国家发展过程来分析，占领的这一个目标是实现了，对此不应有怀疑。其二，是将日本改造成接受并遵守联合国宪章中所体现的理想与原则的国家，成为联合国的成员之一。

应该说，两个占领目标是相互关联的，第一个目标是实现第二个目标的基础和前提。第二个目标实现过程中因冷战格局的出现，从而导致第二个目标的标靶发生飘移。这种飘移主要体现在两个方面，一方面，被改造对象的国家发展战略目标发生变化。占领初期，无论是占领军还是被占领国自身都将战后日本重建的战略目标，确定为建设一个文化国家、和平国家。麦克阿瑟、东久迩稔彦、吉田茂等人都在不同的场合明确表达了这种发展构想。

另一方面，美国自身的对日占领政策前后发生错位。前期的对日政策是彻底铲除日本再次发生战争的基础和潜力，不再为患邻国，不再成为美国的威胁；后期由于美苏冷战格局的出现，尤其是朝鲜战争的爆发，美国出于自身国家利益和亚洲战略的需要，格外重视日本的战略地位和潜在军事能力，对日占领目标是将日本塑造成远东反共主义的堡垒。因而，才会出现要求日本重新武装，要求确保媾和后美国军队合法保有军事基地和长驻日本。

所以，占领的第二个目标主要是体现日本如何尊重并理解美国的理想与原则。在这种占领政策目标发生蜕变的背景下，日本选择成为西方阵营的一员，同美国结盟而不是选择中立主义，也是势所必然。

杜鲁门总统明确告知麦克阿瑟："如果各国间产生意见分歧时，要根据美国的政策采取决定。"

麦克阿瑟命令外国的代表同日本政府所缔结的所有条约，必须通过

GHQ 来实施。

1945年12月，莫斯科会议决定设置远东委员会（FEC），名义上这个远东委员会是盟国对日占领管理机构的最高权力机构，作为远东委员会的派出机构，在东京设立了对日理事会（Allied Council for Japan，简称 ACJ），其任务是对麦克阿瑟和 GHQ 的对日占领政策实施进行监督，同时它也是麦克阿瑟对日占领政策实施的咨询机构，由中、美、苏、英四国代表组成。

对日理事会实际上在存续过程中，演变成了美苏两国代表的政策辩论场，麦克阿瑟将军只是出席了第一次对日理事会代表会议，发表了一个简短的演说，之后再未出席任何对日理事会的会议，其手下的民政局局长和外交局局长时常成为他的个人代表听会。

按照盟国间的约定，远东委员会应是决定对日占领政策的最高机构。但在实际占领过程中，远东委员会基本上被架空，对日理事会成为一个象征机构。①

战后联合国对日本的占领体制是一种较为繁杂的统治体系。名义上的最高权力机构，是由美、英、中、苏、澳、荷、法、印度、加拿大、新西兰、菲律宾11国组成的远东委员会，后缅甸、巴基斯坦加入。由远东委员会决定对日占领政策，其所定政策通过美国政府向联合国最高司令官传达，之后通过 GHQ 和各地方军政机构借助日本政府通告全体日本国民，加以具体实施、完成。但是，由于美国政府拥有否决权和紧急中间指令权，远东委员会除了极少数例外的事情，基本上不能决定什么重大政策。

远东委员会为监督联合国最高司令官，在东京设置了联合国对日理事会（由美国、英联邦、中国、苏联四国代表组成）。对日理事会除了在农地改革和从苏联撤回日侨、战俘等事项之外，基本上处于无所作为的状态。

实际上，名义上是联合国的对日占领，而实质上是美国政府的对日

---

① ［日］三浦陽一：『吉田茂とサンフランシスコ講和』上，大月書店1996年版，第33頁；［日］大嶽秀夫：『二つの戦後・ドイツと日本』，日本放送出版協會1994年版，第47頁。

占领政策支配和管理着占领期的日本。

三 原日本军部势力的存活与被利用

在全面对日本社会进行非军事化、民主化改革的同时，GHQ 内部 G2（参谋 2 课）等机关也在着手对旧日本军人中的可资利用人员进行保护和利用。

东久迩内阁时将原陆军省改为第一复员省、原海军省改为第二复员省，其成员依旧是原日本军队的骨干成员，任务是对大批海外归国的军人进行解除军职、复员工作。其中内设史实部和资料整理部，主要工作是对战史进行研究，并侧重研究对苏战略。后被 GHQ 的 G2 下属太平洋战史编纂小组收编。

GHQ 的民政局（GS）对由旧日本军人主导的复员省十分担忧，因而对这一组织提出改造指令：①规模缩小化；②组织文官化；③复员业务地方分权化。对第一、第二复员省任职的旧日本军人，依据公职追放令予以解职。

1946 年 6 月 14 日，第一、第二复员省改组为内阁首相直接管理之下的复员厅。

G2 的威洛比少将以编纂《太平洋战史》的需要为理由，雇用了近 200 名旧日本军人，这些旧日本军人中有十多人属于高级军官，有些人是战时日本军队作战计划的制定者。对这些被 G2 雇用的日本军人，G2 给予很优厚的待遇，工资极高。连当时严格禁止给日本人的日常用品都由 G2 发放。当然，这项工作在当时是秘密进行的。威洛比使用这些旧日本军人的主要用意，是为日本重整军备做前期的准备工作。

除上述旧日本军人被雇用之外，威洛比还控制着由日本旧军人为主要力量的特务机构。1945 年 8 月 30 日，参谋本部第二部部长有末精三中将被任命大本营横滨联络委员会（通称有末机关）的委员长，负责解除武装、复员等项事务，同时负责同占领军当局的联络。

9 月 13 日，日本战时大本营废止，有末机关改名为"陆海军联络机关"。11 月 30 日，参谋本部解体，有末提出复员、授产、厚生、恩给等遗留工作尚需 2 年时间完成，请求保存机关。威洛比向麦克阿瑟请

示后同意保留有末机关。1946年6月,有末机关解散,有末精三则被收编到专门负责对苏情报机构"河边机关"。

随着冷战形势的日趋明朗化,为加强对苏情报工作,以威洛比为首的G2设立了以原日本军队中负责对苏情报工作的将校为核心的秘密谍报机构,以河边虎四郎为核心,通称"河边机关"。

河边虎四郎中将曾任日本驻莫斯科大使馆武官,是俄国通。河边虎四郎在日本战败时曾以陆军参谋次长的身份,在1945年8月19日奉命飞赴菲律宾接洽美军进驻日本事宜。在这一时期同威洛比少将相识,并逐渐赢得信任。"河边机关"主要以河边虎四郎、有末精三、辰己荣一、下村定等几人为核心,成员有十余人。任务是全面地进行秘密情报收集。具体工作任务包括对战犯嫌疑人情况的调查、《太平洋战史》资料的研究、收集以及对将来形势判断所需资料的收集、国内日本共产党和大众运动的动向调查等。①

随着美国对日政策的转变,"河边机关"的规模不断扩大,在全日本的关东、东北、近畿、中国、九州岛5个地区均设置分支机构,成员多达上百人,形成一套遍布全日本的情报网。这套情报网以收集苏联和日本共产党的情报为主要任务,呈报给G2。

"中村机关"以海军少将中村胜平为首,成员以陆军少将小川三郎为核心,以对陆地、海洋的地图、海图、气象、海象等方面的调查为名目,雇用了一批陆海测量相关的原日本军队将校、技师。

此外尚有专门负责日本国内军事地理、军用道路网整备为名目的吉原小组;以研究重整军备为主要任务的吉田英三小组等。当时,所有这些在G2威洛比雇用、保护之下的特务机构,通称为"KATOA机关",即河边(K)、有末(A)、辰己(T)、大前(O)、服部(H)等核心人物名字的前缀罗马字母读音。

这些情报机构和骨干成员,在日后日本重整军备过程中发挥了很重要的作用。

---

① [日]吉田裕等:『敗戦前後』,青木書店1995年版,第198頁。

结 论

单独占领的方式避免了日本国家分裂局面产生的可能，日本在战败后由美国单独占领的现实，使东西德国、朝鲜半岛南北分治的二战后特定的国际政治现象失去了出现的前提和可能性，从避免国家分裂这一角度来看，日本社会视麦克阿瑟为"大恩人"之说一直很有市场，日本学者认为由美国单独占领日本对日本社会而言是一种幸运。① 但实际上，单独占领日本并非麦克阿瑟个人所能决定的，它是美国政府借鉴对德国分区占领政策的利弊得失后做出的最终决定，麦克阿瑟本人是积极支持和忠实执行了这一既定政策。

单独占领方式本身决定了美国对战败后日本社会的改造程度是不可能十分彻底的，占领政策本身在实施的前后两个阶段就充满着自相矛盾和前后互为否定的奇特现象，如对日本财阀的改造、对政界人士的整肃、对日本军部势力的铲除与保护利用等。和平宪法的制定、实施体现了美国方面带有理想主义色彩的改造日本的理念，而不称为军队但实质上就是军队的自卫队建立的过程，实际上本身就是对和平宪法的一种挑战，重整军备的要求则是主动突破了和平宪法的约束。

单独占领方式导致美国有机会、有能力制造出战后日本政治生活中最大的神话，即"天皇无战争责任说"。战后昭和天皇向麦克阿瑟解释自己没有制止对美开战的能力，他说："我想我是立宪国的君主，对于政府和统帅部一致的意见我必须同意，如果不予同意，东条辞职，发生重大'政变'，乱七八糟的战争论更会得势，所以对于停止战争的建议，我没有回答。"② 麦克阿瑟出于有利于美国单独对日占领的考虑，完全接受了天皇无战争责任的无罪辩解。麦克阿瑟直接干预了东京审判，天皇成功地摆脱了政治危机。由于真正应当承担战争责任的天皇不仅没有受到国际法庭的追责与惩罚，反而被塑造成了结束战争的英雄，

---

① ［日］神谷不二：『戰後史の中の日米関係』，新潮社1989年版，第36—38頁。
② ［日］寺崎英成：《日本昭和天皇回忆录》，陈鹏仁译，台湾新生报出版部1991年版，第65页。

连道义上的谴责都失去了可能，因而日本社会战争反省观出现致命的缺陷，日本社会无法形成完整的战争反省观与GHQ当局的天皇处理方式有着密不可分的关系。

间接统治方式（除冲绳地区和横须贺海军基地外）的实施，最大的受益者是日本社会。由于政府组织和官僚机构基本上完整地保存下来，使得日本政府在执行GHQ当局的改造政策过程中有了回旋的余地和可能。如对整肃对象的甄别问题、财阀的解散改造问题等，日本当时的政府机构都采取了弱化性的对策，减少了GHQ政策的打击力度。吉田茂首相的政治对策非常具有代表性，吉田茂认为作为被占领国的政府，要尽可能最大限度地协助盟军总部实施占领政策。但是，每当占领军当局在认识上有"错误"或有不符合日本"国情"的主张时，一定要尽可能地说明情况，力求说服对方。一旦盟军总部作出决定时，就要遵守他们的决定，以等待能够纠正对方的错误或过分之处的时机到来。①

间接统治方式对日本战后重建与复兴意义重大。由于美国单独占领日本并采取间接统治方式，使得日本政府得以存续，从国家和社会重建与复兴的角度而言，日本政府的整体延续对日本的重建与复兴过程实际上从战败投降时就已开始，从东久迩内阁的国体护持到吉田茂内阁的经济中心主义国策，日本社会从精神层面到经济层面的重建与复兴，始终按照日本统治集团的理念和目标在顽强地实施之中，战后日本社会仅仅经历了10年就渡过了所谓的战后时代，这与这种间接统治方式下日本政府的有效存续不无关系。

间接统治方式决定了日本保守政治势力在战前、战中和战后始终保持着连续性。"政权依然掌握在保守势力手中。战争末期，1944年7月间，策谋打倒东条政权的集团，和在1945年2月策划实现和平的集团，构成了战后政治主体的主流。"② 战后保守政治势力的重新集合并迅速

---

① ［日］吉田茂：《激荡的百年史》，孔凡、张文译，世界知识出版社1980年版，第43页。

② ［日］信夫清三郎编：《日本外交史1853—1972》下册，天津社会科学院日本问题研究所译，商务印书馆1980年版，第718页。

掌控日本社会的政治资源，间接统治方式为保守政治势力的复活提供了足够的生存空间，初期是 GHQ 当局中的军人势力利用和保护日本的保守政治资源，后期则是吉田茂内阁利用修改选区制度，使得保守性质政党在选举中占有优势，战后日本社会保守政治势力长期把控政治权力的原因就在于此。

  单独占领体制和间接统治方式的组合，也决定了媾和方式最终是采取了单独媾和方式。单独占领体制决定了美国将主导战后日本社会的改造过程与媾和方式的选择，而间接统治方式给日本政府在媾和过程中保留了较为灵活的运作空间，实际上最终的旧金山媾和过程就是日美两国的利益交换过程，《旧金山和约》与《日美安保条约》的隔日签订，表明日美两国完成了利益交换，日本在媾和后成为美国在亚洲的盟友，并获得了美国的安全保证，而美国通过掌控媾和过程将日本纳入自己的亚洲战略之中，并以《日美安保条约》的名义保有冲绳等地的军事基地，美国军事力量以条约的形式在日本长期合法存在。而日本同台湾间的媾和过程也是按照美国政府的要求和意图完成的。

  总而言之，无条件投降这一结束战争的方式本身，决定了美国方面因战争进程的突然结束而轻易地掌握了对日本的战后处置主动权，盟国参与攻占日本的前提不存在了，而日本政府在接受美国占领过程中也较好地完成了政府职责与使命，和平占领日本的过程推动了美国在单独占领的状态下放弃军政府直接统治方式，采取利用日本现存政府和官僚机构的间接统治方式。间接统治方式本身对占领国和被占领国是一种双赢的选择，日美两国都是这种占领方式的获益者，而盟国的利益和诉求因这种占领方式的存在变得无法真正实现，如战争赔偿政策由严厉到放弃的演化过程，战后日本社会的战争反省意识欠缺等问题实际上与这种特殊的占领方式都有深刻的内在联系。半个世纪后的日美同盟关系的现实基础和历史根源，也只能从这段占领与被占领的关系史去发掘和认识，重新反思和追溯这段历史的意义也就在于此。

（原载《日本研究》2013 年第 3 期）

吉田茂与麦克阿瑟在占领时期的合作

第二次世界大战后，从1945年8月日本战败投降到1951年9月日美间签订片面的《对日和约》，美国对日本实施了长达6年之久的单独军事占领。在此期间，美国占领军总司令麦克阿瑟和日本首相吉田茂有过微妙的合作关系。探讨他们之间的合作问题，对研究日本被占领时期的历史乃至战后史都是十分有益的。

一

吉田茂是日本外交界著名的"亲英美派"职业外交家。美国前驻日大使约瑟夫·格鲁称他是"美国可信的友人"。[①] 1945年5月，吉田茂组阁出任首相，此后除中间出现片山、芦田两届短命内阁（一年半左右）外，在占领时期一直任首相职务。从麦克阿瑟1945年9月被美国政府任命为美国对日占领军总司令至1951年4月被解职，吉田茂与他保持合作关系达5年有余。

麦克阿瑟任职后对日本采用监管形式而不是通常的军管制，这就使日本政府和首相吉田茂有条件充当占领军的合作伙伴。当然，这种合作形式的基础是不均衡的，吉田及其政府更多情况下是充当二级政府和政策执行者的角色，政策的制定和解释权掌握在麦克阿瑟及其占领军总部手中。但是，这种占领者同被占领者国家政府间的合作形式，对保证占领政策的顺利实施，对当时日本社会的发展仍具有重要影响力。

从日本战败投降到1948年美国对日政策发生转变止，美国政府对

---

① ［日］猪木正道：《吉田茂传》下，吴杰等译，上海译文出版社1984年版，第466页。

麦克阿瑟下达的多是纲领性的占领政策与方针，对麦氏如何具体实施占领政策未加以严格的规定和限制。因此，麦氏在实施占领政策过程中有较大的行动自由。但作为美国对日占领的首席代表，他的目标是最充分地实施美国的对日政策，实现美国政府的战略目标，因此他的政治活动不能脱离这一客观现实。吉田茂作为被占领国家的政治代表，目的当然是在被占领的特殊条件下尽可能维护日本统治集团的利益，配合麦克阿瑟实施占领政策，如果这两者不能巧妙地结合在一起，那么他的政治生涯就会过早结束。所以，他的目标是尽可能地使美国的对日占领政策在不触动日本统治集团根本利益的前提下得以贯彻实施。吉田茂与麦克阿瑟正是在这样一种特殊的历史时期，以这样一种特殊的形式进行长期合作的。

二

改造日本的军国主义政体，重建新日本，是吉田茂和麦克阿瑟合作中的首要问题。1945年9月中旬，麦克阿瑟发表声明："盟总的职责并非如何抑制日本，而是使它重新站起来。"① 但重新站起来的前提必须是改造它，即实现美国占领日本的最终目标："1. 保证日本不再成为美国的威胁，不再成为世界安全与和平的威胁。2. 最终建立一个和平与负责的政府，该政府应尊重他国权利，并应支持《联合国宪章》的理想与原则中所显示的美国的目标。"② 为此，必须在日本实行非军事化和民主化改革。对此，吉田茂同麦克阿瑟有共识。吉田也认为日本通过这次战败可以"切除军阀操纵政治之毒瘤，肃清政界，发扬国民道义，刷新外交，振兴科学，引进美资而重建财界"③。吉田本人称占领军在日本实行的非军事化和民主化改革，是一次"不流血的革命"，"给战

---

① ［日］安藤良雄编：『近代日本経済史要覧』，東京大学出版会1975年版，第142页。
② ［日］外務省编：『占領及管理日本重要文件』卷一，東洋経済新聞社1949年版，第92页。
③ ［日］吉田茂：《激荡的百年史》，孔凡、张文译，世界知识出版社1980年版，第52页。

后处于混乱和绝望状态的日本人带来了对未来的希望",① 最终将使日本成为一个"文化国家"。而麦克阿瑟也打算把日本改造成为"东方的瑞士"。

在改造和重建日本的过程中,如何对待天皇制(即"国体")问题,是吉田茂和麦克阿瑟都极为重视的重大问题。吉田茂本人是位尊皇思想颇为浓厚的政治家。他对保存天皇制极为关心并得到麦克阿瑟的支持,为此吉田特意在1945年9月27日安排了天皇与麦克阿瑟的首次会见,想通过此次会见使麦克阿瑟对天皇产生好感。会见时,天皇对麦克阿瑟说:"我到你这里来是为了表示接受将军所代表的各国的判决。在这次战争过程中,我的国民所采取的行动及所作的每一政治、军事决定,都应由我负完全责任。"② 这次会见达到了吉田的预期目的。麦克阿瑟事后称赞天皇是"日本的第一绅士",并表示占领军若不依赖天皇就必须对日本实行军管,那么美国应增加100万占领军。他还给美国政府施加压力,以使天皇能够摆脱战争责任,远东军事法庭最终未能审判天皇,同麦克阿瑟有密切的关系。

麦克阿瑟对吉田表示:"日本尽管战败了,但是皇室的存在依然重如磐石。日本人如不团结在皇室的周围,日本的重建就很难实现。"③ 在麦克阿瑟占领日本期间几乎每半年就同天皇会晤一次,达十余次之多,基本上形成惯例。在国内外舆论强烈呼吁天皇退位的呼声面前,麦克阿瑟向日本政府官员说:"天皇在盟军进驻和解除日本陆海军武装方面给了(美国)很大的帮助,所以完全没有考虑退位的问题。天皇制要不要存在下去,这完全是日本自己的问题。"④ 1946年2月,占领军将修改后的日本国宪法草案即所谓的"麦克阿瑟草案"交给当时的币

---

① [日]吉田茂:《激荡的百年史》,孔凡、张文译,世界知识出版社1980年版,第43页。

② [美]约翰·托兰:《日本帝国的衰亡》下卷,郭伟强译,新华出版社1987年版,第1141页。

③ [日]吉田茂:《十年回忆》卷一,韩润棠等译,世界知识出版社1965年版,第54页。

④ [日]弥津正志:《天皇裕仁和他的时代》,李玉、吕永和译,世界知识出版社1988年版,第266页。

原内阁外相吉田茂，11月正式公布《日本国宪法》，1947年5月生效。新宪法规定："天皇是日本国的象征，是日本国民整体的象征，其地位，以主权所属的全体日本国民的意志为依据。"① 天皇在麦克阿瑟的劝告下发表《人间宣言》，摘下了神格的面纱。为保证日本国民尽快接受失去神格的天皇，麦克阿瑟要求吉田茂和日本政府"必须做广告，必须向人民兜售天皇"②。鼓励天皇到各地视察、旅行，同国民接触。

  吉田茂本人对天皇制得到维持甚为满意，对麦克阿瑟倍加称赞，称其为"在美国人之中也是属于所谓知日派的人物"，"在执行占领政策方面，我认为也可以说是属于现实派的"，③ 所以吉田说麦克阿瑟是日本的"大恩人"就不足为奇了。对于占领军的草拟的新宪法，吉田也是持赞成态度的。新宪法第九款规定："日本永远放弃作为国家主权发动的战争，永远放弃武力威胁或使用武力作为解决国际争端的手段。"吉田对这部新宪法的评价是，它"确是（使日本）走上了民主国家政治的正常轨道"④。

  占领后期，随着全球冷战局面的出现，美国对日占领政策发生明显的变化，日本取代中国成为美国亚洲战略的主要支撑点。美国把日本建成远东防御共产主义"超级多米诺"的阵地，急欲在经济上促使日本早日复兴。吉田茂同麦克阿瑟在该问题上进行了较充分的合作。

  1948年10月，吉田第二次组阁后采纳了经济学家有泽广巳的"超重点生产方针"，全力恢复受战争破坏的经济。对吉田的恢复经济的计划，麦克阿瑟和占领军总部表示全力支持。1949年1月，麦克阿瑟在新年祝词中宣布："如今日本复兴计划的重点已从政治转移到经济。"⑤在此之前，麦克阿瑟还以书信的形式向吉田茂提出了以"日本经济的

---

  ① ［日］大西典茂：『日本の憲法』，法律文化社1979年版，第212页。
  ② ［日］弥津正志：《天皇裕仁和他的时代》，李玉、吕永和译，世界知识出版社1988年版，第266页。
  ③ ［日］吉田茂：《十年回忆》卷一，韩润棠等译，世界知识出版社1965年版，第53页。
  ④ 同上书，第14页。
  ⑤ ［日］信夫清三郎编：《日本外交史1853—1972》下册，天津社会科学院日本问题研究所译，商务印书馆1980年版，第753页。

安定和复兴为目的"的九原则,主要内容是力求节约经费以求真正达到总预算收支平衡;加强税收;除对有助于日本经济复兴的计划外,严格限制放款;停止增加工资;加强物价统制;改进对外贸易统制业务,并加强现在的外汇管理;有效的执行现行的材料分配制度;增产重要物资;加强强制征购粮食。吉田对这项建议表示赞同,他表示:"坚决地忠实执行经济九原则","断然排除不负责任的活动"。① 随着日美双方在恢复日本经济方面的相互合作,日本的经济复兴工作步入正轨。

实现媾和、恢复日本的独立地位、结束占领状态,是吉田茂当政期间所欲解决的最棘手的外交难题。因为这个问题需取得占领当局也即麦氏的认可,而且美国政府的政策与态度也至为重要。

早日媾和结束占领,是吉田茂的宿愿。麦克阿瑟也积极支持吉田茂的这种观点。

当时,美国国内在与日媾和问题上存在着两种意见。国务院主张"早日媾和",认为要把日本拉入西方阵营,必须尽早实现媾和;而国防部则主张"继续占领",力主美国军队长期驻扎日本,为此,就必须维持当前的占领军特权。为弥合双方的差距,陆军部副部长沃里斯1950年3月又提出了"半媾和解决案",即日本在名义上恢复主权,行政权交还给日本政府,美国保留占领军总司令部和占领军继续对日实施潜在的统治,后来以此案为蓝本最终确定了美国对日媾和政策。

麦克阿瑟本人主张"早日媾和"。1947年年初,美国国务院将一份媾和草案交给麦氏,征询他对媾和的意见。他的反应积极,在同年3月就发表声明说:"日本已经具备恢复和平的资格",② 应早日签订和平条约,他甚至认为必要时美国可以同日本单独媾和。身为占领军总司令的麦克阿瑟,在媾和问题上的态度对美国政府的对日媾和政策具有极大的影响力,同时,也必将对吉田茂及日本政府产生鼓动作用。1950年9月,麦克阿瑟在"对日作战胜利日"五周年纪念会上明确表示:"占领

---

① [日]大江志乃夫:『日本史·10·现代卷』,有斐阁1978年版,第175页。
② [日]吉田茂:《十年回忆》卷四,韩润棠等译,世界知识出版社1965年版,第119页。

的基本目标已经完成。"① 麦克阿瑟的观点是：应该尽量避免军队以占领军的形式长期驻在国外；如果长期驻在国外，自然要产生流弊。所以他私下就向吉田茂表示："总之，占领军早日撤退为妙。"② 事后，吉田曾回忆道："我相信麦帅这种认为应该早日撤退占领军的想法，当然与早日媾和有关，对促进合约的签订影响也很大。"③

1950年4月，吉田派其亲信池田勇人赴美探询美国政府的媾和意向，临行前吉田表示为使美国方面下决心媾和，提出"不妨由日本方面请求美军驻扎（日本）"④。6月，素有反共斗士之称的杜勒斯访日，就媾和问题同麦克阿瑟、吉田会晤。随着朝鲜战争的爆发，在客观上促使美日两国加快了片面媾和的进程。1951年8月15日，美国发表了《对日和约草案定本》，9月4日，美国政府主持下的对日媾和会议在旧金山召开，8日，《对日和约》正式签字。会后，日美又签订了《日美安全保障条约》。媾和后，吉田茂说："回顾一下缔结和约的经过，我们首先不能不谈到两个人，那就是盟军最高统帅麦克阿瑟元帅和当时的美国国务卿杜勒斯"，"在缔结和约问题上，这两个人也可以说是我们的恩人"。⑤

至此，美国的对日占领在国际法上已告结束。一年后，麦克阿瑟被美国总统杜鲁门解除了驻日占领军总司令的职务，在麦氏离日时天皇亲自为其送行，吉田茂在向全国发表广播演说时毫不掩饰自己的感情对麦氏倍加称许："麦克阿瑟将军为了我们国家的利益所取得的成就是历史上的奇迹之一。"⑥ 这样，随着日美片面媾和的实现与麦氏的解职离日，吉田茂和麦克阿瑟在美国占领日本这一特殊历史时期所形成的特殊

---

① [美] 道格拉斯·麦克阿瑟：《麦克阿瑟回忆录》，上海师范学院历史翻译组译，上海译文出版社1986年版，第245页。

② [日] 吉田茂：《十年回忆》卷一，韩润棠等译，世界知识出版社1965年版，第56页。

③ 同上。

④ [日] 宫泽喜一：《东京——华盛顿会谈秘录》，谷耀清译，世界知识出版社1965年版，第119页。

⑤ [日] 吉田茂：《十年回忆》卷三，韩润棠等译，世界知识出版社1965年版，第1页。

⑥ [美] 理查德·尼克松：《领袖们》，刘湖等译，知识出版社1984年版，第109页。

"合作关系"也宣告结束。

我们在研究两者合作关系的同时，也应看到他们之间的矛盾和差距。以及这种矛盾和差距所反映出来的美日两国统治集团的利害冲突。诸如在解散财阀等问题上双方的认识明显不同。占领军方面坚持认为："解散财阀，目的在于从心理上和制度上破坏日本的军事力量"①，坚持必须解散财阀。而吉田茂却认为："解散这些财阀究竟对国民是否有利，还是个疑问。"尽管如此，迫于占领军的压力吉田仍不得不执行盟总解散财阀的指令。对于诸如此类的情况，吉田是这样解释的："对于占领军的政策，每当对方有认识上的错误或不符合日本国情的主张时，我一向是明确地提出我方的意见，但尽管这样，问题仍按占领军的主张作出决定时，我所采取的态度是遵守这个决定，以等待能够纠正对方错误或过失的时机到来。总之，我采取了该说的说了以后就干脆照办的态度。"② 从中我们不难看出，吉田茂一方面为维护日本统治集团的利益而对占领军的政策竭力加以抵制；另一方面又不得不暂时屈服，充当占领政策的执行人。由于他采取了这种灵活的政治态度，使日本统治集团和麦克阿瑟都十分信任他，并积极支持他长期独掌权柄，因此有人说："他的权力的秘密在于占领当局的绝对权威，在他七年任期中，有五年都是在这种权威下工作的。"③ 这也称得上是吉田茂在美国对日占领期间长期处于权力中心的奥秘之一吧。

三

吉田茂和麦克阿瑟在特殊的历史时期所进行的这种合作，对占领时期日本社会乃至占领结束后的日本社会发展，都产生了深远的影响。

合作者本身对这种合作结果也颇为得意。吉田茂在其《十年回忆》

---

① [日] 楫西光速：『日本における資本主義の発達』下卷，東京大学出版会1954年版，第456页。

② [日] 吉田茂：《激荡的百年史》，孔凡、张文译，世界知识出版社1980年版，第43页。

③ [美] 埃德温·赖肖尔：《日本人》，刘文涛等译，上海译文出版社1980年版，第279页。

中用大量的笔墨描述麦克阿瑟的活动，对麦氏推崇备至，称其为日本的"大恩人"。而一向清高自负的麦克阿瑟因在实施占领政策，改造日本过程中深得吉田茂的协助，对吉田也多有赞誉，称"他们（指日本人）在有才干的首相吉田领导下，以自己的长处从毁灭了的废墟里上升成为一个生气勃勃的国家"①。从旁观者角度，对他们的合作予以评价的也大有人在，有人称他们之间的合作是"相互利用、相互帮助，（共同）谋划了战后日本的复兴再建"②。美国前总统尼克松则认为："日本是在这两个人的特殊的合作下重建的。麦克阿瑟是法典制定者，吉田茂是执行者。麦克阿瑟抛出提纲挈领式的法令，吉田再把它们塑造成适合日本需要的东西。"③

纵观美国对日占领时期的历史，笔者认为吉田茂和麦克阿瑟特殊的合作关系，对占领期的日本社会乃至占领结束后日本发展都产生了深远的影响。例如由吉田所倡导并得到麦克阿瑟鼎力相助的"保守合并论"，就对占领时期保守党派间的联合，起了促进作用，并对"1955年体制"的建立奠定了基础。从合作的基础和本质上讲，他们之间的合作的确是一种相互利用的关系，即麦克阿瑟为顺利实施美国对日占领政策，在精神上利用了天皇的权威和影响，减少了来自日本社会的抵抗情绪；利用吉田茂及其内阁的特殊职能具体推行占领政策，实现美国的战略目标。吉田茂作为日本统治集团的代表，在国家被占领的特殊情况下充分利用了占领军的绝对权威，在复兴日本过程中尽可能维护统治集团的利益。就占领问题本身而言，吉田茂和麦克阿瑟的合作应该说是较为成功的，双方采取这种形式以确定双方的关系，是比较明智的。日本经济的迅速复兴、象征天皇制的确立、对美一边倒外交格局的确立等都与这种合作关系有关，占领时期日本社会的发展、演变就是在这种合作形势下进行的。

占领期结束后的日本社会发展也未能完全摆脱这种合作形式所确定

---

① ［美］道格拉斯·麦克阿瑟：《麦克阿瑟回忆录》，上海师范学院历史翻译组译，上海译文出版社1986年版，第214页。
② ［日］今日出海：『吉田茂』，中央公論社1983年版，第87页。
③ ［美］理查德·尼克松：《领袖们》，刘湖等译，知识出版社1984年版，第111页。

的发展轨迹。

吉田内阁所进行的经济复兴国策,为日本成为世界经济大国打下了经济基础。吉田茂下台的第二年即1955年,"日本工矿业生产比战前水平高出90%,农业生产也高于战前水平"[①]。此后十余年,日本经济发展一直保持最快的增长速度。在政治上由于象征天皇制的确立和吉田倡导的"保守合并论",为日本保守政权的长期稳固统治打下了政治和社会基础。"55年体制"即保守政治体制的最终确立,可以说与吉田所倡导的"保守合并论"有直接的关系。而这与麦克阿瑟在占领时期对吉田茂领导的保守性质的自由党的支持密不可分,麦氏在1949年1月对自由党在大选中获胜表示祝贺。他说:"这次选举是在亚洲历史的一个危机关头,对政治上的保守观点给予了明确而又具有决定性的委托和信任。"[②] 日本自民党长期一统天下同占领期吉田茂的长期统治有一定的联系,"吉田内阁是保守本流的开端""吉田政治是战后保守党政治的象征"等说法并非偶然。吉田茂在外交上确定的同美国结盟、接受其保护的外交政策,对后来日本在国际上的地位有很大的影响,日本战后的外交基本上是围绕美国的世界战略打圈子,在重大国际问题上很难发现日本自己的外交形象,"经济巨人""外交侏儒"等问题同吉田茂在与麦克阿瑟合作过程中所奉行的低姿态策略不无关系。

(原载《世界史研究动态》1992年第5期)

---

① 中国社会科学院工业经济研究所、日本总合研究所编辑:《现代日本经济事典》,中国社会科学出版社、日本总研出版股份公司1983年版,第108—109页。

② [日]信夫清三郎编:《日本外交史1853—1972》下册,天津社会科学院日本问题研究所译,商务印书馆1980年版,第753页。

第二编　帝国意识与皇国史观

战前日本的帝国意识研究*

——以吉田茂的《对满政策之我见》①为中心

一 《对满政策之我见》一文的由来

吉田茂（1887.9.22.—1967.10.20.），原籍土佐，生于东京。1906年7月，他从东京帝国大学法学院政治系毕业，通过外交官和领事资格考试，翌年2月被委任为日本驻奉天总领事馆见习领事官，开始接触中国事务。1912年8月任驻安东领事。1918年出任驻中国济南领事馆领事兼青岛守备军民政部事务官。1922年3月吉田任驻天津总领事。1925年10月调任驻奉天总领事，1927年6月回国参加田中内阁召开的"东方会议"，8月参加了第二次"东方会议"即大连会议。

1928年3月16日，时任驻奉天领事馆总领事的吉田茂奉调回国，并未赴瑞典等国履行公使之职。而是于3月末从奉天返回东京滞留，在田中内阁森恪②政务官的斡旋之下，谋求内阁外务次官之职位。7月，吉田私见田中义一，自荐称："我自己认为我是作外务次官的最合适的人选，可是听说总理不同意，所以我准备最近到瑞典去就任。在启程之前，我想向总理面陈一下假如我是外务大臣打算如何处理的问题，因此

---

* 基金项目：国家社会科学基金项目（08BSS004）。

① 该政策意见书是1928年4月27日吉田茂呈送给日本外务省的。

② "森恪被称为田中义一内阁的事实上的外交大臣。"参见有泽广巳主编《昭和经济史》，鲍显铭等译，黑龙江人民出版社1990年版，第137页。

特来谒见。""接着又陈述了我素来就对满、对华政策的见解。"①次日，田中义一任命吉田茂为外务省次官。

　　吉田在与田中会面时述及的所谓对满、对华政策的主旨，主要源于他的一份政策建议书——《对满政策之我见》，这份建议书成于1928年4月27日，也就是他在东京猎官期间完成的。这既是吉田茂作为职业外交官多年在华的政策总结，也可以说是叩开主张对华强硬外交的田中内阁权力核心的敲门砖。美国学者约翰·道尔将这份政策建议书看成是"的确意味着在日本史的这一时点上'帝国意识'的独创性的表现形式"②。

　　成为田中外交政策的主要制定者，是战前吉田茂外交生涯中最为自傲的一段从政经历。战后吉田茂在其撰写的从政回忆录中曾坦言："在我的官吏生活中，没有比田中（义一）大将兼任外务大臣时，我在他的领导下，担任次官的时代更愉快的了。"③吉田茂的所谓对满政策、对华政策与田中义一的对华强硬外交相吻合。他在东方会议上作为日本驻中国东北的最高外交官，明确表态支持田中首相的对华强硬政策，指出："日本应该对满蒙确立坚定不移的政策，使满洲在政治上得以稳定，始终维护日本的特殊地位，同时根据机会均等、门户开放原则，专心努力于满蒙产业化"，"如有必要，可对（满洲）诉诸非常手段"。④可见，东方会议上政治主张的一致性，是吉田茂成为田中外交核心人物的关键所在。他在东方会议上的政策主张系统地体现在数月后形成的《对满政策之我见》一文中。

---

①［日］吉田茂：《十年回忆》卷四，韩润棠等译，世界知识出版社1965年版，第97页。

②［美］约翰·道尔：『吉田茂とその時代』上，大窪愿二译，中央公論社1991年版，第121页。

③［日］猪木正道：《吉田茂传》下，吴杰等译，上海译文出版社1984年版，第3页。

④［日］猪木正道：《吉田茂传》上，吴杰等译，上海译文出版社1983年版，第345页。

二 历史背景与研究视角

日本自明治维新后建立起一个以神国日本为核心的"大日本帝国",追赶比肩西方帝国主义诸国成为既定的国家发展战略,经过中日甲午战争、日俄战争,尤其是借助参加第一次世界大战,历时50年初步实现了建立与西方列强比肩的帝国。在巴黎和会上,日本作为五大战胜国之一,标志着其帝国初步形成并已跻身西方帝国主义俱乐部。

日本在东亚占据优势国家地位后,其帝国经营意识和战略出现不同的政见主张,尤其是围绕对华外交政策产生分歧。大隈内阁的"对华二十一条"与币原外交可以说是分别代表着日本政府内帝国经营意识中的激进强硬派和激进协调派的政策主张。在这一大的时代背景之下,当时日本外务省中所谓非主流外交官,时任日本驻奉天总领事吉田茂的帝国经营意识,在1928年4月以意见书的形式将《对满政策之我见》提请至日本外务省,成为对华强硬派田中外交的重要外交政策理论来源之一。

这份外交政策意见书,主要反映出吉田茂作为职业外交官的帝国经营意识和具体的对华,尤其对中国东北即当时日本社会普遍称为"满蒙"的对策主张,尽管吉田茂当时处于非主流的政治地位上,但文中所表露的帝国经营意识、帝国扩张意识、帝国经营中的满洲意识等都是当时日本政府中的主流意识思想。日本帝国崩溃后,我们依然可以从吉田茂担当日本首相期间的对华外交政策主张中,发现其战前思想意识的印痕。一个政治家的思想意识一旦形成,其核心价值理念和政治意识将很难发生质的蜕变,否则就很难称为真正意义的政治家。因此,从这种研究视角来观察、研究战前与战后的日本对华政策,吉田茂的特殊时空位置决定了其个人对华政策思想的特殊研究价值所在。

三 研究的主要观点

明治时代的诸多政治人物如大久保利通、伊藤博文等人作为创建帝

国的实行者，其帝国意识和扩张理念，对吉田茂等一代"明治教养人"① 产生了深刻的影响，并为之继承。1889 年 12 月，山县有朋就提出帝国建立的必要条件是主权线和利益线的帝国理论。他声言："大凡为国，不可没有主权线，也不可没有利益线，而外交及军备之要诀，则专以此二线为基础也。方今立于列国之际，要维护国家之独立，仅仅守卫主权线，业已不足，必须进而防护利益线，不可不经常立于有利之地位。而如何防护利益线焉？也即各国之所为，如有对我不利者，我当有责任排除之，在不得已时，则以强力来达到我国之意志。"② 朝鲜半岛和中国东北被视为日本的特殊利益所在，中日甲午战争、日俄战争，实质上就是日本围绕这两个核心地域而进行的对外战争。

战前，吉田茂作为职业外交官，在追逐和实现帝国扩张过程中始终是积极的践行者。吉田茂的《对满政策之我见》则是他成为帝国扩张政策理论的主要制定者之一的重要佐证。正是由于他在所谓"满蒙"问题上坚决维护日本帝国特殊权益的强硬主张，"英国外交部认为吉田茂同芳泽公使、小幡大使等人一样，都是外交官中的军部同盟者"③。

在对吉田茂的《对满政策之我见》这一政策意见书的解读过程中，美国学者约翰·道尔将其所表露的"帝国意识"，提炼为 6 项政见：（1）维新以来日本政治经济的安定实赖于国际上的重大事件，特别是日清、日俄战争、第一次世界大战；（2）日本如若不能保有作为粮食原料产地和商品市场的帝国领地则无法生存；（3）日本应放弃理想主义口号和对从属民感情的顾虑，问题的关键是力量；（4）日本与中国人的政治诉求无关，在亚洲大陆要抓住机会扩张势力，在殖民地、新殖民地应循英、法等欧美各国之例；（5）统治海外领土的关键是交通和财政；（6）迄今为止的日本大陆政策之所以失败，主要是决断力不足。④ 这称得上是较为全面、客观的提炼和总结。而本文的研究从另一

---

① [日] 竹内好：《国家的独立和理想》，载、[日] 竹内好著、孙歌编《近代的超克》，李冬木、赵京华、孙歌译，生活·读书·新知三联书店 2005 年版，第 274 页。
② [日] 大山梓：『山県有朋意見書』，原书房 1957 年版，第 196—197 页。
③ [日] 猪木正道：《吉田茂传》下，吴杰等译，上海译文出版社 1984 年版，第 38 页。
④ [美] 约翰·道尔：『吉田茂とその時代』上，大窪愿二译，中央在論社 1991 年版，第 121—122 页。

种角度透视其帝国意识的内核，提出如下几个问题，作为探讨和研究的对象。

1. 帝国的正统继承意识。建立帝国的国家意识和政治目标，是由明治天皇明确提出的。他在1868年4月发布的诏书中就提出："朕与百官诸侯相誓，意欲继承列祖伟业，不问一身艰难，亲营四方，安抚汝等亿兆，开拓万里波涛，宣布国威于四方，置天下于富岳之安。"①

对日本帝国的尊崇意识，不仅为吉田茂本人所独有。日本著名思想家竹内好先生所说的"明治教养人"，即明治维新后成长起来的一代人，在皇国思想的熏陶教育下，普遍形成了一种日本即皇国、皇国即神国的历史观。吉田茂曾在回忆录中慨叹："明治维新当时的前辈政治家们，在国家艰难的岁月里执掌国政，出色地完成了兴国大业，其苦心经营的事迹，我们今天回忆起来犹历历在目。"②

吉田茂本人是一位明治情结很浓厚的政治人物，其《对满政策之我见》的写作初衷也是缘于他对明治时代日本创建帝国的推崇，写作目的也是更快地在中国东北确立日本帝国的垄断地位。从战前的言论和战后的行动上，他视自己为明治时代日本帝国的继承者。

2. 帝国的扩张意识。"战后我国在海外获得的领地和势力范围与欧洲各国相比少得可怜。而且各国作为战胜国获得了以往德国在海外的许多领地，这样仍不感到满足，像国家实力和我国非常接近的意大利现在仍然在煞费苦心地向阿尔巴尼亚、小亚细亚、北非、南美洲扩张自己的殖民地。这时假如中国也接近欧洲地域的话，结果会是怎样呢？"③ 显然，吉田的帝国意识将日本看成筵席的迟到者。他认为面对西方列强瓜分后的世界，日本帝国应借助地缘优势抢占中国大陆，成为下一次分赃的主角。而分赃的对象就是中国大陆，至于中国东北所谓的"满蒙"则不在分赃之列，应由日本帝国独占。他在《对满政策之我见》中提出了帝国扩张的必要性和紧迫性，"当时我国经济迅猛发展，人口大量

---

① ［日］日本外务省编：『日本外交文書』第1卷第1册，原書房1957年版，第465頁。
② ［日］吉田茂：《十年回忆》卷四，韩润棠等译，世界知识出版社1965年版，第5页。
③ ［日］『外务省文书』，转引自［美］约翰·道尔『吉田茂とその時代』上，大窪愿二译，中央公論社1991年版，第122—128頁。

增加，举国上下国民充满活力，但是却缺少向外扩张的自由度。国内无论怎样调整内政寻求产业的振兴，要想在猫额头大小的岛屿上帝国收容蓬勃发展的国民活力无论如何是很难做到的。当今财政的不景气、国内政治纷争严重这也是理所当然的。如果不开发适合我们民族发展之地的满蒙，未来中国的治安不稳定，那么就会失去我国财政恢复繁荣的基础，政治纷争也不会得到彻底解决"[①]。吉田的这种侵华政见与当时主政日本的田中义一首相所倡导的对华强硬外交在理念上是完全一致的，因此，吉田茂成为田中外交的积极推动者。由此也可以看出20世纪20年代的外交官吉田茂，是20世纪30年代日本军部武力侵占中国东北政策的始作俑者之一，在独占中国东北这一问题上吉田与军部势力并无政治歧见。太平洋战争后期吉田组织参与反战反军部的政治活动，是因为军部势力同德意结盟对英美开战，此举在吉田眼中是违背明治政治家所规划的帝国经营战略的愚蠢行为。

3. 对华的蔑视心态。一战后，亚非地区的许多国家和地区都发生了反对帝国主义殖民侵略的民族主义运动。针对中国的反日运动，吉田茂主张予以强力镇压，他批评币原外交过多地纵容了中国国内的民族自决思潮，认为币原外交是"仅仅盲目追求日中友好的结果，会使我们陷入讨好中国人的怪圈，而使本民族陷入一种自卑情绪，并使中国人更加自满"[②]。他提出一套侵略无须理解的理论，即"在他国领土上企划着如何伸展扩大本国的国力，向对方国家叙述自己国家的诚意，这种做法在国际上有没有成功的惯例我们还不得而知。并且在增强国家实力的国策执行之际，如果没有得到对方国家的承认我们也不能有踌躇逡巡之举。英国对印度的政策刚开始并没有得到印度人的支持；法国人也并没有顾及阿尔及利亚人的反对而放弃对阿的政策；美国人在美国中部地区虎视眈眈，并没有得到土著人给他们的箪食美酒，另一方面我们也恐惧我们所实施的对待中国及满洲的政策给中国人民带来的抵日情绪。我们也正在为这个解决办法而煞费苦心。既然企图发展满洲及中国，就应该

---

① ［日］『外务省文書』，转引自［美］约翰·道尔『吉田茂とその時代』上，大窪愿二译，中央公論社1991年版，第122—128頁。

② 同上。

做好中国人民有抵日情绪的思想准备，就不能对中国的抗日情绪有恐惧心理，基于既往事实并且基于中国本身的国内形势，我们所实行的国策没有任何值得质疑之处"①。吉田茂的侵略主张非常明确地显露对中国反日思潮和运动的反对和对华的蔑视心态，他认为日本帝国无须顾忌中国人民的反对，应当像英美列强那样无所顾忌地拓展帝国权益，对阻碍日本帝国扩展权益者，不论是中国国民还是当地军阀，要果断采取行动。两个月后，关东军在"皇姑屯事件"炸死了奉系军阀张作霖，可以说验证和实践了吉田茂的政策主张。

4. 帝国经营中的经济侵略意识。吉田茂在意见书中提出了一个战略构想，即将中国东北从经济上并入日本经济循环圈之内。他指出，"东三省的面积是我国国家的5倍，并且吉林、黑龙江两省又是稻米之乡。这里盛产的矿产、木材是我国所急需的，我国所需的工业原料和粮食也要仰仗这块宝地，反过来我们向这里提供工业品。如果满蒙成为我们的经济市场，日本海域成为我们的经济领海，日本的西海岸地区也自然可以得以开发"②。如何确保这一经济侵略构想能够实现？吉田茂的具体对策有两项，即交通和财政。交通方面，日本帝国要垄断东北的铁路网，"以日本海及朝鲜为基点铺设几条横断东三省的铁路干线，迫使张作霖政权同意关外的京奉线（山海关至奉天即今沈阳）所有权由英国资本家转归我们所有"③，可以用开滦煤矿作为同英国资本家的交换条件。"应该让中国开放铁路沿线或者是主要车站（包括南满铁路沿线）数平方公里，设定中国商铺用地，而且我们日本方面要对铁路的运营拥有相当的监督管理权力，我们要将全满蒙铁路统一于一个管理系统之下，并且形成一个完整的运输网络。"④

财政方面，吉田茂主要要利用奉系军阀连年征战财政恶化之机，由日本掌控奉天政府的货币，"如果监督省财政、稳定奉天军用钞票的价值，恢复满蒙百姓的购买力也不是难事。如果我们的统治力量惠及吉

---

① ［日］『外務省文書』，转引自［美］约翰·道尔『吉田茂とその時代』上，大窪愿二译，中央公論社1991年版，第122—128页。

② 同上。

③ 同上。

④ 同上。

林、黑龙江两省，那么东三省的振兴指日可待"①。吉田茂还提及，"要掌控电信、电话、邮政以及道路的监督管理权"②。按照吉田茂的经济侵略方案，东三省实际上就成为日本帝国独占的领地。4年后，1932年关东军策划扶植建立伪满洲国，通过签订所谓《日满议定书》的形式，完全实现了吉田茂的经济侵略构想。

5. 独占中国东北的所谓"满洲意识"。第二次世界大战前后，日本社会有许多人因诸多原因而形成过内容复杂多变的所谓"满洲意识"。日俄战后，日本获得了俄国在中国东北地区的一部分权益，将东北视为日本帝国的势力范围。吉田茂在《对满政策之我见》中将日本帝国对中国东北的侵略，定义为"明治大帝睿智的满蒙经营"。为确保日本帝国的特殊权益，应"迫使张作霖政府必须听从、尊重帝国政府对交通及财政方面的政策、要求，采取可行性措施确保实施"。具体的应对策略是"向天津、山海关、洮南、吉林、临江、间岛等地增兵，这样可以有效阻止满洲内部兵乱情况的发生，我们将要求张作霖政府按我们的要求改善施政"③。

吉田茂的这种由日本帝国独占中国东北的"满洲意识"，实质上是当时日本朝野的普遍认识。田中义一首相在东方会议上发表的《对支政策纲要》中特别标明"满蒙，特别是东三省地区，对我国国防及国民生存拥有重大的利益关系，因此，我邦不仅要特殊考虑，而且……作为接壤之邻邦，又不能不感到有特别的责任……万一动乱波及满蒙，由于治安混乱，有侵害我在该地特殊地位和权益之虞时，不论来自何方……都要决心不误时机，采取适当措施"④。田中首相所说的"适当措施"，在1928年6月就被关东军河本大作等人以"皇姑屯事件"形式实施了。

从上述的分析中，笔者认为吉田茂在战前、战中的政治活动以

---

① ［日］『外务省文書』，转引自［美］约翰·道尔『吉田茂とその時代』上，大窪愿二译，中央公論社1991年版，第122—128頁。

② 同上。

③ 同上。

④ ［日］日本外務省編：『日本外交年表竝主要文書』下，原書房1955年版，第102頁。

《对满政策之我见》一文提出前后，可以划分为两个不同的时期。前期他是一位帝国意识刚性成分居多的帝国扩张主义者，同军部势力的政治立场和政策主张没有质的区别，尤其在侵略中国东北问题上两者有共同的政策取向，犹如车之两轮，共同推动了中国东北局势的日本化；后期因军部在中国东北采取无视英美的军事独占政策，即"九一八事变"和建立傀儡政权满洲国，而在国际上陷入困境。外交官出身的吉田茂意识到与英美协调外交的重要性，遂反对日本军部与德、意结盟的外交战略，成为反军部势力的政治人物。这既反映出吉田茂的所谓"外交感觉"，也透射出他"商人政治观"的真谛。但有一点必须指出的是，无论是战前还是战后，他帝国意识中的对华政策观依然停留在帝国主义时代，并没有因中日两国历史变化而发生改变，改变的只是语言和策略而已。他的这种帝国意识支配下的对华政策观，对战前、战后的日本对华政策都曾产生了很大的影响，本文的研究价值与意义也在于此。

（原载《社会科学战线》2010年第2期）

近代日本帝国意识成因研究

帝国意识在近代日本社会产生的前提，是近代日本社会在内部如何有意识地构建帝国意识。日本传统文化的积淀和历史传统，使日本的近代帝国意识具有一些特定的价值观，如皇国主义和天皇制。帝国意识，对近代日本社会而言可以说是一种外来意识和原有自大心理杂糅而成的社会意识。从历史角度梳理也可以看成幕末皇国思想的衍生物。1868年明治维新是将既有的但封存于幕末少数思想家著述中的皇国思想，通过国家变革形式同欧美帝国主义现实实现了奇特的嫁接，衍生出具有日本文化特征的帝国意识。

幕末皇国思想与帝国扩张意识的蓄积

明治时代政治家大隈重信在由他主持编著的记述明治维新以来日本帝国兴起历程的《日本开国五十年史》一书序言中如此总结道："呜呼世运之变有出人意表者，我日本开国以来，凡百制度取法于西洋，废置变革细大并举，武威文物骎乎日进，国运之昌振古所未曾有也。""东洋诸民族居世界生齿之大半，而沉沦濒于危亡。其间日本帝国勃然独兴，仅五十年而长足进步，与彼霸驭欧洲之强国战，卒大胜之，以声动世界之视听者，其效果安在哉。物不结无因之果，盖日本民族其传说与历史苟无以翘异于同洲诸族也者，未必能发此光彩……试提其要，有三端焉：曰继昭神国；曰发挥地灵禀有特质；曰封建割据磨砺智能。日本

民族发展之故，千端万绪，皆莫不为此三纲所涵括。"①

神国久而健存，强化了日本作为神国存在的历史独特性，这样的神国史观是绵延整个日本战前时代的正统史观。

当明治维新运动完成了推翻德川幕府的统治，建立起以天皇为核心的中央集权政府后，它所面对的是一个列强争雄的帝国主义时代，是一个落后的亚洲被强行带入西方秩序下的殖民时代。面对激荡的外部世界，日本社会对优越的西方经济和军事技术的挑战迅速作出了反应。

从明治新政府成立伊始所频繁发布的政令、公告中依稀可以透视出构建帝国的理念和目标。1867年12月，明治政府在《王政复古大号令》中宣布"实行王政复古，树立挽回国威之基"②；1868年3月《宣扬国威宸翰》主张"安抚汝亿兆，遂开拓万里波涛，宣布国威于四方"③；1871年7月，《废藩置县诏书》中再次申明"何以保安亿兆，得以与各国对峙"④。

用坚船利炮将东亚世界强行带入西方国际体系之后，西方国际体系始终包含二重原理以维系：在其体系内部，西方列强是平等的伙伴关系，侵略的对象是东亚的弱小国家；对处于体系外部的东亚国家，西方列国奉行的是弱肉强食的丛林法则，以武力为后盾强迫东亚各国接受不平等条约和治外法权。

明治政府的政治领袖和一部分知识人，在面对如此严峻的生存危机时形成一个基本共识，就是要追随强者，与强者为伍；欺凌弱者，远离弱者。前者以霞关外交为代表，后者以福泽谕吉的"脱亚论"为标志性思想。明治时代的日本政治家和以福泽谕吉为代表的一部分思想家，为新日本设定的国家战略和目标定位，是如何尽快地将日本提升到美妙

---

① [日]大隈重信：《日本开国五十年史》上，上海社会科学院出版社2007年版，第1页。
② [日]『王政復古の大号令』，载『日本史史料』4，近代卷，岩波书店1997年版，第79页。
③ [日]『宣扬国威宸翰』，载『日本史史料』4，近代卷，岩波书店1997年版，第83页。
④ [日]『废藩置县诏书』，载『日本史史料』4，近代卷，岩波书店1997年版，第90页。

的欧美大国圈子之中,速成的方式就是着手构建一个以欧美列强为样本的帝国;另外要像欧美国家那样输出文明,对东亚邻国的落后民族而言要扮演文明的开化者的角色。

明治政府建立后,西方列强的不平等条约犹如坚韧的绳索,将日本束缚在屈辱的地位上。追求与欧美列强的平等地位,成为明治初期日本政界、知识界的共识。而平等地位的获得前提,就是修改幕府与欧美国家签订的一系列不平等条约。岩仓使节团是日本政府为此而进行的第一次外交努力。

1871年年末,日本政府决定向欧美国家派遣人数庞大的外交使节团,外务卿岩仓具视为正使,木户孝允、大久保利通、伊藤博文等人为副使,众多军事将领参加,目的是"应修改以往之条约,确立独立之体制"。

岩仓使团历时1年9个月,访问了美国、英国、法国、比利时、荷兰、德国、俄国、丹麦、瑞典、意大利、奥地利、瑞士等当时欧美几乎所有重要国家。所到之处必详问笔录。每到一国,必访政要和各界人物。尤其是在有"世界工厂"之称的英国,历访伦敦、利物浦、曼彻斯特、纽卡斯尔、伯明翰等25个城市,深受震动。大久保利通在给大山岩的书信中写道:"为巡览英格兰、苏格兰的名迹,四方跋涉……其工厂之盛,比前所传闻者更多,每到一地,黑烟冲天,无不设有大小工厂,由此足以知晓英国富强之所以也。"① 回国后,大久保利通便提出了《有关殖产兴业的建议》。

德国首相俾斯麦对岩仓使团则提出了这样的忠告:"方今世界各国,虽以亲睦外交礼仪相交,但皆是表面含义,于其阴私之处,则是强弱相凌,大小相欺。"德国参谋总长毛奇更是明确地教育日本的来访者:"法律、正义、自由之理虽可保护境内,但保护境外,非有兵力不可。万国公法者,乃是小国之事。至于大国,则无不以其国力来实现其

---

① [日]日本史籍协會:『大久保利通文書』,東京大学出版会1986年版,第467—468頁。

权利。"① 木户孝允、大久保利通等人回国后立即提出的"富国强兵"基本国策,可以说是岩仓使团考察欧美列强的重要学习成果。

对西方文明和工业化的极度崇拜和全面效仿,使日本在诸多方面学习引进了西方的近代先进制度,实行了大规模的经济、政治、军事、社会和教育等方面的改革,为日本的近代化奠定了基础。

明治天皇是帝国意识形成的内核和推动者

近代日本社会帝国意识的核心价值形态是天皇制。天皇制之所以能够成为近代日本帝国意识的核心价值观,可以说是因为近代天皇制与近代日本国家的发展进程是相辅相成的结果使然。日本学者牧原宪夫认为,明治天皇在近代国家的建设进程中发挥了重要作用:"第一,如果没有天皇的存在,就很难在短时间内实现幕藩体制瓦解和中央集权国家的确立,王政复古,意味着借助天皇的名义解体了武家和公家结合的传统体制;第二,作为文明开化的推动者,天皇率先断发、喝牛奶、着洋服、食牛肉,明治天皇起到了重要的示范作用;第三,正是因为天皇确保了在意识形态上的主导权,才使急剧的西洋化得以正统化,并因此确保了天皇在近代日本的统治权。"② 明治维新的初期政治口号是"王政复古",政治目标是权力回归天皇,新式国家建立的政权基础也是以天皇为核心而确立的。天皇从权力象征到权力核心的演变过程,正是明治维新运动从新式国家草创到东方帝国形成的过程。在整个日本社会从封建幕府时代向近代帝国的转型过程中,无论是政治权力中心的转移,还是对新体制反叛势力的压制以及新政权内部权力斗争的调和,天皇都起到了一种不可替代的减震和稳定的作用。而新帝国的形成也同样是在天皇的直接推进下开始的。

1882年12月,明治天皇召集地方官员下达扩充陆海军以及为此增

---

① [日] 久米邦武著,田中彰校注:『特命全權大使米歐回覽實記』第1卷,岩波书店1985年版,第82—83頁。

② [日] 岩波新書編輯部編:『叢书日本近现代史·10·日本の近现代史をどう見るか』,岩波书店2010年版,第36—38頁。

加税收的敕令。日本以世界上最强大的英国海军为目标，制订了建成拥有 5 艘大型军舰、8 艘中型军舰、7 艘小型舰只和 12 艘水雷炮舰的 8 年庞大扩军计划。据统计，1881—1887 年，日本国家岁出总额所增无几，但其中的军费开支却成倍增长。1881 年军费开支为 1185 万日元，1887 年则增至 2223 万日元。①

日本国民虽然对沉重的税赋负担产生了怨恨情绪，但集团主义的忠君传统和随后对外侵略战争胜利的狂喜，化解了由此而产生的社会矛盾。明治天皇拿出宫廷储金 30 万日元，文武官僚也被要求捐出 1/10 的薪俸等举动，也是减少民众怨恨情绪的有效策略。连福泽谕吉那样的知识人也全身心投入支持对华侵略战争的全民狂热之中，不但自己捐款 1 万日元充作军费，还鼓动学生上街游行以示对战争的声援。

1878 年 12 月，日本明治政府进行具有"划时代意义"的军事改革，废除陆军省参谋局，设立陆军参谋本部。本部长由天皇"敕任"将官担任。参谋本部统辖各地的参谋将校和监军，策划军政机要，主管边防、征讨之策。在军令方面，参谋本部不受陆军卿和太政大臣的管辖，直接隶属于天皇。次年 10 月，《陆军组织条例》公布，明确规定："凡是有关军令事项，由参谋本部长负责上奏和策划，经天皇亲自裁决后，由陆军卿执行之。"②

参谋本部的特殊存在机理和不受约束的权力职能，完全是为满足对外扩张的战争需要而设立的，日后日本帝国的成长史证明了这一体制存在致命的缺陷。同月，明治政府修改《征兵令》，日本陆军分编为常备军、预备军、后备军、国民军四个种类。从兵员规模上具有了满足大规模对外战争需要的基础条件。

明治二十二年（1889）二月颁布的《大日本帝国宪法》构建了以明治天皇为核心的国家体制。根据日本学者川村凑的归纳总结，"从明治二十年代开始，（日本社会）出现了一股频繁使用'帝国'这一用语

---

① [日] 杉田一次：『近代日本の政戦略 – 幕末から第一次大戦まで』，原書房 1978 年版，第 118 頁。
② [日] 松下芳男：『明治軍制史論』下卷，有斐閣 1956 年版，第 81 頁。

的热潮"①。如帝国大学、帝国议会、帝国图书馆、帝国学士院等，各种各样的组织和团体都冠以"帝国"的名号。"帝国"一词成为流行语，流行文化实际上是社会文化和大众心理的一种表现形式。作为拥有朝鲜半岛、中国台湾和中国东北南部为殖民地的宗主国，混杂着日本社会内"一等国"意识、皇国意识，日本国民的"帝国意识"也伴随着日本帝国的确立而形成。

正是由于明治天皇的存在，使近代日本社会在完成西方化的同时，又将所谓日本的历史传统同西方化的文明实现了完美的嫁接。而日本武士道精神中的忠诚信条，也在近代日本社会转化为对明治天皇的绝对忠君思想，近代日本社会的帝国意识中的皇国意识和尊崇天皇思想是独有而根深蒂固的一种价值观。

中日甲午战争是近代日本社会帝国意识形成的关键契机

通常情况下，一个国家在处于上升阶段时大多数是采取顺应周边国际环境，尽可能地避免同强于自己的一方发生正面冲突，以时间的长度来增强自身国力的厚度。但近代日本帝国的崛起历史有悖于近代历史上的大国崛起规律，它以一种急迫的心态在短短10年间，就连续主动发动了两次极具冒险性的对外战争，以飞奔的速度迅速地跻身帝国主义俱乐部，并完成了帝国的构建过程。

迫切追赶西方的狂躁心理，促使日本政府在新式国家建立刚刚数年，就照搬英美的扩张手法，对东亚邻国采取了扩张、侵略的政策。1894年7月23日，经过精心准备后日本开启挑战大清王朝权威的战端，出兵占领了朝鲜王宫。25日，中日两国海军在丰岛海面交战，陆上日军经平壤、成欢两役获得战场主动权。9月17日，中日海军黄海交锋，北洋舰队受重创，失去制海权。随后日军越出朝鲜半岛境域攻克旅顺、鞍山、牛庄、田庄台等地，迫使清政府求和。

对清战争的胜利和《马关条约》的签订，对近代日本而言最重要

---

① ［日］原田敬一：『叢书日本近现代史・3・日清・日露战争』，岩波书店2007年版。

的意义在于，它使日本成为世界上第一个非西方的强大帝国。这种国家角色的突然转换，使日本社会上上下下都产生了强烈的优越感。这种优越感的产生主要是来自西方国家对日本的认可，在日本冒险发动侵略战争的前夕，1894年7月16日，英国为联手日本遏制南下的沙俄，在伦敦同日本签订了《日英通商航海条约》，废除了日本城市内分隔的英国租界，并规定五年后取消治外法权。随后，由于日本在对华战争中的获胜，西方各国效仿英国纷纷同日本进行修改不平等条约的谈判。日本在完成凌驾于东亚邻国之上的扩张同时，也附带取得了与西方各国比肩的外交成就。

1894—1895年的中日甲午战争，不仅颠覆了东亚的地缘政治传统，而且还彻底改变了中日两国在近代东亚历史上的发展道路。"日清战争成了日本资本主义的跳板。清国由于借用外债来偿付巨额赔款而迅速加深了殖民地化。与此相反，日本则由于巨额赔款的流入，一方面进行以扩充军备为核心的产业革命，另一方面获得了采用金本位制的资金，也就拿到了参加以伦敦为中心的国际金融市场的通行证。日本资本主义依靠地理上靠近中国和拥有较多的专管租界，取得了比欧洲列强更为有利的条件，登上了开拓中国市场的新旅程。"①

在对外战争胜利的狂喜之下，整个日本社会充斥着优越感意识。福泽谕吉甚至将这场对外战争上升到"文明对野蛮"的圣战的高度。军国主义情境下的狂热爱国主义，使日本知识界深陷狂热之中。德富苏峰认为日本战胜中国给了日本过去不曾享有的国际社会的尊敬。他说现在西方认识到了"文明不是白人的专利"，日本人也有"和伟大成就相符的特征"。他对日本发动对外侵略战争赋予了帝国主义式的合理解释，称："我国之所以采取此种方法（对华战争），目的在于日本国的对外开放。对他国发动战争，目的在于给予世界上的愚昧以一大打击，把文明的荣光注入野蛮的社会中去。"②

---

① ［日］信夫清三郎编：《日本外交史 1853—1972》上，天津社会科学院日本问题研究所译，商务印书馆1980年版，第293页。

② ［日］德富苏峰：『戦爭と国民』，转引自和田守、竹山护夫、荣沢幸二『近代日本和思想』2，有斐阁1979年版，第32頁。

陡然产生的高涨的民族优越感的另一种表现形式，就是对清朝政府和中国人的极度蔑视。这是从原来千百年来对中华文化的尊崇感和依附中挣脱出来后的一种极端表现，这种对中国的蔑视感不禁流露在像福泽谕吉这样的著名知识人的笔端，而且它是以一种通俗文化的形式流行在日本社会的底层，对造就整体国民的对华轻视意识具有莫大的影响力。知识界领袖的民族优越理论，辅之以流行的通俗文化熏陶下的国民意识，日本近代的对华观在战争这一特定背景下发酵、酝酿直至形成。

（原载《社会科学战线》2012年第12期）

皇室·反战·神道：吉田茂的皇国史观研究（上）

所谓皇国史观，又称国体史观，是以维护天皇制统治为宗旨的历史观，源于日本古代律令制下地方教育机构——国学和日本民族固有的宗教信仰——神道。明治维新后，政府大力提倡和宣传，并强制灌输于中小学教育之中，成为第二次世界大战结束前日本社会内占绝对统治地位的历史观。

皇国史观主张日本的"国体"为"万世一系"的天皇统治，并宣传"八弘一宇"的侵略扩张主义。它把《古事记》和《日本书纪》中的神话传说当成历史事实，宣称天皇是神的子孙，受神敕而统治日本；日本是神国，日本人是神的选民，神的选民创造了独特的日本文化。

吉田茂生于1878年9月22日，属于明治时代培养起来的职业外交官，1946年5月成为日本首相。时代巨变，但青年时代形成的皇国史观并未发生改变。

吉田茂的皇国史观主体思想是承继了明治时代以来的传统皇国思想，如皇室中心论、尊崇神道、护持国体等内容，同时，又针对时局的演变反对军部政治中心主义。其历史观在战后日本政界极具代表性，并成为日本政界的主流历史观，有必要予以重视和研究。

一 皇室中心论

所谓皇室，是天皇及皇族的总称。

吉田茂称："我深信，日本民族的观念是认为皇室与国民为一体的。"①"家族是由同父母的人组成的，民族和国家是由同祖先的人构成的，因此，可以说日本皇室的始祖就是日本民族的祖先，日本皇室也就是日本民族的宗主。"吉田茂首先明确强调日本皇室是日本民族的祖先和宗主，日本民族是围绕在皇室周围的一个大家族，日本本身就是一个大家庭，而皇室是这个家庭的中心和基础，突出日本作为皇国的特殊性。

这种历史观反映的是吉田茂所推崇的皇国思想，强调家即为国，国就是家，日本是独特的以皇室为中心的大家庭，国民都是天皇的子民。它实际上是近代日本社会内所谓正统的家族国家观的再现。

"在日本近代史上，天皇专制主义政权通过鼓吹家族国家观，对国民进行思想统治与战争动员。家族国家观即运用日本传统家族制度的原理，将家族关系与政治关系等同起来，把统治与被统治关系比拟为家族父子关系，依靠被神化了的天皇的权力，实现总家长（天皇）对臣民（全体国民）进行家放大式统治的国家伦理观。在家族国家观之下，整个日本成为以天皇为总家长的巨大的家族集团。"②

吉田茂说："我国自古以来君臣宛如一家，相依相辅，这就是日本的传统和历史。于是，国民们崇拜祖先的观念，便在这个传统和历史的下面获得了诞生和培育，并进而发展成我日本民族的固有性格，成了国体的根本。"③

吉田茂称："根据我国自古以来的历史观念和精神传统来说，皇室就是我日本民族的始祖和宗主。这并不是理论，而是事实，传统。尊崇皇室是人伦，是自古迄今的社会秩序的基础。因此，我国的民主也必须以这种观念和精神为基础。"④

正如中日两国学者研究结果表明的，"日本的家族结构是纵式的，

---

① [日]吉田茂：《十年回忆》卷四，韩润棠等译，世界知识出版社1965年版，第43页。

② 李卓：《中日家族制度比较研究》，人民出版社2004年版，第533页.

③ [日]吉田茂：《十年回忆》卷四，韩润棠等译，世界知识出版社1965年版，第43页。

④ 同上书，第48—49页。

建立在家之上的社会结构也是纵式的。纵式家庭中的祖先崇拜与纵式社会中的天皇崇拜是有机地联系在一起的,皇室就处于所有纵式家庭构成的社会结构的顶点"①。

国体是吉田茂十分关注的问题。

所谓"国体"问题,就是谁来行使政治权力的问题。"国体指的是国家的阶级性质,政体指的是统治阶级以什么样的政权组织形式实行统治。国体与政体是统一的,任何一种国体都要采用一定的政体才能实现阶级统治的任务,政体是为国体服务的,是国体的表现形式。"② 以皇室为国体就是民主,这是吉田茂的国体观宗旨。

新宪法制定颁布过程中,关于日本国体是否民变的争论始终没有停止。革新势力政党主张应在宪法上明文规定主权属于国民,只有这样新宪法才是真正的和平民主宪法。而保守势力的自由党和进步党则希望在宪法中表明国体不变。

吉田茂对此有自己的解释:"关于宪法与皇室的关系,在新宪法上皇室仍然是自然产生在日本国民之间的日本国体,所以国体并不因新宪法而有任何改变。"③ 而且,他还进一步认为日本并不是因为新宪法才变成民主国家的,日本在明治维新时就是民主国家了。

吉田茂以首相身份在国会上对新宪法加以阐述时,曾有这样的言论:"日本的宪法也可以说是起源于五条誓文④,从这个誓文也可以看出,日本是一个民主国家。所以民主并非始自新宪法。"⑤ 在这里,吉田茂忽视了一个最基本的事实,即明治时代的所谓民主实际上是绝对主义天皇制专制统治下的"有限民主",国民所具有的民主权利更多的是纸面上的,它同新宪法所赋予国民的权利有着本质的区别,"主权属于人民"是新宪法的一大特点。

---

① 李卓:《中日家族制度比较研究》,人民出版社2004年版,第532页。
② 王惠岩:《当代政治学基本理论》,天津人民出版社1998年版,第41页。
③ [日]吉田茂:《十年回忆》卷四,韩润棠等译,世界知识出版社1965年版,第122页。
④ 所谓五条誓文,就是指明治天皇在1868年颁布的五条维新国策。
⑤ [日]吉田茂:《十年回忆》卷二,韩润棠等译,世界知识出版社1965年版,第16页。

吉田茂又以英国为例举证说："先进的君主国家就是民主国家。"他说："如果从现在世界各国中寻找和我国皇室最相似的例子，那就是英国皇室。""在人称民主政治和议会政治的祖国——英国，今天仍然把效忠皇室的观念当作一切道德的根本。"①

吉田茂将新宪法下的日本政治称为独特的"君主制的民主政治"（monarchical democracy）。他认为这是符合日本历史与传统的政治制度。他说："任何一个国家都有它的光辉历史的传统。因此，各国必须尊重其历史和传统的精神，并以此为基础建立适合时代的政治组织和经济制度，以求发展。"②

战前，日本的国体是由万世一系的天皇来进行统治的，《大日本帝国宪法》从国家根本大法的角度将其明确下来。1889年明治天皇以敕语形式公布"明治宪法"，又称《大日本帝国宪法》。

该宪法第1条明确规定，"大日本帝国由万世一系的天皇统治"；

第3条规定，"天皇是神圣不可侵犯的"；

第4条规定，"天皇为日本国之首，依宪法条文规定总揽统治权"。

战后颁布的《日本国宪法》则明确了天皇的象征性意义，国体实质上已发生质变，"国会是国家的最高权力机关，是国家的唯一立法机关"。"天皇只能行使本宪法所规定的有关国事行为，并无关于国政的权能。"但吉田茂仍言不由衷地表示："国体并未因新宪法而有任何变更。"他还辩称："新宪法中使用象征一语，是因为在任何一个日本人的心目中都有天皇是日本国家的象征这样一个概念。'君臣一如'是日本的国家形态，所以用象征一语来表现。"③

1945年8月15日日本战败投降后，美国占领军依据《波茨坦公告》的条款中的相应规定，日本"应确立言论、宗教和思想的自由以及尊重基本人权"；"清除对日本国民恢复、加强民主主义的一切障碍"，1946年11月3日通过了日本政府颁布的《日本国宪法》。

---

① ［日］吉田茂：《十年回忆》卷四，韩润棠等译，世界知识出版社1965年版，第49页。

② 同上书，第50页。

③ ［日］吉田茂：《十年回忆》卷二，韩润棠等译，世界知识出版社1965年版，第17页。

该宪法第1条规定，天皇是"日本国的象征，日本国民统一的象征，其地位基于主权所在的日本国民的总意"；

第3条规定，"天皇有关国事的一切行为，必须取得内阁的助言和承认，并且由内阁负其责任"。

尽管如此，由于新宪法确定了象征天皇制，并避免了天皇承担战争责任这一敏感问题，因此，尊皇主义者吉田茂还是持积极的态度欢迎新宪法的颁布。他在议会上详细阐明了自己对象征天皇制的观点，"关于天皇的地位，第一条规定：'天皇是日本国的象征，是日本国民统一的象征，其地位基于日本国民最高的公意。'……这样一来，便一扫从前有关天皇地位的神秘性和非现实性，如实地表示了天皇地位的依据乃是现实的国民的公意。但是如果像现行宪法那样规定出广泛的天皇大权事项，则难免有时会使政府以及其他有权力者受到错误观念的影响，以致假借天皇之名，歪曲宪法本旨，擅专国政，动则施行荒谬的政策，反而把国家和人民导向毁灭，造成不可逆料的祸患"①。

基于对日本国家和日本历史的认识，吉田茂认为在古代皇室就是日本的祭政中心。"以皇室为中心的祭祀与政务是不可分离的，皇室也就是国家，因而皇室的历史也就是国家的历史。"

新宪法实施后，吉田茂提出："鉴于皇室在现行宪法上所享有的地位，因而想要设法使皇室永久成为政治、宗教、文化等社会上各个方面的精神与道德的中心。"② 这种观点实际上是明治时代皇国史观的继承。1890年明治天皇颁发的《教育敕语》中就曾规定，"忠于天皇"是学校教育、国民道德和精神生活的最高原则。日本国民需把"对天皇的忠和对父母的孝作为道德的根本"。

日本国民正是在这种皇国史观教育下狂热地投身于连绵不断的对外侵略战争之中的。当日本天皇宣布战败投降时，整个日本社会的信仰体系崩溃了。盟军总司令麦克阿瑟也看到了战败对日本民族心理的巨大冲

---

① ［日］吉田茂：《十年回忆》卷二，韩润棠等译，世界知识出版社1965年版，第14页。

② ［日］吉田茂：《十年回忆》卷四，韩润棠等译，世界知识出版社1965年版，第44页。

击,"历史上从来没有一个国家及其人民有比日本人民在战争结束时受到更彻底的破坏的。他们遭到的不仅是军事溃败,不仅是军队覆灭,不仅是工业基础消灭,甚至不仅是他们的国土处于外国军队占领之下。他们对许多世纪以来珍视为无敌的日本生活方式的信仰,在彻底失败的极度痛苦中破灭了。这样一种灾难的冲击很可能比在现代史上所经历的都大"①。

如何重建日本?吉田茂确信恢复国民的传统信念是最重要的。

吉田茂认为战后的皇室应该名副其实地成为日本大家族国家国民的中心,恢复这种日本的传统精神,凝聚民心使国家复兴繁荣。

麦克阿瑟也认识到天皇的重要性,提示吉田茂:"日本虽然战败了,但是皇室的存在仍然重如磐石。如果日本国民不以皇室为中心而团结一致,日本的重建是难望的。"② 并具体提出:

(1) 皇室要对于一般文化教育事业乃至社会福利事业等进一步予以保护和奖励。目的是将皇室塑造成日本传统文化的传播者和保护人;

(2) 为体现人格化的天皇亲民形象,皇室应在天皇诞辰或春秋两季,定期召集政界、经济界、学术界以及其他方面对国家社会有所贡献的个人或团体代表参加宫中宴会等,以扩大皇室在国民中的影响力;

(3) 推戴皇族担任宗教、文化和社会事业等团体的重要职位,促进皇室与国民的结合。

1952年11月10日,作为首相的吉田茂在皇太子册立仪式上发表贺词时称:"谨代国民恭祷皇室之福庆、国运之兴隆。"社会上对吉田首相的贺词多有诘难,他辩称:"我向天皇称'臣'又有什么不当的呢?与此相反,不当的却正是那种特别非难称臣的思想。"

他对自己尊崇皇室的理念是这样阐述的:"我坚信我国在父子、君臣伦常方面的古来传统,今后也将永远成为我国道德的中心和秩序的基

---

① [美] 道格拉斯·麦克阿瑟:《麦克阿瑟回忆录》,上海师范学院历史翻译组译,上海译文出版社1986年版,第175页。

② [日] 吉田茂:《十年回忆》卷四,韩润棠等译,世界知识出版社1965年版,第118页。

础。"① 不仅如此,吉田茂还确信尊崇皇室的信念和天皇的存在,是日本战后复兴的精神源泉。他认为:"当战争使日本陷入悲惨的境地时,当今天皇为了支撑由于战败的打击而濒临崩溃的日本,才利用了自己的权威。"对于昭和天皇以"圣裁"的方式颁布《终战诏书》结束战争,又以《人间宣言》的形式宣布天皇是人不是神,随后在美国占领军的授意下四处巡视推销自己的举动,吉田茂将此描述成"天皇在视察各地时,举起灰帽回答国民的欢呼。天皇那种温文儒雅不以英雄自居的态度改变了皇室的形象,同时,在国民中间产生一种对于皇室和它所象征的日本的默默爱慕之情"②。

同战前日本社会占主流地位的皇国史观相比,吉田茂的皇国史观更多的是继承和发展。唯一的变化或者说不同,就是战后的吉田茂皇国史观中不再具有对外侵略扩张的理念,否定大东亚战争中的太平洋战争,而回避帝国主义对亚洲各国尤其是对华侵略战争的非正义性问题,否认天皇具有战争责任,更加强调天皇是日本精神与道德的中心,强调天皇的象征意义和作用。

显然,从上述的内容中我们不难看出,吉田茂在历史观方面是典型的皇国史观论者,是顽固的尊皇主义者,同时也是天皇无战争责任论的主倡者。他的这种历史观应该说并非其独有,但由于他所处的特殊政治地位使他的这种皇国史观颇具代表性,对战后诸多日本保守主义政治家都有莫大的影响。

吉田茂甚至慨叹:"我国自停战以来的十数年中,在战败后的困苦情况下大力进行了复兴重建工作,目前,国家形势正在日趋稳定繁荣。自陛下登极以来,虽屡遭国难,而且遇到空前的危机,但是国家形势却有如今日,我认为这完全是圣德使然。"③

吉田茂的这种皇国史观,可以说是明治时代皇国史观的直接承继,

---

① [日]吉田茂:《十年回忆》卷一,韩润棠等译,世界知识出版社1965年版,第50页。
② [日]吉田茂:《激荡的百年史》,孔凡、张文译,世界知识出版社1980年版,第45页。
③ [日]吉田茂:《十年回忆》卷四,韩润棠等译,世界知识出版社1965年版,第54页。

同时，在战后特定历史环境下，这种皇国史观又有了新的变化和发展，它也成为战后日本保守政治家们皇国史观的"启蒙者"。20世纪80年代，日本新保守主义政治家中曾根康弘在《新的保守理论》一书中坦称："我认为，天皇制最适合日本的'无一物无尽藏'这个哲学思想。（象征天皇）又使天皇回到了舍弃皇室财产、舍弃了政治权力的古代的天皇。"① 对于日本作为一个国家的独特性，中曾根也有类似前辈政治家吉田茂的想法，"两千年来，一个民族同住一个岛上，使用一种语言，创造了一个国家。像这样的一个国家、一种语言、一个民族的例子是他处所没有的"②。如此特殊的国家，战前多自称为"皇国"或"神国"，而今新保守主义政治家们则改用了另一种称呼——"美丽的日本"。

吉田茂所代表的传统保守主义和中曾根康弘所代表的新保守主义，两者保守的内容并无实质上差别，关于这一点新保守主义政治家中曾根康弘用更为清晰的语言告诉了我们。他说："保守是守什么呢？第一，我们要保卫日本美丽的大自然和日本国土；第二，保卫日本人的生活及其生活价值；第三，保护自由的市场经济；第四，保护日本民族在大化改革和明治维新时所表现出来的活力和积极的民族气魄——这就是我所说的保守主义。"③

二 天皇无罪论

美国在单独完成对日占领后，初期全面落实《波茨坦公告》的各项原则，追究并惩办战争责任者是必须实施的一项政治敏感度极高的行动。

《波茨坦公告》规定："对于战争罪犯，包括虐待吾人俘虏者在内，将依法律处于严厉制裁。"其中，不可避免地涉及天皇的战争责任

---

① [日]中曾根康弘：《新的保守理论》，金苏城、张和平译，世界知识出版社1984年版，第93—94页。
② 同上书，第95页。
③ 同上书，第102页。

问题。

盟军进驻日本后，立即着手逮捕战犯嫌疑人，其中包括天皇身边的重臣近卫文麿、木户幸一等人。麦克阿瑟宣布，为了对反对和平罪以及包括反人道罪在内的战争罪犯提起公诉和进行审判，决定设立远东国际军事法庭。

1945年11月1日，美国远东小委员会（SFE）工作小组签发了题为《关于日本天皇裕仁的个人处置问题》的文件，其中规定了将天皇作为战犯逮捕时应具有的条件：（1）对占领目的不产生妨碍时；（2）天皇退位时；（3）日本国民迫使天皇退位时。

"日本投降之时，联合国方面针对天皇的意见十分尖锐，根据6月美国的盖洛甫民意调查显示，处死天皇的意见占33%，天皇应接受审判的意见占37%，保留天皇的意见仅占6%—7%。"①

在国际社会乃至美国政府内部，对于日本天皇制如何处理形成三种方案：

（1）天皇制废止论——打倒天皇制；

（2）天皇制保存、利用论——使天皇制继续下去，并加以利用；

（3）天皇制保存，但废止其权利和机能论。

盟总内部以及盟总司令官麦克阿瑟倾向第二、第三种观点。

在战争责任问题上，作为尊皇主义思想浓厚的政治家，吉田茂是坚定的天皇无罪论的支持者，但他清楚地知道麦克阿瑟的政治态度才是问题的关键。因此，1945年9月27日，作为外相的吉田茂刻意安排了天皇与麦克阿瑟的首次会面，目的是通过会面赢得麦克阿瑟的同情与支持。事实上也确实达到了这种政治目的。

会面时，天皇对麦克阿瑟说："我到你这里来是为了表示接受将军所代表的各国的判决。在这次战争过程中，我的国民所采取的行动以及所做的每一政治、军事决定，都应由我负完全责任。"②

---

① ［日］日本史研究会、京都民科歷史部会编：『天皇制を問う－歴史の検証と現代』，人文書院1990年版，第200頁。

② ［美］约翰·托兰：《日本帝国的衰亡》，郭伟强译，新华出版社1987年版，第1141页。

麦克阿瑟事后称天皇是"日本第一绅士",并表示占领军若不依赖天皇就必须对日本实行军管,那么美国应增加 100 万占领军。而且,通过天皇和帝国政府机构来执行占领政策,是麦克阿瑟的既定占领方针。①

麦克阿瑟对吉田茂表示:"日本尽管战败了,但是皇室的存在依然坚如磐石。日本人如不团结在皇室的周围,日本的重建就很难实现。"这种政治观点同吉田茂所信奉的皇室中心论如出一辙,吉田茂自然十分认同,称麦克阿瑟为"在美国人之中也是属于所谓知日派的人物,在执行占领政策方面,我认为也可以说是属于现实派的"②。

在如何对待天皇制问题上,麦克阿瑟对日本政府官员表示:"天皇在盟军进驻和解除日本陆海军武装方面给了很大的帮助,所以完全没有考虑退位的问题。天皇制要不要存在下去,这完全是日本自己的问题。"③

1946 年 2 月,占领军当局将修改后的日本国宪法草案即所谓的"麦克阿瑟草案",交给时任币原内阁外相的吉田茂,11 月正式公布《日本国宪法》,1947 年 5 月生效。新宪法规定:"天皇是日本国的象征,是日本国民整体的象征,其地位,以主权所属的全体日本国民的意志为依据。"④ 新宪法对天皇及天皇制有何等价值,币原内阁书记长官桥渡一表述得最为清楚:"这个宪法乃是天皇制的避雷针。"⑤

吉田茂在议会为新宪法的审议而作出的声明中表达了自己拥护新宪法的政治立场。他说,新宪法中关于天皇的相关规定,"一扫从前有关天皇地位的神秘性和非现实性,如实地表示了天皇地位的依据乃是现实的国民的公意。但是如果像现行宪法那样规定出广泛的天皇大权事项,

---

① [美] 道格拉斯·麦克阿瑟:《麦克阿瑟回忆录》,上海师范学院历史翻译组译,上海译文出版社 1986 年版,第 177 页。

② [日] 吉田茂:《十年回忆》卷四,韩润棠等译,世界知识出版社 1965 年版,第 53 页。

③ [日] 弥津正志:《天皇裕仁和他的时代》,李玉等译,世界知识出版社 1988 年版,第 266 页。

④ [日] 大西典茂:『日本の宪法』,法律文化社 1979 年版,第 212 页。

⑤ [日] 佐藤達夫:『日本国憲法誕生記』,大藏省印刷局 1957 年版,第 76 页。

则难免有时会使政府以及其他有权力者受到错误观念的影响,以致假借天皇之名,歪曲宪法本旨,擅专国政,动辄施行荒谬的政策,反而把国家和人民导向毁灭,造成不可逆料的祸患。……我认为这个形式确是走上了民主国家政治的正常轨道"①。

对于麦克阿瑟维护天皇的举动,吉田茂大为赞扬并高度称颂:"我甚至认为麦帅对我皇室所采取的态度和方针,才是占领改革工作全面获得具有历史意义的成功的最大原因。"②

1946年元旦,天皇在麦克阿瑟的暗示下发表了《人间宣言》,公开表明天皇是人不是神。天皇声明说:"朕站在人民一边,朕总是希望和他们同甘共苦。朕与人民之间的联系总是立足于互相信任和互相爱护之上的,这种联系不依靠单纯传说和神话。它们并不依据这类错误观念,即:天皇是神圣的,日本人民比其他民族优越而且注定要统治世界。"③

随即,天皇在麦克阿瑟的鼓动下到各地视察旅行,以营造亲民形象。吉田茂对此评述道:"天皇那种温文儒雅不以英雄自居的态度改变了皇室的形象,同时在国民中间产生了一种对于皇室和它所象征的日本的默默爱慕之情。"④ 在吉田茂看来,天皇非但没有战争责任,而且是把日本从战争中解脱出来的英雄,这是日本复兴的精神源泉。

(原载《北华大学学报》2005年第1期,《高等学校文科学术文摘》2005年第3期全文转载)

---

① [日]吉田茂:《十年回忆》卷二,韩润棠等译,世界知识出版社1965年版,第14页。
② [日]吉田茂:《十年回忆》卷一,韩润棠等译,世界知识出版社1965年版,第55页。
③ [美]道格拉斯·麦克阿瑟:《麦克阿瑟回忆录》,上海师范学院历史翻译组译,上海译文出版社1986年版,第210页。
④ [日]吉田茂:《激荡的百年史》,孔凡、张文译,世界知识出版社1980年版,第45页。

皇室·反战·神道:吉田茂的
皇国史观研究(下)

一 否定对美战争论

在国内外诸多吉田茂的研究著作中,吉田茂是反战反军部的亲英美派政治家,这是公认的一种通论。但诸多的研究成果中似乎都笼统地称其反战,而未能清晰地界定出吉田茂的反战实际上只是反对日本对美英的太平洋战争,他并不反对日本帝国主义对中国发动的侵略战争,这是一个十分关键的问题。

他在战争后期的反战立场,主要是反对日美开战,反对军部主宰政治。在吉田茂的战前和战争期间的政治经历中,因从事反对继续进行战争、寻机与美国停战媾和重组内阁等活动而遭军方逮捕,锒铛入狱45天,战后成为"反军反战的英雄",这一政治资本是他战后深受美国方面器重的重要因素。

战后,他曾诅咒道:"如果恶魔也有儿子,那无疑就是东条。"①

在日本社会内诸多政治势力中,军部势力是最具破坏力、最疯狂的一种势力。20世纪30年代的日本基本上由军部势力所控制,内阁的更迭、首相人选的确定,完全掌握在军人的手中。而吉田等人主张日本的政治生活节奏应由西园寺公望、牧野伸显等元老重臣来控制,他认为元老重臣是政界唯一稳定的势力。因此,当日本战败投降后,吉田在给前驻美大使来栖的信中曾写道:"切除军阀操纵政治之毒瘤,肃清政

---

① 李卓:《中日家族制度比较研究》,人民出版社2004年版,第479页。

界。……如是，战败就未必是坏事，雨后天地更佳。"①

1941年12月8日，日美开战后，吉田等人便开始设法尽早结束战争。"我认为如欲进行和平工作……控制新加坡是使今后战局向有利方面发展的一大转机。因此，我认为在此情况下利用这个机会进行和平交涉，是尽早结束战争的一个途径。"②

为此，吉田积极活动各方人士，宣传早日媾和的重要性。中途岛战役失利后，吉田茂甚至萌发过由近卫文麿乘潜水艇秘密地前往中立国瑞士斡旋和平的想法，最终未能付诸实施。

当媾和无法实现之后，吉田茂又转而联络各种反军部人士，力图通过重组内阁来结束战争，采取的方式是在日本实现"巴多里奥式"的政变。根据有关资料的记载，有如下一些人参与了所谓吉田反战小组：

吉田茂（前外务省次官、驻英大使）

岩渊辰雄（政治评论家）

小敏四郎（陆军预备役中将、前陆军大学校长）

近卫文麿（公爵、前首相）

真崎甚三郎（陆军预备大将、前陆军教育总监）

殖田俊吉（前田中内阁首相秘书官）

古岛一雄（贵族院议员）

桦山爱辅（伯爵、贵族院议员）

原田熊雄（男爵、元老西园寺公望秘书、贵族院议员）

真崎胜次（海军预备役少将）

鸠山一郎（众议院议员）

宇垣一成（前陆军大臣、外相）

小林跻造（海军预备役大将、前台湾总督）

铃木贯太郎（海军退役大将、枢密院议长）③

---

① ［日］猪木正道：《吉田茂的执政生涯》，江培柱、郑国仕等译，上海译文出版社1986年版，第48页。

② ［日］吉田茂：《十年回忆》卷一，韩润棠等译，世界知识出版社1965年，第25—26页。

③ ［美］约翰·道尔：『吉田茂とその時代』上，大窪愿二译，中央公论社1991年版，第347—350页。

从上述这些所谓吉田反战小组成员的政治背景来看，参与反军部活动的政治动机各不相同，彼此间甚至有很深的矛盾，但在反军部主宰日本政治这一政治目标上是完全一致的。

吉田反战小组的政治主张主要体现在反军部主宰政治和维护国体这两个重要政治目标上。他们认为陆军内部的统制派策划了日本实行军国主义，实现和平的第一步就是将政治权力从统制派手中夺回；战争形势的恶化将对传统的日本国家的构造即国体构成威胁，而对这种国体造成直接威胁的是来自国际和国内的共产主义思潮。①

在连续酝酿拥立宇垣一成内阁和小林跻造内阁活动流产后，吉田又同近卫合作给天皇写了一份秘密上奏，向天皇奏明日本战败的必然性以及由此可能引发共产主义革命的危险性，而这些问题和危险产生的祸根，就在于军部内的主战派，因此应"……彻底清除这一小撮人，改组军部，是拯救日本免于共产主义革命的前提和先决条件。伏祈圣断"②。近卫当初作为挑起战争的主谋之一，如今又竭力呼吁结束战争，将发动战争的责任推卸给他人，未免可笑和幼稚。显然，近卫等人是在给自己日后博取政治资本。

由于吉田茂是这一活动的主谋人物，因而被军部视为危险人物而严加监视。1945年4月15日，吉田茂与殖田、岩渊等人被宪兵队逮捕，拘押审讯。

在审讯过程中吉田表明了反对日本对英美开战的政治立场，他说："无论谁怎么说，日本若不同美英交好，就绝不能成为繁荣的国家。必须尽早结束对美英之战，即使战争败于美英，也绝不会破坏国体，但国内如被赤化，日本就只有灭亡了。"③

但为摆脱牢狱之灾，吉田也承认自己"由于缺乏考虑，诽谤了军部，实在不应该"，向军方道歉后，宪兵队旋即释放了他。吉田也未料想这段短暂的狱中经历会成为他战后获得美国人信赖的政治资本，他在

---

① [美] 约翰·道尔：『吉田茂とその時代』上，大窪愿二译，中央公論社1991年版，第347—350页。

② [日] 猪木正道：《吉田茂传》下，吴杰等译，上海译文出版社1984年版，第352—353页。

③ [日] 大谷敬二郎：『昭和憲兵史』，みすず書房1966年版，第449页。

自己的回忆录中以浓重的笔墨详记了这一事件。但也有学者认为吉田入狱是日本统治集团在战败前玩的一次"苦肉计",是一个"政治阴谋"。

在大日本帝国发动对外侵略战争问题上,吉田茂作为职业外交官始终是积极参与者,并且在对华侵略问题持强硬立场,是田中外交的坚定支持者,强调日本在中国东北具有特殊权益。日本对华全面战争爆发后,吉田呼吁同英国协调解决中国问题,但日本是东亚盟主的霸权地位不可动摇。反对日本同德意接近并结盟,他表白自己和日本国民是内心感情绝对亲英美。"如果从历史的巨流来看,便可以了解到从满洲事变到太平洋战争这个期间,上述日本对英美关系的失常状态绝不是日本的本来面目,而只是一时的反常。"①

吉田茂认为军部势力反英美的外交政策不仅违背了日本的外交传统,而且在政治上也是落后于时代的。他指出:"最近的实例就是自满洲事变以来的日本军部的做法。当时,我们的军部,特别是陆军方面的反英美的主张,当然有种种理由,已如前述,而其中最大的理由之一,就是对我国元老、重臣以及当时的领导层遵守明治以来亲英美的基本路线抱有反感而同他们对抗,并为了扩充自己的势力而特别强调反英美,这是不容忽视的事实。于是他们用'打破现状'或建设新秩序等具有革新意义的口号,表现了这个反英美的主张。而且他们所犯的最大错误,就是同德意两国合作而发展到反英美的极点。结果,竟因此投入了第二次世界大战,使我国人民陷于战败的苦境,这是我们国民的亲身体验。"②

显然,从吉田茂的政治思维来看他所谓的反战反军部政治立场,主要是反对军部政治势力进行的对美英战争,而不反对侵华战争,对此必须予以明辨。这种畸形的战争观在日本社会不仅仅是吉田茂这样的政治家独有,他代表着战后日本政治家群体中一种主流战争观,战后几十年来日本政要对日本帝国主义发动的侵略战争的反省仍停留在吉田茂时代的那种认识层面上,这种错误的战争观既有现实政治的需要,同时也有

---

① [日] 吉田茂:《十年回忆》卷一,韩润棠等译,世界知识出版社1965年版,第8页。

② 同上书,第11—12页。

历史上错误观念的惰性延续的因素。它源于战败时日本部分保守政治家的战争观,而且这种战争观又成为战后日本政界的主流意识。这才是研究这一问题的意义所在。

二 神道观

所谓神道,是日本民族固有的宗教信仰。

其语源于《日本书纪》中载用明天皇"信佛法、尊神道"。最初以自然崇拜和崇拜祖先神、氏神、国祖神为主要内容。五六世纪佛教和儒教传入日本后,部分教义和伦理道德被神道所吸纳,形成比较完整的宗教体系。它信仰多神,尤其崇拜作为太阳神的天照大神,并视其为日本民族的祖神。祭祀的场所称神宫或神社。

明治时代,为确立天皇制绝对专制主义统治体制实行神佛分离政策,神社从属于国家,形成皇室崇拜的国家神道,提倡"神皇一体""祭政一致"。将神道奉为国教,"国家神道"成为维护天皇制和推行扩张主义的精神支柱。"在第二次世界大战前的民族主义狂潮中,'国家神道'发展到登峰造极的地步。"①

1945年12月15日,美国占领军当局发布神道与国家分离的指令。目的在于铲除日本军国主义的精神支柱,解除其思想武装,将神道改造成一般宗教。币原内阁依此公布《宗教法人法》,保障宗教信仰自由,并废除了《神祇院官制法》。

在国家神道盛行的明治、昭和时代,伊势神宫被奉为"神社中的神社",是专门祭祀天照大神,也就是天皇祖先的地方,由宫内省负责管理,"神宫与其他神社不同,是11万个神社的塔尖。历代天皇即位时,都要派内亲王(公主)或皇女到神宫去当祭主,明治以后改为皇室的男子充当祭主"②。

在神道信仰场所中靖国神社也同样处于重要而特殊的地位。它是

---

① [美]埃德温·赖肖尔:《当代日本人——传统与变革》,陈文寿译,商务印书馆1992年版,第503—504页。

② [日]高桥纮、铃木邦彦:《天皇秘闻》,包容译,群众出版社1991年版,第140页。

1869年修建的,原名"招魂社",祭祀戊辰战争中的战死者。1879年改称靖国神社,供奉历次日本对外战争中阵亡者的牌位,战前已成为军国主义的精神支柱。

对于明治以来实行的"祭政一致",吉田茂十分推崇和赞赏。他宣称:"任何一个历史悠久的国家,在最初都是祭政一致的,日本在古代也是如此。并且,我国的祭政中心是皇室,这是从古代到近代在我国历史上始终一贯的事实。以皇室为中心的祭祀与政务是不可分离的,皇室也就是国家,因而皇室的历史也就是国家的历史。"显然,吉田茂的历史观中所强调的皇室的历史就是日本的历史,皇室就是国家,就是日本,而日本以皇室为中心是天经地义的事情。而神道不仅是皇室的宗教,也是日本国民的宗教,因此,日本的神道具有特殊性,是应该予以保持的历史传统,这种传统不仅要保存而且更应该弘扬。他说:"神道则既是皇室的宗教又是国民的宗教。在长久的历史过程中,虽然皇室也曾经皈依佛教,信仰佛教,但是即使在那时也始终保持着以神道为主的宫中仪式。"[①]

吉田茂强调神道在日本具有特殊意义,他说:"神道与其说是皇室的宗教,不如说对于一般国民而言神道具有更广泛的意义,也即对伊势神宫以下诸多神社的尊崇是国民共同的心情,因而神道更应该说是国民的宗教。"[②]

吉田茂认为既然神道是日本的传统,这种传统即使在战败后外国占领日本的特殊情况下也应该受到保护和尊重。他并不赞成占领军当局的政教分离政策,声称:"任何一个国家都有它的光辉历史和传统。因此,各国必须尊重其历史和传统的精神,并以此为基础建立适合时代的政治组织和经济制度,以求发展。"[③] 吉田茂称神道同军国主义、国家主义毫无关系。[④] 而且,他认为占领军当局对神道有极大的误解,"什

[①] [日]吉田茂:《十年回忆》卷四,韩润棠等译,世界知识出版社1965年版,第44页。

[②] [日]吉田茂:『世界と日本』,番町書房,1987年版,第224—225页。

[③] [日]吉田茂:《十年回忆》卷四,韩润棠等译,世界知识出版社1965年版,第50页。

[④] [日]高桥纮、铃木邦彦:《天皇秘闻》,包容译,群众出版社1991年版,第225页。

么神道是军国主义的根源,神社是军国主义的象征的想法,完全是过激的想法,我并不认可这种说法"①。

吉田茂的这种神道观实际上是战前日本社会盛行的"国家神道"理论的继承。战前的日本神道至上论者就宣扬:"日本国体的精华就是古来的神道,日本国家的权力就是神道唯一信仰的表现,天皇就是最高的神的表现。"② 国家神道的核心是天皇神论、日本神国论。

1949年2月第三次组阁后,吉田茂在文教审议会上提出制定"教育宣言"来代替过去的教育敕语。尽管多数委员反对,但天野文部大臣仍秉承吉田的旨意以个人名义发布《国民道德实践要领》,下达给各中小学校长,人称"天野敕语"。中心思想就是强调要以天皇为国民的道德的中心。③

为保持历史传统,促成国民精神团结,"在停战④以前纯属形式的各种宫中仪式,今后似乎可以不仅作为皇室的仪式,同时也作为国民的庆典"⑤。也就是说皇室应走世俗化的道路,确立亲民形象。

伊势神宫按惯例每20年要进行一次大规模修缮,称"式年迁宫",1949年恰好为第59次式年迁宫。总预算为1990万日元。盟总方面表示:"根据目前日本的财政及物资情况,佛教、基督教等设施的战后修复,应按顺序解决;住宅与学校的修复应置于优先地位……"⑥ 式年迁宫陷入财政困境。参议院议长佐藤尚武为会长,成立"伊势神宫式年迁宫奉赞会",经团联会长石川一郎等财界名人、《朝日新闻》《读卖新闻》《每日新闻》三大新闻社社长以及众多原华籍人士为会员,募集捐款五亿二千万日元。

1950年10月,吉田茂在新闻协会发表讲话称,要将"重树纯正而

---

① [日]吉田茂:『世界と日本』,番町書房1987年版,第222頁。
② 戴季陶:《日本论》,海南出版社1997年版,第20页。
③ [日]白鳥令編:『日本内閣』Ⅱ,新評論社,1986年版,第115頁。
④ 所谓停战,是部分日本政治家和学者对第二次世界大战日本战败投降历史的一种辩称,因昭和天皇在1945年8月15日以"发表"的形式,宣布日本接受《波茨坦公告》,"无条件投降"。
⑤ [日]吉田茂:《十年回忆》卷四,韩润棠等译,世界知识出版社1965年版,第44页。
⑥ [日]高桥纮、铃木邦彦:《天皇秘闻》,包容译,群众出版社1991年版,第144页。

坚强的爱国心"作为文化教育政策。各地中小学开始重新挂出太阳旗，并以《君之代》作为国歌。

旧金山和会后，吉田茂率先参拜靖国神社，"试图以此复活国家神道"①。

鉴于伊势神宫参拜者寥寥无几，吉田茂率先以总理大臣身份参拜伊势神宫，此后，战后日本历届首相新年伊始参拜伊势神宫已成惯例。

国家神道论在吉田茂时代如果说尚有一定的影响力不足为怪的话，那么诸多日本政要都不时表露这种神道论就是一个值得人们深思的问题了。

岸信介内阁时期以修改宪法为突破口，试图重树天皇的绝对权威，希冀通过改宪使天皇拥有国王所应有的恩赦权和条约批准权，甚至想要拥有停止国会等权力。

中曾根康弘主政时期，又提出一个新的天皇制理念，即"对于天皇制来说，一无所有又取之不尽这种日本式的哲学原则最合适"。"最为妥当的办法是，让天皇成为这样的存在：超脱一切，两手空空却霞光四射；一无所有然而却取之不尽。"②

到2000年5月上台的森喜朗首相时，其神道观表现得更为露骨和大胆，他公开宣称："日本国是以天皇为中心的神的国家。"

思想和观念是有社会继承性的，美化和神化本民族的历史，是近代世界历史上近代民族主义思潮的主要特征之一，而所谓近代民族主义"是对某一文化和语系的群体的效忠情绪"，日本的近代社会中弥漫着浓厚的民族主义，由于日本单一民族国家的特性决定了民族主义常常表现为国家主义或日本主义。现代日本社会出现的新日本主义思潮中，有近代民族主义的明显承继，同时又有战后初期吉田茂等传统保守主义思想的启蒙与发展。

战后50余年来日本政要的天皇观、神道观、战争观等明显存在一种思想的承继和深化，而吉田茂的皇国史观恰恰是战后日本社会内保守

---

① ［日］白鳥令編：『日本内閣』Ⅱ，新評論社1986年版，第115页。
② ［日］斋藤荣三郎：《中曾根首相的思想与行动》，共工译，商务印书馆1984年版，第106页。

主义政治家们的思想启蒙者。其弟子、门徒的这种历史观已然成为日本社会中一股涌动的思潮，不能不引起人们的关注。

（原载《北华大学学报》2005 年第 2 期，
《高等学校文科学术文摘》2005 年第 3 期全文转载）

第三编　政治生态与权力政治

试论吉田茂的权力来源

吉田茂（1878.9.22—1967.10.20）是现代日本的著名外交家和政治家，战后曾先后5次组阁，执政长达7年之久，人称"独裁政治家"。在日本战败后动荡不安的岁月里，吉田茂能长时间地虎踞权力顶峰，个中因素是很多的。系统地探讨吉田茂的权力来源，对于占领时期日本政治史的研究是很有裨益的。

亲英美派外交官的政治资历

吉田茂于1906年从东京帝国大学政治学部毕业后进入外务省工作，开始了他长达半个世纪的职业外交官生涯。他曾在中国任职多年，后通过联姻的方式成为朝廷中著名亲英美派代表人物牧野伸显的东床快婿。牧野伸显的亲英美政治观对吉田茂外交思想的形成具有决定性的影响。

同英美亲善是日本明治以来长期奉行的基本国策，亲英美派政治家长期占据政府中的主流地位。但随着20世纪30年代军部法西斯势力的崛起，疏远英美、亲近德意，成为外交界的主导外交。当1938年日本同德意两国结盟以对抗英美之时，吉田就明确表态"如果必须加入哪一方的话，那么，我宁愿选择英美而放弃德意"[①]。为了弥合因德意而日渐疏远的日英关系，吉田甚至萌发过劝说其岳父牧野伸显赴英国的想法，但最终未果。

早在1919年，吉田就曾以全权随员的身份随嫱和大使牧野伸显赴

---

① ［日］吉田茂：《十年回忆》卷一，韩润棠等译，世界知识出版社1965年版，第19页。

法国参加巴黎和会，对英美诸国的强盛有切身的体验，认识到同英美亲善对日本的重要性。他认为："我国自明治时期采取门户开放政策以来，通过同英、美在政治上与经济上的合作，才取得国运的昌盛。"①由于吉田坚定地反对日本同德意联盟，以及在中国东北问题上主张同英美协调解决，因而引起军部势力的反感并最终遭到排挤。1936年"二·二六"事件后，军部势力主宰日本社会，广田弘毅出任首相，组阁时虽提名吉田担任外相，但因军部的指名反对，而被迫远走英伦任大使。即使如此仍未摆脱军部人士的嫉恨，时隔不久，又在军部的强烈反对之下辞职回家赋闲。这件事对吉田来说也是一件幸事，如果当初吉田成为广田内阁的外相，战后广田被远东军事法庭列为甲级战犯，处以死刑，吉田也将受到公职追放，这样一来他也就与首相职位无缘了。

赋闲在家的吉田仍未放弃亲英美的外交主张，同美国驻日大使格鲁等人保持着良好的个人友谊。即使是在日美关系明显恶化的1940年，"吉田茂只是与格鲁美国大使、克莱琪英国大使及其家属保持交往，由此保持了与美国、英国之间两条狭窄的联络渠道"②。格鲁大使在吉田茂夫人雪子病危期间，每周为吉田茂父女提供两三次汽车到医院探视之用，而当日美开战格鲁大使被软禁期间，吉田茂也时常送去慰问品，并秘密地向格鲁传递日本最高层对日美开战的动向，被格鲁在日记中称为"值得信赖的日本人情报提供者"③。所以，当格鲁回国负责组织制定美国对日政策时，他竭力"推销"吉田等亲美人士，称吉田为"美国可信的友人"，为日后美国倚重吉田等人营造了良好的信誉基础。

作为战败的日本，在被美国占领这一特殊时期，如何巧妙地同麦克阿瑟和GHQ当局保持友好关系，最大限度地保证日本的自立性，是一项难度极大的事情，无丰富外交经验的政治家，显然是无法担当这一任务的。铃木贯太郎首相卸任时就向天皇进言，称"今后应寻找能和占领军当局合作的人士"来出任首相。这一点已从日本战败到媾和成功

---

① ［日］吉田茂：《十年回忆》卷四，韩润棠等译，世界知识出版社1965年版，第6页。
② ［日］猪木正道：《吉田茂传》下，吴杰等译，上海译文出版社1984年版，第397页。
③ ［日］五百旗頭真：『吉田茂と约瑟夫·格鲁』，载［日］财团法人吉田茂記念事業財團編『人間吉田茂』，中央公論社1992年版，第184—203页。

期间出任首相的名单中得到证实。自东久迩稔彦组成皇族内阁后，先后担当首相的币原喜重郎、吉田茂、片山哲、芦田均等人中，除片山一人外全都是职业外交官出身。似乎在当时的日本出任首相的前提条件必须是职业外交官，当然亲英美是必不可少的槛值。就如同现在要想当首相，没有大藏大臣的经历是一种缺欠一样。

显然，吉田所具有的亲英美派外交官的资历，是他能有机会出任并长期占据首相职位的重要砝码。

"反战派"的政治资本

在吉田茂的战前和战争期间的经历中，他曾因从事反对继续进行战争、寻机与美国媾和重组内阁等活动而遭军方逮捕，锒铛入狱45天，成为"反军反战的英雄"，这一政治资本是战后吉田茂发迹的又一主要因素。

反对日美开战、反对军部主宰政治，是吉田茂等亲英美派人士的一种政治目标。在日本社会内诸多政治势力中，军部势力是最具破坏力、最疯狂的一种势力。20世纪30年代的日本基本上由军部势力所控制，内阁的更迭、首相人选的确定，完全掌握在军人的手中。而吉田等人主张日本的政治生活节奏应由像西园寺公望、牧野伸显等这样的元老重臣来控制，他认为元老重臣是政界唯一稳定的势力。因此，当1945年8月15日日本战败投降后，吉田在给前驻美大使来栖的信中曾写道："切除军阀操纵政治之毒瘤，肃清政界。……如是，败仗就未必是坏事，雨后天地更佳。"①

1941年12月8日，日美开战后，吉田等人便开始设法尽早结束战争。"我认为如欲进行和平工作，新加坡的攻陷是一个不容忽视的良机。新加坡是盟军，特别是英军在远东的生命线。控制新加坡是使今后战局向有利方面发展的一大转机。因此，我认为在此情况下利用这个机

---

① ［日］猪木正道：《吉田茂的执政生涯》，江培柱、郑国仕等译，上海译文出版社1986年版，第48页。

会进行和平交涉,是尽早结束战争的一个途径。"① 为此,吉田积极活动各方人士,宣传早日媾和的重要性。牧野伸显、近卫文麿、宇垣一成、池田成彬、冈田启界等各界人物都成为反战媾和运动的主要成员。中途岛战役失利后,吉田茂甚至萌发过由近卫文麿乘潜水艇秘密地前往中立国瑞士斡旋和平的想法,但最终未能付诸实施。

当媾和无法实现之后,吉田茂又转而联络各种反军部人士,力图通过重组内阁来结束战争。采取的方式是在日本实现"巴多里奥式"的政变。根据有关资料的记载,有如下一些人员参与了这一活动:

吉田茂、岩渊辰雄(政治评论家),小畑敏四郎(陆军预备役中将、前陆军大学校长),近卫文麿(公爵、前首相),真崎甚三郎(陆军预备役大将、前陆军教育总监),殖田俊吉(前田中内阁首相秘书官),古岛一雄(贵族院议员),桦山爱辅(伯爵、贵族院议员),原田熊雄(男爵、元老西园寺公望秘书、贵族院议员),真崎胜次(海军预备役少将),鸠山一郎(众议院议员),宇垣一成(前陆军大臣、外相),小林跻造(海军预备役大将、前台湾总督),铃木贯太郎(海军退役大将、枢密院议长)。从这些人的政治背景来看,参与反军部活动的目的不尽相同,彼此间甚至有矛盾,但在反军部这一点上是完全一致的。

在连续酝酿拥立宇垣一成内阁和小林跻造内阁活动流产后,吉田又同近卫合作给天皇写了一份秘密奏章,向天皇奏明日本战败的必然性以及由此可能引发共产主义革命的危险性。而这些问题和危险产生的祸根,就在于军部内的主战派,因此应"……彻底清除这一小撮人,改组军部,是拯救日本免于共产主义革命的前提和先决条件。伏祈圣断"②。近卫当初作为挑起战争的主谋之一,如今又竭力呼吁结束战争,将发动战争的责任推卸给他人,未免可笑和幼稚。显然,近卫等人是在给自己日后博取政治资本。

---

① [日]吉田茂:《十年回忆》卷一,韩润棠等译,世界知识出版社1965年版,第25—26页。

② [日]猪木正道:《吉田茂传》下,吴杰等译,上海译文出版社1984年版,第449页。

由于吉田茂是这一活动的主谋人物，因而被军部视为危险人物而严加监视。军方派人深入吉田府邸扮成女佣和书童，监视吉田的一举一动。在秘密机关的档案中吉田茂被起的代号就是"吉反战"，即"吉田反战"的意思。1945年4月15日，吉田茂与殖田、岩渊等人被宪兵队逮捕，拘压审讯。吉田赞成近卫在上奏中的政治主张，两人都认为："战败虽然在我国国体上留下污点，但迄今为止英美舆论尚未涉及改变国体问题，因而仅就战败一事而言，相信无须为国体问题而忧虑。在维护国体方面最堪忧虑的，与其说是战败，毋宁说是由于战败而可能爆发的共产主义革命。"①

为摆脱牢狱之灾，吉田也承认自己"由于缺乏考虑，诽谤了军部，实在不应该"，向军方道歉后，宪兵队旋即释放了他。吉田未料想这段短暂的狱中经历会成为他战后获得美国人信赖的政治资本。他在自己的回忆录中以浓重的笔墨详记录了这一事件。但也有学者认为吉田入狱是日本统治集团在战败前玩的一次"苦肉计"，是一个"政治阴谋"。②

麦克阿瑟的信赖

在拥有了"亲英美"派领袖的政治名声和因反战反军部而入狱的政治资本之后，要想占据首相的职位，获得占领军总司令官麦克阿瑟的信任和支持是绝对不可少的。在吉田茂的回忆录中，他将麦克阿瑟和杜勒斯称为占领时期日本的"大恩人"。此种说法系有感而发，表明了两人之间的关系密切程度。尼克松曾对两人的合作关系进行过评述，他说："日本是在这两个人的特殊合作下重建的。麦克阿瑟是法典制定者，吉田则是执行者。麦克阿瑟抛出提纲挈领式的法令，吉田再把它们塑造成为适合日本需要的东西。"③

占领时期的历任日本首相，莫不以同占领当局协调好关系为第一要

---

① [日]吉田茂：《十年回忆》卷一，韩润棠等译，世界知识出版社1965年版，第28页。

② 参阅[美]戴维·贝尔加米尼《日本天皇的阴谋》，张震久、周郑、何高济、杨品泉、郝镇华、王绍坊等译，商务印书馆1984年版。

③ [美]理查德·尼克松：《领袖们》，刘湖等译，知识出版社1984年版，第111页。

务，但在各届政府中应首推吉田茂及其内阁同麦克阿瑟和占领当局的关系最为密切。吉田茂能够从战前一位不甚有名的政治家，在战后成为日本首相并长期把持政权，其中的奥秘就在于麦克阿瑟和 GHQ 当局的信任和支持。当然，众所周知 GHQ 内部对于吉田茂有截然不同的两种态度。以民政局局长惠特尼为首的"新政派"，对政治观点极为保守的吉田颇为反感，曾策划过"山崎首班事件"，欲赶吉田下台。但因吉田有麦克阿瑟的坚定支持，惠特尼的这一预谋未果。以威洛比少将为首的职业军人派则十分欣赏吉田茂的保守政治观点。

在整个占领期间，吉田茂与占领军总司令麦克阿瑟之间的私人信函来往频繁，根据日本占领史学者袖井林二郎在美日两国的搜集整理，5年多两人往复书简总数达 160 余封。[①] 这些往来书信并非普通意义的私信，它是吉田茂在遇到棘手问题时，为避开 GHQ 民政局的纠缠而直接以信函的形式同麦克阿瑟进行交涉，用最简单的方式解决最复杂、棘手的问题。而麦克阿瑟也颇为欣赏吉田的这种做法，对于美国占领政策的强调和如何实施，以及政策的变化等事项，不是发表公开声明而是以给吉田茂的公开书简形式来发布。在政局动荡的岁月里，不论是在党内还是党外，希望取而代之者大有人在。在这种情况下，对于吉田来说麦克阿瑟无疑是钟馗，其保护伞作用是不可轻视的。

在整个占领期间，吉田茂与麦克阿瑟在改造和重建日本的过程中，两人的合作关系颇为紧密、协调。这与两人的经历、性格相近、相容也不无关系。占领时期在盟军总司令部（SCAP）外交局（DS）任职的理查德·B. 菲因认为："在麦克阿瑟和吉田茂这两人之间，有许多共同的性格。美军占领开始之时，两人都是六十过半。两人又都是在 20 世纪初各自国家跃升为世界性大国时期渡过了自己的青年时代。两人都自视青年俊秀，具有极强的自尊心。同时代的很多人认为两人都是傲慢的超保守的政治家。"[②] 从美国占领日本这一历史过程来看，麦克阿瑟与吉田茂的关系，是占领国代表和被占领国代表之间的关系，两人的地位不

---

① 参阅［日］袖井林二郎编『吉田茂——マッカーサー往復書簡集 1945—1951』（一）（二）（三）（补遗）；［日］法政大学『法学志林』第 77 卷第 4 号；第 79 卷第 2、3、4 号。

② ［美］理查德·B. 菲因：『マッカーサーと吉田茂』，同文書院 1992 年版，第 13 頁。

是平等的，两人的关系是一种从属关系。但我们应该看到在近6年半的占领时期，吉田茂的首相地位是最稳固的，奥秘就在于吉田茂将同麦克阿瑟的关系非常协调。日本外交评论家加濑英明在臧否战后日本历任首相时，认为吉田茂"最大的功劳就是巧妙地同握有最高权力超越了天皇的GHQ的折冲斡旋，收拾了战后日本的混乱局面，奠定了复兴的基础"①。众所周知，在GHQ当中民政局是改造日本的积极派，因改革问题同保守的吉田茂关系不睦。"吉田每当出现难题时，就将民政局视为畏途而直接找麦克阿瑟交涉。同为总理大臣，片山只尝试过屈指可数的几次，芦田则一次未有。吉田有政治力和行动力，而且有勇气去尝试。麦克阿瑟和吉田茂的会晤总计有75次之多，全都是由吉田茂自己提出请求的。"② 吉田的这种政治行动具有多重意义，它可以使吉田茂将日本政府方面的观点直接传递给麦克阿瑟，使美国的占领政策在实施过程中更符合日本的实际情况；同时，这种高层间的频繁接触有利于巩固吉田的政治地位，提高其身价，给反对派以震慑作用。

重建日本的内外政策

任何一位政治家的权力和地位，都必须植根于利国益民的国政方针之上。在战后极度混乱的日本社会，没有复兴、重建日本的国策，是无法唤起民气低落的日本人勤奋工作的热情的；没有济世良策又无法使饥寒交迫的日本人渡过难关；高贵的出身和显赫的资历并不能帮助一个人长据权力之巅。

美国占领日本期间，日本首相迭次更换，唯有吉田执政时间最久，堪称政坛奇迹。吉田茂本身并不是自由党的总裁，而是1946年鸠山总裁因公职追放而恳请其代理的，因此，"吉田在党内的支持者十分有限，但他却在国民中间和GHQ之间形成了对等存在的领袖形象，借助超凡的领袖魅力在政权内发挥指导力，并成功地完成了缔结媾和条约这

---

① ［日］加濑英明：『总理大臣の通信簿』，日本文藝社1995年版，第65頁。
② ［日］袖井林二郎编：『世界史のなかの日本占領——國際シンポジウム』，日本評論社1985年版，第136頁。

样的大业"①。

吉田茂卓有成效的复兴政策，是他获得民众支持的关键。民以食为天，当时日本国民中有人曾提出"大米比宪法更迫切"的口号，粮荒威胁着日本社会。"对于吉田而言，给国民确保充足的粮食和复兴经济，是最重要的课题。"② 第一届吉田内阁时组建了经济安定本部，吉田自任总裁，借助美国政府的紧急粮食援助，缓解了粮荒危机。

1948年5月17日，经济安定本部第一次提出经济复兴试行方案，明确提出经济复兴的目标是使国民生活水平恢复到1930—1939年水准。为此，日本经济应具备如下几个条件：（1）国民生活安定在合理的水平之上；（2）确保必要的粮食进口和工业原料进口，尽可能增加出口，使国际收支平衡；（3）各产业部门间实现均衡发展；（4）为提高劳动生产率要全部实现雇佣制。最终使日本以文化国家的面目重新出现在世界舞台上。这一方案与后期美国政府提出的"稳定经济九原则"及"道奇方案"有许多相似之处。

尤为难能可贵的是，吉田本人对经济问题虽说是门外汉，但他却注意听取经济专家的意见，发挥政治家的决策力，制定出"超重点倾斜生产方式"这一重大决策，优先发展煤炭、钢铁、化肥、海陆运输等产业，以此为突破口，带动整体日本经济，使日本重获国际竞争力。这一国策为日后历届政府所继承，成为战后日本经济复兴和创造经济奇迹的重要原因之一。

在吉田茂的治国方略中，如何安定日本国民生活、避免社会发生动荡是一大内容。1945年9月，他在同麦克阿瑟会晤时就表示："无论'纳粹'或'法西斯'，都是由于国家贫困引起的。'民主'是富国的产物。要实现'民主'，首先要让国民吃饱，让国民就业，让他们的生活得以安定提高，这是至为重要的。"正是基于这种认识，他执政伊始在就职演说中就明确表示本届政府"要集中一切力量重建国家"③。为

---

① ［日］信田智人：『総理大臣の権力と指導力——吉田茂から村山富市まで』，東洋經濟新報社1994年版，第179頁。
② ［日］加瀬英明：『総理大臣の通信簿』，日本文藝社1995年版，第62頁。
③ ［日］林茂、辻清明：『日本内閣史録』卷5，第一法規出版社1981年版，第90頁。

确保经济复兴国策的顺利实施，在战后的日本单纯依靠本国的力量是根本无法实现的。为此，吉田选择了以与美国结盟为最佳切入点、借助外力振兴本国经济的治国道路。他认为："为了不断地发展经济，必须吸取先进国家的资本和技术。而要想扩大对外贸易和吸取外资，则只有以世界各国中经济最富裕、技术水平最先进的国家为对象。美英等自由国家正是日本最应尊重的对象，尤其是日本如果考虑到为今后建设国内所必需的外资吸收问题，那么对我国来说，特别同美国保持友好关系，自然是十分重要的。"① 在吉田这种治国理论的引导下，1951年9月日本与美国为首的西方国家，缔结了《旧金山和约》，并单独同美国签订了《日美安全保障条约》。日美结盟，日本受美国的安全庇护，专注于国内经济复兴。

日本国民对吉田茂的治国政策应该说是非常认同的。从1945年10月至1954年12月，以吉田茂为首的自由党连续四次在国会大选中获胜，吉田连续四次组阁，创造出"吉田时代"，不能不说是得益于其卓有成效的治国政策。民主制度下的政党选举，是民意反映最好的"晴雨表"。

概而言之，在战后日本特殊的历史时期，吉田茂长期执政界之牛耳的因素可以说是很复杂的。从某种意义上来说，是时也、势也、运也使然。笔者的上述研究并不能一言以蔽之，其他诸如独裁式的执政风格、战后日本政党林立、势力分散等因素也都有一定的作用，但最核心的几个方面应该说已略显端倪。对吉田茂本人权力来源的分析和研究，有助于我们以此为线索，更深入地了解占领时期的日本政治的演变过程。

（原载《外国问题研究》1998年第4期）

---

① ［日］吉田茂：《十年回忆》卷一，韩润棠等译，世界知识出版社1965年版，第7—8页。

1949年日本国会选举的政治意味

国会选举在战后日本议会政治发展史上是通常意义的选举活动，大多不被人们所看重。而50多年前的1949年国会选举，由于是日本处于被占领状态下国内政治生活中的一次具有特殊意义的选举而为人们所重视。其选举结果所传递出的政治信息和衍生出来的政治遗产，对当代日本政治生活依然有着巨大的影响力。

日本著名政治学学者内田健三认为："战后保守体制在30余年的历程中，经历了如下几个重大的转换点。大致为：1945年秋季保守各党的成立及其活动、1949年1月大选中民主自由党的大胜和吉田独裁体制的确立、1951年9月旧金山媾和与《日美安保条约》的签订、1955年11月保守合同——自由民主党的组成、60年代安保斗争和岸内阁向池田内阁的政权交接、70年代佐藤长期政权的终结和田中、三木两个过渡期政权的登场，以及1976年河野新党成立与自民党的过半数议席，等等。"[1] 其中1949年1月日本国会选举的结果，直接促成保守势力控制国会的一党独大格局形成，它对1955年体制的出现具有重要影响，标志着保守性质的政党先于革新政治的政党完成整合。

一 选情与政情

1949年1月的日本国会选举，是战后日本政治保守化过程中的一个分水岭。

此前，美国政府和盟总对吉田为首的新保守政治势力，仍持观望和

---

[1] ［日］白鸟令编：『保守体制』上，東洋經濟新報社1977年版，第64頁。

不信任的态度，而对标榜走中间政治道路的日本社会党则寄予厚望，因而才有片山哲、芦田均两届社会党所谓"中道政治"内阁的产生。但在1948年年初，美国的对日政策发生转变后，美国方面欲将日本打造成亚洲抵御共产主义浪潮的"超级多米诺"战略，① 要求日本的政治结构必须符合这种战略的需要。美国陆军部部长肯尼恩·罗亚尔就明确地表示："（美国）对日本占领政策的目标是，不仅使日本自身独立，而且要在日本建立起对今后的远东可能发生的极权主义战争的威胁，能够充分完成其防御任务的强大而稳定的民主政治。"② 在这样的冷战背景之下，吉田茂的保守政治立场和政策，正同美国的对日政策相吻合，共同推动战后日本政治向保守化方向发展。1947年4月吉田所领导的自由党在大选中失利，社会党成为议会第一大党。鉴于社会党有容共政治倾向，吉田坚决反对同社会党联合组阁，他宣称："一个政党是应该根据它的政策而行动的。政策完全不同的政党为了政权而组织联合内阁，就是玷污政党政治。"③

对于日本社会党而言，吉田茂等保守政治家在寄希望其壮大发展成为两党制中重要一极的同时，也十分关注社会党左翼对自身势力的改造。1947年5月，作为自由党总裁吉田茂借占领当局实施整肃运动之机，公开向社会党总裁片山哲提出对社会党左派实行整肃。④

社会党片山委员长、西尾末广书记长，自由党吉田茂总裁、干事长大野伴睦，民主党芦田均，国协党三木武夫等人举行四党联合会议时，大野伴睦代表自由党提出："关于举国一致的联合政权，由于有今天的阁议机密明天就会传递给莫斯科的分子在社会党中存在，因此，我党没有理由给予支持。清除社会党左派虽然会导致社会党议席的减少，但并不会改变社会党作为第一大党而受到尊重。"⑤ 吉田则明确表示"清除

---

① ［日］信夫清三郎编：《日本外交史1853—1972》下册，天津社会科学院日本问题研究所译，商务印书馆1980年版，第760页。

② ［日］吉田茂：《十年回忆》卷一，韩润棠等译，世界知识出版社1965年版，第45页。

③ 同上书，第92页。

④ ［日］白鳥令编：『保守体制』上，東洋經濟新報社1977年版，第7頁。

⑤ 同上书，第7—8页。

社会党左派"，是自由党参加联合内阁的前提条件。

  吉田茂的政治策略，是暂时将政权交给政治上并不十分成熟、掌政经验缺乏的社会党，静候其失败，然后伺机谋划长久稳固的保守政权。事实上，吉田茂对大选失利有心理准备，同时也对保守政党重夺政权充满信心，因为在第一届吉田内阁下台前数个星期，为确保保守政党在选举中处于有利地位，吉田内阁强行在议会通过了《选举法修正案》，将战后日本确立的大选举区制和限制连记制，修改为中选举区制和单记制。

  战后日本实行的选区制度，在西方国家中是较为独特的。美英实行小选区制，一个选区选出一名议会代表，赢得多数选票者获胜。吉田内阁修正前的选区制是大选区制，各政党按照自己所获得的票数分配每个选区的议席。修正后，日本实行了特殊的中选区制，又称作相对多数代表制，即每个选民有一票投票权，选一名候选人（称"单名投票制"）。只要候选人在本选区内获得的票数占前几位，并且不少于规定的最低数，即认为当选。这种修正后的选区制度同原有的大选区制相比，对自由党等竞选资金雄厚、候选人多的保守派政党更为有利。

  在1948年年初，吉田茂决意组建真正意义的保守政党。他说："政党必须是以主义·政策为基本的，断不允许为贪恋政权而牺牲政策。我等为确立民主政治的基础，欲向创建新党迈进。"① 1948年3月15日，吉田将民主俱乐部（原民主党币原派）35名成员吸收到自由党内，将自由党改名为民主自由党。总裁吉田茂，干事长山崎猛，总务会长斋藤隆夫，最高顾问币原喜重郎。吉田在组成大会上称："我等忧国忧民的同志基于政见政策相同，在此实现政党政派的一次大团结，目的在于在政治、经济的轨道上完成重建国家之伟业。"②

  1949年1月23日，日本举行议会大选。选举结果是，民主自由党获得议会总议席464个中的264个议席、民主党获69个议席、社会党获48个议席、劳动者农民党（劳农党）获7个议席、共产党获35个议席、国民协同党获14个议席。吉田茂领导的民主自由党获得过半数议

---

① ［日］白鸟令编：『日本内阁』Ⅱ，新評論社1986年版，第151页。
② 同上书，第148页。

席，掌控国会。社会党议席锐减 2/3，片山哲、加藤勘十等社会党领袖落选，而日本共产党议席激增。①

"吉田以绝对多数选票集众望于一身，成为日本在对等立场上与占领军对话的存在与象征。"②

二　选举结果的政治意味

1949 年国会选举在战后日本政治体制形成过程中具有重要的历史意义，选举的结果传递出如下几种政治意味。

第一，从 1946 年二战后首次国会选举到 1949 年 1 月的国会选举，日本的政党政治完成了由动荡到重组的一个周期，战后第一个在众议院内单独掌控过半数以上议席的强势政党出现了。

强势保守政党控制国会，对吉田而言，是他建立稳定保守政权的前提，因此他对这种政治局面的出现深感欣慰。他说："事实上这次大选以后，总算使自停战以来一直动荡不安的政局趋向稳定，并奠定了此后继续 6 年之久的民主自由党政权的基础，因而也成为对内取得收缩通货膨胀、恢复自由经济、充实国力、安定和提高国民生活等效果，对外完成签订和约、恢复独立等业绩的前提要素。"③ "从这时起，保守党到 1993 年的细川内阁成立为止，从未让政权旁落。道奇计划也是在第三次吉田内阁执政下推行下去的，这可以称得上是战后保守体制、政官财体系形成的出发点。"④

第二，吉田领导的民主自由党掌控国会的选举结果，表明日本社会政治意识认同保守主义政治理念，社会民众趋同吉田茂的保守政治

---

① ［日］河野康子：『日本の歴史·24 卷·戦後と高度成長の終焉』，講談社 2002 年版，第 81 頁。

② ［美］理查德·B. 菲因：『マッカーサーと吉田茂』第 4 部，大嶽秀夫译，中央公論社 1986 年版，第 47 頁。

③ ［日］吉田茂：《十年回忆》卷一，韩润棠等译，世界知识出版社 1965 年版，第 97 页。

④ ［日］中村正則：『明治維新と戦後改革——近現代史論』，校倉書房 1999 年版，第 227 頁。

主张。

  盟总司令官麦克阿瑟率先读懂了此次大选结果所显露的政治动向。他在大选后立即发表声明称："自由世界的民众无论在世界何地，都热心关注着日本这次秩序井然的选举，并对选举的结果感到满意。这次选举是在亚洲历史上一个危急时刻，对政治上的保守观点给予了明确的而且决定性的委任。"① 吉田茂也同样赞誉这次大选的结果，他表示："说这次的大选在战后的政治上具有值得大书而特书的意义，也似非过言。"②

  第三，标榜中间政治的社会党失势，左翼政党共产党势力激增，表明日本国民的政治倾向向左右两极化发展，所谓不偏不倚的中间政治失去了社会政治认同的基础。

  日本共产党在1949年大选前在众议院仅拥有4个议席，大选后激增到35个议席，成为议会内一支重要的政治力量。由此，引发保守政治代表人物吉田茂和美国政府、盟军总部的政治恐慌，他们将共产党势力的发展，看成苏联领导下的世界共产主义运动对日本的渗透，甚至称之为"间接侵略"。将政治上压制的对象由旧政治家、旧官僚转移到日本共产党身上，实行所谓"逆路线"政治。

  1949年4月4日，吉田政府不经议会通过，便以政令的形式擅自公布《团体等规正令》。吉田茂明确表示该法令"其宗旨却在于对付政治团体的共产党"③。该法令禁止一切政党及群众团体的秘密活动，要求各政党和群众团体登记其办公地点和刊物，提交领导人和成员名单。吉田政府还专门为调查日共和左翼团体而设置了特别审查局，迫使日共交出领导人和10.8万名党员的名单。

  朝鲜战争爆发后，美国占领军当局迅速强化对日本国内左翼政治势力的镇压，麦克阿瑟甚至暗示吉田茂应宣布共产党为非法政治组织，④

---

  ① ［日］袖井林二郎:『マッカーサーの二千日』，中央公論社1993年版，第271页。
  ② ［日］吉田茂:《十年回忆》卷一，韩润棠等译，世界知识出版社1965年版，第97页。
  ③ ［日］吉田茂:《十年回忆》卷二，韩润棠等译，世界知识出版社1965年版，第186页。
  ④ 同上书，第190页。

以战前和战时右翼政治势力为对象的整肃运动,迅即转化为所谓"赤色整肃"。德田球一等9名日共领袖被捕入狱,24名日共中央委员被开除公职,1万多名日共党员和同情者被解除公职。而原来被整肃的政治家,纷纷解除整肃重返政界。1951年11月,有17万7千余人被解除整肃,1952年4月28日,《旧金山媾和条约》生效时,所有关于公职整肃的法令均被废除。一大批右翼政党领袖人物如鸠山一郎、石桥湛山、重光葵等都重返政治舞台,这批旧保守政治人物的复出,无形中加强了日本社会内保守政治势力的力量。虽然新旧保守政治势力间的争斗也日趋激烈,但整个政治力量的天秤已明显向保守政治方面倾斜。

很显然,当一个社会处于特殊状态时,内部政治结构的变化、各种政治资源间相互关系的调整,不仅取决于自身现存政治资源的分布与力量对比,外部势力的干预与影响有时也具有决定性的作用。尤其是当外部势力成为一种无制约的力量时,一个国家的政治结构很容易被外部政治势力按照其自身国家战略利益的取舍,来决定其结构组成和发展走向。

三 选举的政治遗产

1949年的国会选举,颠覆了传统意义上的日本政治游戏规则,新的政治人物以集团形式占据议会的前部议席①,由于新人的加入,原来政党间的权力互换游戏,逐渐改变为党内派阀间的权力换位,战后日本政党政治的最大遗产——派阀政治开始形成。一批政治新人通过选举进入议会,成为吉田茂保守政治理念的坚定支持者。

在此次国会选举中,吉田茂将50多位行政官僚即所谓吉田学校的学生,以民主自由党候选人身份推出并成功当选。池田勇人、佐藤荣作、冈崎胜男、福永健司、桥本龙伍、大桥武夫、小金义照、吉武惠市等人,就是通过这次选举当选议员并被吉田选入内阁的。此次国会选举中民自党有多达121名政治新人当选议员,借此人员构成的变化,吉田

---

① 所谓前部议席,是指日本议会中初次当选议员者均坐在前排席位,而当选次数越多,资格越老的议员则座席越靠后,前部议席喻指政界新人——笔者注。

已成功地将鸠山的自由党彻底改造成吉田自己的政党。① 这些行政官僚出身的党人政治家和政界新人，在民自党内和众议院中分别以党首兼首相的吉田茂为核心，在形成保守本流吉田派的同时，也以自己为中心结成各自的政治派系，开创了日本战后派阀政治的先河。

"所谓派阀，是指在一个集团内部所形成的小集团。产生派阀的动机和原因是多种多样的。一般地说，日本的派阀多源于特定的利害、思想、出身的学校（学阀）和地区、血缘关系（闺阀）、人际之间的好恶感情等。"② 在民自党内和众议院中，有人数众多的所谓吉田派议员的存在，而作为吉田茂最为器重的池田勇人和佐藤荣作则代表吉田本人统领国会内众多小派系。国会内在吉田派之下又有许多小派系的存在，它们都有各自的政治核心人物。如增田甲子七、广川弘禅、犬养健、保利茂、福求健司、麻生多贺吉、坪川信三等都是小派系领袖。在各个小派系内都有重要的政治人物，作为骨干和派系领袖的接班人。如林让治、益谷秀次、小坂善太郎、爱知揆一、田中角荣、桥本龙伍、周东英雄、小金义照、野田卯一、根本龙太郎、大平正芳、宫泽喜一、松野赖三、黑金泰美、丹羽乔四郎、南好雄、濑户山三男等人都是处于这样一种政治位置上。

党中之党的派阀之所以出现，在战后日本政治权力分配过程中，有其一定的合理成分。

从吉田茂自身而言，作为行政官僚出身的政党领袖，在政党内既无人脉基础又无政治权威，而且筹集政党运转的政治资金等因素，都是不可回避的难题。只有建立以自己为中心的官僚派系，才能确保党首地位的稳固，"山崎首班"事件就是前车之鉴。而且，同样的官僚的行政经历，可以使官僚老前辈的吉田获得政治上的认同，并轻而易举地确立起政治权威。

对加入吉田派阀的成员而言，可以从吉田派阀中获得政治资金、获得党和政府内的职位、在同一选区内与其他民自党议员相抗衡，在信息

---

① ［日］猪木正道：『評伝吉田茂』下，読売新聞社1981年版，第341页。
② 王振锁：《自民党的兴衰——日本"金权政治"研究》，天津人民出版社1996年版，第21页。

和政策方面获得更多真实的情况。有人对派阀的功能情况做过这样的概括：（1）派阀向成员们提供选举资金以及其他"点心钱"等为培植势力范围日常所需资金；（2）选举中在确定公认候选人时为成员谋利；（3）选举运动中派阀首脑进行声援的演说，给予援助；（4）为大臣、国会职务或党内职务推荐派阀成员；（5）给予适当影响，使派阀成员能满足陈情人的要求等。从以上功能来看，看上去派阀似乎是个小政党。①

可以说，从第三届吉田内阁（1949年3月）时起，日本战后政党政治中的独特政治现象——派阀政治已具雏形。

"55年体制"形成后，自民党一党统治数十年，其党首和首相的更迭，都是在党内派阀斗争中平衡产生。日本政治评论家本泽二郎依靠其对外政策尤其是对华态度的政治取向，将战后日本政治家大致划分出两大系统："吉田茂—池田勇人—田中角荣—大平正芳—铃木善幸—宫泽喜———加藤弘一的系统，与之对立的是岸信介—佐藤荣作—福田赳夫—中曾根康弘—安倍晋太郎—三冢博—森喜朗—小泉纯一郎—石原慎太郎的另一系统。"②

吉田茂所实行的派阀政治，从维护民自党、自由党到"55年体制"后的自民党一党长期保守政治统治而言，具有重要的作用。"因为自民党政权基本上是通过派阀的相互交替而建立起来的'拟似联合政权'。换句话说，自民党实际上是政策上稍有不同的小保守政党（派阀）构成的联合体。所以政权由一个派阀转到另一个派阀，可以起到'拟似政权交替'的作用，以此稳定政权。这就是所谓'钟摆'原理。通过这种钟摆式的政权交替，阻止在野党对自民党政权的批判，以缓解国民的不满，达到维持政权的目的。"③

同样，问题也总是具有另一个侧面。

吉田茂在1947年4月国会选举失败时，反对组成保守联合内阁。

---

① ［日］石田雄：《日本的政治文化》，章秀楣译，吉林人民出版社1991年版，第50—51页。
② 参见高洪《日本政党制度论纲》，中国社会科学出版社2004年版，第140页注②。
③ 王振锁：《自民党的兴衰——日本"金权政治"研究》，天津人民出版社1996年版，第31页。

"决定把政权让给第一位的社会党，从此树立起我国民主政治的规范。"① 他所说的民主政治的规范，实际上正是西方议会制民主的真正价值即政权在两党间的交替。而他开创的派阀政治，恰恰在事实上阻断了这种政治运行程序，派阀政治正是战后日本自民党一党独占政权长期化的关键所在。同时，派阀政治在日本社会酿造出金权政治。吉田本人也是金权政治的始作俑者。派阀政治的纽带是政治资金。派阀规模越大所需政治资金越多。

吉田派阀的政治资金来源颇为复杂。1946年5月，在鸠山和吉田交接自由党领导权时，吉田提出的条件中就有一条是自己不能为政党筹集资金。但实际上，吉田筹措政治资金的能力极强且途径广。吉田的女婿麻生多贺吉（麻生太郎首相之父），作为福冈县的大煤矿主为吉田茂提供个人政治资金。大企业家石桥正二郎、前议员寺尾丰、银行家兼股票经纪人松岛喜作、夷隅研二、"政界策士"土屋龟市，是最先向吉田和自由党提供政治献金的。而吉田的校友原日清纺织社社长宫岛清次郎，在第二届、第三届吉田内阁中出任运输大臣，也是吉田的早期主要政治资金提供者。此外，三井财阀的向井忠晴、三菱财阀的加藤武男以及号称财界四大天王之一的阿拉伯石油会社社长小林中都是吉田的财界支持者。1951年5月至1952年4月，吉田领导的自由党收到政治献金的公开数额是2770万日元，而实际上这只是冰山一角。

显然，派阀政治和金权政治，可以看成吉田茂在确立传统保守主义政治过程中，给战后日本政治生活留下的政治遗产。同时，它也是约60年前日本现代民主政治日本化的衍生物，当代的日本政党政治依然在继承着这份政治遗产。1949年的国会选举是对战败后4年来日本政治的一次梳理和整合，也可以看成被占领状态下日本民主政治的一次自我调整，是日本社会为结束占领状态在政党政治层面上做出的具体准备。

(原载《史学集刊》2010年第2期)

---

① [日] 吉田茂：《十年回忆》卷一，韩润棠等译，世界知识出版社1965年版，第90页。

旧金山媾和前后日本政治资源重组与结构演变

1951年9月8日,《对日和平条约》在美国旧金山达成（1952年4月28日生效），同一天日美两国签订《日美安全保障条约》，日本在结束了长达6年半的被占领状态的同时，也在外交上完成转轨定型，成为美国在远东最重要的盟国和战略支撑点。

对于这一历史事件，国内外学界研究者多侧重从军事、外交等角度研究其地位与作用，而从其对日本国内政治结构的冲击和影响方面涉猎较少。笔者认为，旧金山媾和本身虽然是一次外交上的举动，但它与当时日本国内政治状况息息相关，并且有很大的互动作用。本文拟从日本国内政治结构变化这一角度，来探讨媾和与战后日本政治资源配置整合和政治结构变化的关系。

一 战后初期日本国内政治资源的重组过程

所谓政治资源，就是一个国家社会内部不同政党组织的数量与规模。政党组织的数量与规模受制于该社会占统治地位的政治体制。何种状态的政治体制，决定着这个社会有哪些意识形态的政党组织的合法性，以及它们之间的相互关系和运行机制。

二战时期日本国内政治实行法西斯化。1940年7月，第二次近卫内阁为实施《基本国策纲要》，取缔所有政党，以"大政翼赞会"的形式囊括所有资产阶级各阶层政治力量，议会被改造成翼赞议会，整个社会政治资源法西斯化。

1945年8月15日，大日本帝国宣布战败投降后，美国以盟军的名

义单独完成对日军事占领。同战后德国不同，美国在日本的占领方式是以保存日本现政权为前提而完成的。这种间接统治就直接导致战时日本国内保守政治势力仍然执掌大部分国家机器。"政权依然掌握在保守势力手中。战争末期，1944年7月间，策谋打倒东条政权的集团，和在1945年2月策划实现和平的集团，构成了战后政治主体的主流。"① 随后，美国完全按照自己的意愿来实施对日本政治体制的改造。战后日本社会内的政治资源在这样一种大背景下开始重组。

美军进驻日本后不久便以盟总指令的形式解除了战时日本政府对集会、结社等政治活动的限制。战时被解散的日本各政党，纷纷重新组合返回政界。战前被军部法西斯势力扼杀的政党政治，又枯木逢春迅速复活，日本社会进入一种多党制时代。

鸠山一郎、三木武吉等原战前政友会的部分成员组建日本自由党；币原喜重郎等人组建日本进步党；日本社会党和日本共产党等革新势力政党也重新崛起，并日渐成为日本社会中一股重要的政治力量。在战后初期，日本社会内传统保守政治力量在无序状态下凭借着战前积淀的惯性作用，在政权角逐中处于相对优势地位，虽然这种优势地位是很不稳定的，很快就因盟总实施整肃运动而失衡，但这种传统的优势心理和社会认同度，在保守政党角逐政权过程中却发挥着不容忽视的作用。

1946年1月，盟总依据《波茨坦公告》中"欺骗及错误领导日本人民使其妄欲征服世界者之威权及势力，必须永久剔除"的条款，公布"整肃令"，规定对一切好战的极端国家主义团体必须解散，一切利用地位和观点积极从事军国主义或极端国家主义的实践与宣传并对这方面发生了影响的分子，必须受到整肃，不准担任公职。

这场整肃运动涉及旧日本统治集团的各层面，人数多达21万左右。连当时的首相币原喜重郎都慨叹："整肃简直比审判还严厉！不管怎样，审判还有重审的机会，而整肃却没有申辩的可能。作为战败国，只能逆来顺受了。"

尽管如此，对"整肃令"在推动战后日本民主化过程中的积极作

---

① [日]信夫清三郎编：《日本外交史1853—1972》下册，天津社会科学院日本问题研究所译，商务印书馆1980年版，第718页。

用，连"整肃令"的坚定反对者吉田茂也不得不承认："这个整肃制度在促进战后我国各界的民主化方面，确曾取得了一定的效果，这是任何人也不能否认的。也就是说，各方面的旧领导者几乎全部被肃清，新时代的人们代替他们占据了重要的职位；而且由于新的制度机构和新的人事安排，使我国一切事务都能在完全不同于战前及战时的基础和环境之下顺利进行；因而错误领导日本人民者之权威和势力已无复活的余地。"①

整肃运动给日本社会政治生活所造成的冲击是深刻而巨大的。以战前传统政治资源为主体的保守政党，如日本自由党和日本进步党等保守政治势力，受冲击最大。进步党原议员274人中260人，自由党43名议员中30人先后被清洗整肃。在《日本国宪法》颁布后所进行的第一次议会大选中两党均失势；以片山哲、芦田均为党首的日本社会党首次执掌政权，组建以"中道主义"为特征的社会党内阁。而且，具有典型革命主义性质的日本共产党，也在国会中赢得相当数量的议席，对日本政治格局具有一定的影响力。

根据1946年11月3日经日本国会审议公布的《日本国宪法》，日本的政权形式是美国总统制和英国议会制的一种结合。首相任期4年，由立法机关众议院议员选出。占据议会多数席位的党派领袖是当然的首相候选人。因此，战后日本社会各种政治资源的分合聚散，都是以议会中的议席争夺为重点，以控制议会席位数量为目标而展开的。

虽然社会党两届内阁因执政经验不足，加之政治黑金事件的负面影响，在1948年10月的大选中失利，将政权交给自由党，但社会党重夺议会第一大党的实力和可能性都存在，对此，右翼保守性质的政党依然不敢轻视。

随着1948年年初美国对日占领政策的改变和日美单方面开始媾和谈判，日本国内政治力量间的对比发生了微妙的变化。保守性质的日本自由党逐渐获得盟总的信任和支持，标榜中间道路的社会党失宠，而左翼色彩浓厚的日本共产党等政党则受到打压。

---

① [日]吉田茂：《十年回忆》卷二，韩润棠等译，世界知识出版社1965年版，第47页。

1950年7月，美国占领军总部将整肃的矛头从右向左转，矛头指向日本共产党等左翼政治势力，德田球一等9名日共干部被捕入狱，24名日共中央委员被开除公职，1万多名共产党和同情者被解职，而原有对右翼势力的整肃则出现松动。吉田首相认为这是"由于朝鲜战争的爆发，使东亚局势发生了急剧变化，以前致力于日本的非军事化和民主化的占领政策遂开始转变，因而缓和了许多对日措施"①。到1951年11月，有17万7千余人被解除整肃。1952年4月28日旧金山媾和生效时，所有关于公职整肃的法令均被废除。一大批右翼政党领袖人物如鸠山一郎、石桥湛山、重光葵等人都组建新党重返政界，这些保守政治家不但政治阅历丰厚，且社会人脉关系复杂，财界背景不凡。他们的复出无形中加强了保守政治党派的实力，整个政治力量的天平逐渐向保守政党一方倾斜。

很显然，当一个社会处于特殊状态时，内部政治结构的变化、各种政治资源间相互关系的调整，不仅取决于自身现存政治资源的分布与力量对比，外部势力的干预与影响有时具有决定性的作用，尤其是当外部势力成为一种无制约的力量时，一个国家的政治结构很容易被外部政治势力按照其自身国家战略利益的取舍，来决定其结构组成和发展走向。

二 具有革新性质的政治资源受到限制

日本共产党在战前和战时都受到异常残酷的打压，成为不受法律承认和保护的非法政治组织，被迫转入地下活动，大部分领袖人物或被捕入狱或流亡国外。

1945年10月4日，根据美国占领军司令部发布的《关于废除对政治、公民、宗教自由限制的备忘录》的指令，东久迩内阁被迫释放了包括日共领导人在内的所有政治犯。宫本显治、德田球一、志贺义雄等日共领袖先后出狱重返社会，以合法身份恢复政党活动。

1946年2月24日召开的日共第五次代表大会发表政治宣言，

---

① ［日］吉田茂：《十年回忆》卷二，韩润棠等译，世界知识出版社1965年版，第50页。

提出如下政治斗争目标：（1）废除天皇制，建立人民政权；（2）废除寄生地主制；（3）战犯财产收归国有；（4）解散财阀，全面实行对金融机构的统一管理；（5）建立最低工资制和实行 7 小时劳动制；（6）解放妇女。宣言规定"用和平民主的方法完成当前的民主革命"。这一政治纲领符合当时美国占领军当局在日本实行积极的民主化改革和彻底的非军事化政策的需要，因而获得了较大的发展空间。① 日共成员以合法政党党员身份参加国会选举，且有不俗的表现，成为一股不容忽视的左翼政治力量。1947 年 2 月推动"产别会议""总同盟""共斗"等工会组织进行"二一大罢工"。若无美国占领军总部的直接介入制止，很可能一举搞垮第一届吉田内阁，实现左翼政党执掌政权的设想。但当时盟国对日理事会的美国代表乔治·艾奇逊公开表示："日本国民的政治活动当然要有自由，但是在美国来说，日本也和我们美国一样，共产主义是要不得的。"② 随着"二一大罢工"运动的无疾而终，借助战后日本社会民主运动而勃然兴起的日本共产党的发展势头也严重受挫。从社会政治生活中的主流角色沦为权力体系中的边缘政治力量。尽管两年后，日共在 1949 年年初国会大选中仍获 35 个议席，成为国会内第四大党派。

1945 年 11 月 2 日，以战前的无产政党为基础成立了具有社会民主主义性质的日本社会党。因该党主张民主政治，反对法西斯军国主义，在政治倾向性上很符合美国的对日占领政策。占领军司令部认为，日本社会党是自由主义政党，是战后日本民主政治的主要推动者，因此，一度对社会党寄予厚望。1947 年 4 月战后第二次国会大选中，社会党内阁的出现，符合美国对日占领政策中改造日本的政治需要，对此麦克阿瑟十分欣喜，他说："日本国民断然排除了共产主义的领导，他们义无反顾地选择了中庸之道，既确保了个人自由，又从以提高个人权威为目的的极右、极左政党中选择了中间道路。"③ 5 月 24 日，麦克阿瑟接见

---

① ［日］内田健三：『戦後宰相論』，文藝春秋社 1994 年版，第 15 页。
② ［日］吉田茂：《十年回忆》卷二，韩润棠等译，世界知识出版社 1965 年版，第 180 页。
③ ［日］袖井林二郎：『マッカーサーの二千日』，中央公論社 1993 年版，第 216 页。

片山哲对其出任首相表示祝贺，并希望他能担负起将日本建成"东方瑞士"的重任。

1948年年初，由于亚洲大陆战略形势剧变，美国出于自身国家利益的需要改变了对日政策，社会党政权已不再适合美国占领军的政治需要，加之执政能力和经验的欠缺，逐渐被重新崛起的保守政党自由党吉田内阁所取代。

第二届吉田内阁上台后，立即在美国占领军司令部的支持下实现了新宪法颁布后首次国会解散，通过新一届国会选举完成对国会绝大多数议席的控制，确保保守性质政党对国家权力的长期稳定控制。麦克阿瑟随即发表声明称："自由世界的民众无论在世界何地，都热心关注着日本这次秩序井然的选举，并对选举的结果感到满意。这次选举是在亚洲历史上一个危急时刻，对政治上的保守观点给予了明确的而且决定性的委任。"①

随后，吉田内阁利用美国对日占领政策转变之势，借机打压左翼政党。1949年1月23日，国会大选刚刚结束，吉田茂便借用"整肃令"宣布对社会党左派领袖、日本部落运动领导人、参议院副议长松元治一郎等10多位政界人物实行整肃。

针对日本共产党的崛起和蓬勃兴起的工人运动，美国政府和占领军司令部视其为苏联领导下的世界共产主义运动对日本的渗透，甚至称其为"间接侵略"。因此，将其视为打压的重点对象。要求日本政府以共产党为对象而采取立法措施，进行取缔。

1949年4月4日，吉田内阁不经议会通过，便以政令的形式擅自公布了《团体等规正令》。吉田首相明确表示该法令"其宗旨却在于对付政治团体的共产党"②。该法令禁止一切政党及群众团体的秘密活动，要求各政党和群众团体登记其办公地点和刊物，提交领导人和成员名单。

日本政府中专门为调查日共和左翼团体而设置的特别审查局，迫使

---

① ［日］袖井林二郎：『マッカーサーの二千日』，中央公論社1993年版，第217頁。
② ［日］吉田茂：《十年回忆》卷二，韩润棠等译，世界知识出版社1965年版，第186页。

日共交出领导人和10.8万名党员的名单。朝战爆发后，美国对日占领当局迅速强化对日本国内左翼政治势力的镇压，麦克阿瑟甚至暗示吉田首相应宣布共产党为非法政治组织，① 左翼具有革新性质的政治资源在不公正的竞争条件下和敌对的社会氛围中处于弱势地位，无法转变成具有强势政治资本的政治力量。

三 具有占领时期政治特征的吉田内阁权威性下降

在吉田首相长达7年半之久的权力巅峰期，其权力来源从表面上来看是依据合乎法律程序的议会选举而获得的。但作为被占领国家的政府首脑，如若不能得到占领军当局的认可和赏识，是绝无可能长期占据权力之位的。在日本被占领期间，吉田茂与麦克阿瑟两人之间在改造日本过程中的许多政见是一致的，两人间的关系也颇为特殊。根据日本占领史学者袖井林二郎教授的研究表明，在5年多的占领期间两人往复书简总数达160余封。② 这些书简绝非普通私人寒暄书信，麦克阿瑟实施对日占领政策过程中，不是发表公开声明而是以给吉田首相公开书简的形式来发布；而吉田首相每当遇到棘手问题时，为避开GHQ民政局的纠缠也往往以信函的形式同麦克阿瑟直接沟通请示，用最简单的方式解决最复杂、棘手的问题。

在整个占领期间，吉田茂与麦克阿瑟在改造和重建日本过程中，两人的合作关系颇为紧密。这与两人的经历、性格相近、相容也不无关系。占领时期在盟军总司令部（SCAP）外交局（DS）任职的理查德·B. 菲因认为："在麦克阿瑟和吉田茂这两人之间，有许多共同的性格。美军占领开始之时，两人都是六十过半。两人又都是在20世纪初各自国家跃升为世界性大国时期渡过了自己的青年时代。两人都自视青年俊秀，具有极强的自尊心。同时代的很多人认为两人都是傲慢的超保守的

---

① ［日］吉田茂：《十年回忆》卷二，韩润棠等译，世界知识出版社1965年版，第190页。

② 参阅［日］袖井林二郎编『吉田茂——マッカーサー往復書簡集1945—1951』（一）、（二）、（三）、（补遗），法政大学『法学志林』第77卷第4号；第79卷第2、3、4号。

政治家。"① 从美国占领日本这一历史过程来看，吉田茂的首相地位是最稳固的，奥秘就在于吉田茂将同麦克阿瑟的关系调整得非常协调。日本外交评论家加濑英明在臧否战后日本历任首相时，认为吉田茂"最大的功劳就是巧妙地同握有最高权力超越了天皇的 GHQ 的折冲斡旋，收拾了战后日本的混乱局面，奠定了复兴的基础"②。"吉田每当出现难题时，就直接找麦克阿瑟交涉。同为总理大臣，片山只尝试过屈指可数的几次，芦田则一次未有。吉田有政治力和行动力，而且有勇气去尝试，麦克阿瑟和吉田茂的会晤总计有 75 次之多，全都是由吉田茂自己提出请求的。"③ 吉田的这种政治行动具有多重意义，它可以使吉田茂将日本政府方面的观点直接传递给麦克阿瑟，使美国的占领政策在实施过程中更符合日本的实际情况；同时，这种高层间频繁接触有利于巩固吉田的政治地位，提高其身价，给反对派以震慑作用，将占领军当局的政治权威作为自己的一种政治资源而加以巧妙的利用。

1951 年 9 月 8 日，日美完成旧金山媾和，日本从国际法层面结束被占领状态后，日本国内政治格局借此也发生了微妙的变化。

占领时代遭受"整肃"的右翼政治家纷纷解禁复出，他们强烈要求改变权力分配的格局。三木武吉就公开说："虽说是吉田茂，在完成对日和约的缔结和批准的重任后，一定会隐退山林。日本独立后，如果还是和占领下一样，由同一人物执政，那就会执行和占领中没有两样的政策。我想吉田会明白这一点。"日本再建联盟会长岸信介也严厉批评吉田政治，他表示："尽管说占领期间的历任首相都是美国的应声虫，但那是没有办法的事。问题是今天的日本已经成为一个独立的国家，到底能不能用毅然的态度来对待美国。独裁者周围的那些自由党、政府的应声虫们，简直太岂有此理了……"④

失去占领军当局和麦克阿瑟的鼎力支持，吉田首相不得不在一种相

---

① [美] 理查德·B. 菲因:『マッカサ──と吉田茂』，同文書館 1992 年版，第 13 頁。
② [日] 加濑英明:『总理大臣の通信簿』，日本文藝社 1995 年版，第 62 頁。
③ [日] 袖井林二郎:『世界史のなかの日本占領──国際シンポジウム』，日本評論社 1985 年版，第 136 頁。
④ [日] 田尻育三:《岸信介》，北京大学亚非研究所译，吉林人民出版社 1980 年版，第 133 页。

对平等竞争的政治环境下同鸠山派势力角逐政权。第四、第五届吉田内阁几乎就是在同鸠山派的权力角斗中度过的。这实际上是日本社会内占领体制内外两种同为保守性质的政治力量间的直接对抗。

四 具有被"整肃"经历的保守政治家成为政界主流派

吉田首相深知鸠山等人解禁会对自己的权力地位构成威胁,对这些有实力的竞争对手的解禁工作多方设阻。但到旧金山媾和前夕,鸠山一郎、三木武吉、石桥湛山、河野一郎等人作为最后一批被解禁的政界人物都重返政界。几乎所有这些解禁保守政治家在政治目标上都是以反对具有占领时期特征的吉田政治为第一要务。

鸠山派为争取民意和孤立吉田派势力,首先,以友爱精神为号召,注重笼络政界那些对吉田专断独裁作风心存芥蒂的人士;其次,在对外政策上,鸠山派反对吉田的所谓对美一边倒的政策,提出要广泛地与苏联和中国大陆调整外交关系;再次,在国防政策方面,鸠山、岸信介、石桥等人反对吉田所倡导的轻武装论,认为这不但会削弱日本的独立精神,又有违反宪法的嫌疑,所以主张日本应光明正大地打出重整军备的旗帜;最后,鸠山派主张采取积极的和富有建设性的财政政策。

身为纯粹党务活动家的鸠山一郎,因命运多舛且亲民开明而深得国民同情,他所提出的政治主张也顺应了刚刚摆脱占领束缚的日本国民的民意,强劲的"鸠山热"席卷日本列岛,使鸠山派在民望上大大超过吉田派。

吉田派的政治失利主要在于依然沉醉于被占领时期的惯性思维,未能迅速地从被占领国的领导者角色中转换出来,执政方略和手法仍沿袭被占领时代的那一套,在外交政策层面未能抢占新的战略制高点,不谋求同中国大陆和苏联打开交往的通道,所倡所导已不符合刚刚摆脱占领重获国家独立的日本国民的精神追求,其被日本国民抛弃也是势所必然。

五 被占领时期结束前后日本社会政治结构的特征

依据上述几个层面的初步研究,笔者认为在日本被占领时期结束前后,也即日美旧金山媾和前后,日本社会政治结构方面呈现如下几种特征。

第一个特征是幼稚性。由于日本无条件投降方式的特殊性,同德国相比较,日本的无条件投降实质上是日本武装部队的无条件投降,日本政府作为二级政府被保留下来,特别是作为战前日本政治结构精神支柱的天皇制也未遭受触动,战后在美国占领军当局的谋划下,"天皇是国家的象征,又是国民的统一的象征"。

作为二级政府的日本内阁组建程序方面,初期沿用惯例只是由天皇钦准改为须经占领军当局的认可。《日本国宪法》颁布实施后,日本实行西方资本主义社会普遍采用的议会政治。1946年4月10日,战后日本议会首次大选中鸠山领导的自由党获胜,但党首鸠山突遭整肃,鸠山力荐吉田茂接替自己出面组阁。吉田既不是自由党党员,也不是一党之首,更未参加此次竞选活动,凭机缘巧合而一步入朝为相,这恐怕在西方议会政治历史上也是空前绝后的事情,此举也足以反映出战后日本民主政治的不成熟和幼稚之处。连吉田本人也常常以"我是被雇用的总理大臣"一语自嘲。

战后日本社会政治结构中的最重要组成部分政党组织,在政治主张和政治纲领等方面也表现出幼稚不成熟的一面。

随着占领当局对日政治方面改革举措的实施,战后日本政党组织枯木逢春竞相复活。标榜各种政治主张的党派林立,数量惊人。但政纲多有雷同并无新意,各种政治资源处于重新聚合离散的不稳定状态。重组后的日本共产党就曾错误地认为美国占领军是"解放军""民主势力的朋友"。[①] 鸠山一郎组建日本自由党之时也曾错误判断形势,听从吉田茂的建议,以"维护天皇制、反对共产主义"为旗帜,招致苏联方面的敌意,最后在苏方的强硬压力下被盟总整肃等。

---

① [日] 朝尾直弘:『岩波講座日本歷史』22,岩波書店1971年版,第153—154頁。

第二个特征是过渡性。从日本战败投降起到日美旧金山媾和,短短6年日本政权更迭极为频繁,各种政治背景的政治代表人物走马灯般轮流执政。从钦命皇族内阁东久迩稔彦,中经战前元老级外交官币原喜重郎内阁、自由党吉田茂内阁、社会党片山哲、芦田均两届短命内阁,最后又复归自由党吉田内阁。每届政府的寿命都颇为短暂。

内阁更迭如此频繁,各政党轮流掌权,说明当时日本社会内政党间势力比较均衡,无超强政党能左右政局;另外也表明占领军当局对各政党的情况尤其是执政能力尚属观察阶段,并未真正确定合作对象。这也是这一时期日本政治结构处于动荡重组的根源所在。

第三个特征是追求政权稳定是占领期结束后日本社会的政治时尚。作为单一民族为主体的日本社会,在遭受史无前例的战争失败后,整个社会基础不可避免地发生了动摇。用占领军司令官麦克阿瑟的感受而言,就是:"历史上从来没有一个国家及其人民有比日本人民在战争结束时受到更彻底的破坏。他们遭到的不仅是工业基础的消灭,甚至不仅是他们的国土处于外国军队占领之下。他们对许多世纪来珍视无敌的日本生活方式的信仰,在彻底失败的极度痛苦中破灭了。"①

当一个社会大分大合之际,国家政治运行机制草创时期,每个社会政治生活中的重大问题都会引发不同社会阶层的迥异反响,代表各种社会政治势力的政治主张也会群说并立,各个政党内部也会因此而产生离合聚散。每种政治主张都希望能成为主流声音,各政党也力争成为掌控政权的执政党。因此,随着日本恢复国家独立,解除了占领状态,日本社会内各主要政党纷纷以合并重组为台阶,以控制议会席位为斗争目标,展开新一轮的政权角逐。

1951年10月,日本社会党因对旧金山媾和与《日美安保条约》政见不同,分裂成左右两派。4年之后,两派为控制议会夺取政权,在1955年10月实现联合,铃木茂三郎为委员长。

保守政党方面也顺应形势需要,加快了合并重组的步伐。在日本社会党实现联合统一的1个月之后,自由党和民主党两大保守政党也在财

---

① [美]道格拉斯·麦克阿瑟:《麦克阿瑟回忆录》,上海师范学院历史翻译组译,上海译文出版社1984年版,第175页。

界的压力之下,合并为自由民主党,鸠山一郎任总裁。最终形成日本社会两大政党并争政党体制,"正确地说,应该是一个政党与半个政党的对立"①。也即所谓的"55年体制"。保守政权以绝对优势力量把持政权,革新政党则以维护新宪法为政治活动的最大目标。这是战后长时期日本民主政治的特征。

从上述的分析论述中我们不难看出,一个国家在社会转轨期的政治结构的构建过程不可能一蹴而成,各种政治资源的重组与权力分配需要一个过程,尤其是一个社会从专制型社会向民主政治社会的蜕变期,社会自身的民主政治根基如何固然重要,外部强制力的影响也同样不容忽视,战后诸多国家和地区现存政治体制与被占领时占领国的意识形态基本相一致的历史与现实明确地诠释了这一道理。它实际上不仅是政治权力的转移、换位,更主要的是一种社会价值观的改变。战后初期日本政治资源的重组与政治格局的形成过程,说明了一点,哪种政治资源顺应了这种社会价值观的历史选择,那么它在政治格局的形成过程中就会处于统治地位,反之,则会沦落到权力体系的边缘位置。

(原载《日本学论坛》2004年第1期,
《中国人大报刊复印资料·K5·世界史》2004年第7期全文转载)

---

① [日]福武直:《日本社会结构》,陈曾文译,广东人民出版社1982年版,第137页。

日本双重政治体制问题探析

双重政治体制，或称政治过程中的双轨制，是日本历史上长期存在的一个非常复杂的政治现象。双重政治结构在世界历史上个别国家的特定时期也曾存在过，但就其结构、作用和存续时间上看，日本的双重政治体制是最为典型的。我们深信对这一历史问题的探讨，会为深入研究日本政治、经济和社会历史的特殊性等问题有所裨益。同时，也可以从一个新的角度来重新认识日本社会上的许多重大问题。

一 日本双重政治体制的特征

日本政体结构的双轨制现象，在3世纪初的邪马台国时已见雏形。据《魏志·倭人传》记载："其国本亦以男子为王，住七八十年，倭国乱，相攻伐历年。乃共立一女子为王，名曰卑弥呼。事鬼道，能惑众。……有男弟，佐治国。自为王以来，少有见者。"这种"事鬼道，能惑众"的神格统治者和其行政统治代理人"男弟"——世俗的人格统治者构成的重叠统治结构。从这时期肇始，一直延亘至第二次世界大战结束，在这段长达千余年的历史过程中，其表现形式、内容、作用和性质有所演变，但这种政治双重结构却延续下来了。在日本历史上的每个历史时期，基本上都有与神格天皇相平行的世俗权力统治中枢，形成一种"二级政府"，如飞鸟时代的圣德太子、大化改新时的中大兄皇子等。如果说藤原时代的"摄关政治"或稍晚些的"院政"与天皇制组成的统治机构是准双轨制政治体制，那么，自12世纪末以后，武家登上政治舞台所建立的幕府政治，与天皇制的平行组合，则可以说是成熟的双轨制政治体制了。自明治维新后，日本仿效欧美各国建立了君主立

宪政体，但其实质正如历史事实所展示的那样，仍不过是日本历史上双重政治体制的延续，所不同的是统治机构的内容发生了变化而已。

日本历史上双重政治体制的特征，可以概括为以下三点。

1. 天皇作为神格统治者的超政治表现。

日本双轨制政治体制中，天皇的地位和作用一般表现为超政治的宗教权威。在各个历史时期，天皇的代理人往往推行另外一种自己选择的统治方式和具体政策，如藤原外戚集团的摄关政治、幕府的武家政治、明治维新以后出现的藩阀以及政党政治与后来的军部擅权时期的法西斯政治等。从理论上讲，日本天皇也是类似古代中国皇帝那样的君主，但实际上除了几个短暂、特殊的历史时期外，天皇很少亲政，其权威主要来源于宗教信仰。天皇的统治和对行政的影响是以神格统治者身份间接实现的，实际统治权力掌握在天皇的代理人，如幕府将军手中，他以天皇的代言人身份行使权力。表面来看，在这种政体结构框架中天皇处于被架空的地位，但在某些特殊的历史时期，尤其是明治维新后，天皇也是一种举足轻重，维系全国的政治势力。

2. 日本双重政治体制的互补性特征。

在明治维新以前，天皇和他的代理人之间的关系基本上是矛盾对立的，所以天皇始终视其代理人为自身权力的威胁而亟欲削弱之。但在客观上，双方又不能分离而独立存在，是相互借助、互为补充的。明治维新后这种互补性尤为明显。原因是：①天皇以外的多种政治势力集团在争夺天皇代理人权柄过程中一般都要利用天皇的权威和影响，有时天皇也扶植一派参与权力角逐；②就天皇而言，他既然要保持自己宗教领袖、佛门高徒和"万世一系"神格权威，必然要维护其神秘的神格面纱，因而需要世俗代理人代为司政，以利于间接统治；③从世俗代理人方面来看，他们也需要借助天皇神格权威的灵光以巩固自己的统治地位，因而天皇的存在对世俗代理人而言占有举足轻重的地位。纵观第二次世界大战结束前的日本历史，天皇的地位并非虚设或可有可无，天皇与世俗代理人之间形成了一种互为借助、互为补充的统治关系。

3. 日本双重政治体制内部的矛盾性。

天皇既然是一种政治势力，与自己的代理人之间必然存在矛盾。两者作为不同政治经济利益集团的代言人，因为在权力、利益分配上不可

能绝对公平合理。因此，这种双轨制政治体制的存续是以势力较弱的一方从属于另一方，而另一方又不能完全单独存在为条件的。双方的关系时而从属，时而平等，绝非一成不变的。

明治维新以前，天皇在统治实力方面多处于从属地位。但神圣不可侵犯的神格地位又成为天皇长期存在的护身符。世俗代理人虽手握实权，但也无法单独统治，也需要"挟天子以令诸侯"，借助天皇的神威来巩固自己的统治。

明治维新后，权倾一时的德川幕府献城纳地，天皇的权力得到空前加强，明治宪法甚至从法律上钦定了天皇的绝对权威，但天皇仍不能直接参与政事。从这时期始，日本历史上的双轨制政治体制可以说是进入了有效运转时期，天皇与其统治代理人之间较少有矛盾，前提是双方目标一致。

4. 日本双重政治体制的长期稳定性。

双重政治体制对缓冲对天皇制的冲击，稳固天皇万世一系的统治是极有作用的。双轨制在天皇制长期存续过程中始终起着一种制衡、监督作用。同时，双轨制统治对日本封建社会的长期稳定也同样起到了积极的保护作用（详见后文）。

二　双重政治体制产生及存在的原因

日本政体结构的双重性模式是一种世界历史上较独特的政治现象，它的产生原因极为复杂，我们在这里拟从历史、文化及社会经济三大方面做些分析。

1. 双重政治体制产生、存在的历史原因。

与中国及其他文明史悠久、政治及哲学思想发达的国家相比，日本是一个落后的岛国，文化落后，经济不发达，统治思想也极为单薄，缺少健全的政治思想和哲学思想，因而很难形成较为完备的统治制度。

剖析日本政治制度的形成过程，可以发现日本统治阶段一直是以宗教迷信和武力为手段维持统治的。宗教和武力本来是两种不同性质，甚至是相互矛盾对立的统治手段，但日本文明的落后性却为两者同时并存提供了条件。宗教、武力都要求人民服从，区别在于前者以说教、信仰

征服；后者以暴力征服。在日本大规模接受先进的中国文明后，这种固有的统治手段同来自中国的发达统治术结合在一起，这样一来，先进的文明被采纳，旧的落后的文化也加以保留，出现一个明显的文化断层，两者的结合促成了日本社会内双重政治体制的形成。

2. 双重政治体制产生的文化根源。

日本固有文化最初表现为简陋的神灵崇拜，这些神灵中既有自然万物，又有神话中的祖先。天皇为永固皇祚，乐于认同这种神灵崇拜，将自己附会为天照大神的后裔，称日本为神国。这种宗教崇拜被人民接受后，天皇自然也就成了神灵般的人物。天皇既是最高的祭司，神的后裔，同时又是秉承神的旨意来统治人民的。

日语中的"宗教祭祀""祭坛"和"宫廷"都是同一个"宫"字。这种把宗教迷信和行政合二为一的现象说明：古代日本社会的统治机器的运转与其说是依靠体系完整的政治思想和强有力的行政手段、法律制度，不如说在很大程度上是依靠宗教迷信实现的。较有代表性的是圣德太子在公元617年（推古25年）在上奏中所宣称的那样："后代多灾患，非佛法力，难固帝祚，请立梵刹，以镇护之。"于是，建大安寺，嗣后神佛合一，成为日本的国教，天皇受戒出家的例子不胜枚举。诚然，借助宗教权威来维护统治是世界历史上的普遍现象，但像日本那样大肆宣传神国、神道、天皇为神裔、人民也是神的子孙等的却不多见。

明治维新后，在举国欧化、崇尚西方文明的同时，天皇仍以"现人神"的身份被以法律形式尊奉起来，君临天下，而日本人也依旧泰然接受，足见日本民族宗教文化遗传基因之顽固。

不过，天皇权威的神格化、天皇本人的神格化，既是天皇所追求的目的，同时，这种权威客观上又限制了天皇躬亲政事的现实政治行为。这是因为，既然要维护宗教迷信的个人崇拜，就要保持自身的神秘色彩，所以客观上就要求有代理人来代为施政。由于宗教文化——包括神道和佛教文化辐射社会意识形态，文明程度较低的社会大众心理也希冀某种超然于世俗权力之上的神格权威。这样一来，天皇的代理人例如幕府将军虽权倾朝野，但也不敢触动天皇这块神圣的牌位，天皇一系能长期存在的原因恐怕就在于此。

大化改新以后，日本急速从东方文明的发源地中国引进先进的文

化。但由于文明落差的存在，日本的宗教迷信思想意识阻碍了对中国政治、哲学思想的输入。例如，对具有"民为贵，君为轻"等革命思想的《孟子》一书的输入就颇费周折。可见，日本对输入有损于尊崇天皇的文化是采取抵制态度的。显然，这种宗教迷信文化盛行的国度具有神格统治者和世俗统治者并存的文化基础。

3. 双重政治体制存在的经济方面原因。

天皇的神格化、皇室的神系、"万世一系"等神道迷信虽然创造并维护了天皇的绝对宗教权威地位，但同时也禁锢了皇族的势力和皇室的经济实力，限制了自身对世俗的占有，以至于不能像中国皇帝那样无限制地分封子孙以王位和领地。这样，天皇的经济实力也就有限，其神格权威实际是以摒弃经济实力为代价的。另外，落后的文明和农耕经济的并存又不可避免地导致封建势力割据。庄园制以前，日本各地豪强往往以其雄厚的经济实力拥兵自重；庄园制出现后，各地领主经济实力此消彼长，强项者"免输免入"。经济实力软弱的天皇家很难建立强有力的中央集权统治，所以他也希望出现一个"二级政府"代行征讨四方之责。"二级政府"的存在必然要限制天皇家的经济实力扩张，结果，因为经济力量软弱使天皇具有很强烈的寄生性和依附性。另外，皇室的经济地位如何可以直接反映天皇与二级政府的关系情况，例如明治维新前后的天皇家经济地位明显有差异。这种差异的存在也可表明天皇与二级政府的"合作"情况的好与坏。两者间的这种连锁制衡机制就成为双轨制政治体制能够长期存在的经济根源。

三 日本双重政治体制的社会功能

第一，文化功能。双重政治体制结构中的天皇具有双重人格：他既是神的后裔，又是日本这个神国的最高统治者。在长期接受神佛教文化灌输的日本社会意识形态熏陶下的日本人民，往往从心灵深处尊崇天皇。在1945年，日本战败投降举棋不定时，战和两派也只好听从天皇的圣断。当天皇宣布"投降诏书"后，许多日本人在皇宫广场自杀殉国，以及麦克阿瑟竭力要保留天皇制来推行美国占领政策，很能说明天皇作为精神权威的价值。出于对天皇的崇拜，天皇的代理人一般也能得

到人民的服从，从而不论这个代理人是皇太子、外戚、将军、元老重臣还是政党内阁或军部法西斯，代理人组织的二级政府为巩固统治，也往往谨慎地拥戴天皇，以天皇顺臣的面目出现在人民面前。这种尊皇思想在日本人心目中十分浓厚，从楠木正成到乃木希典，甚至连被誉为战后日本保守政治鼻祖、独断独行的政治家吉田茂在上奏时，都自称"臣茂"。可见，无论是古代天皇制，还是近代天皇制，它们都披上一件宗教统治的外衣；而政治体制的双重性正是保证这种宗教统治长期持续下来的原因之一。

第二，政治功能。日本的天皇制可以称得上是世界上唯一延续下来的帝王家族。究其原因，并不是因为天皇施政有方，治国有术，而在很大程度上是得力于日本独特的统治方式——双重政治体制。天皇及其代理人在国家权力分配中有超政治和实际执政的区别。作为神格统治者，天皇一般不直接执掌国政，而是由实际掌握权柄的二级政府实行统治。因此，当政治腐败或出现重大问题时，人们不去追究天皇的责任，而是归咎于二级政府。日本历史上历次起义、暴动和兵变的矛盾所向，一般都针对二级政府或更低层次的统治者，绝少向天皇发难。这同中国的历代起义、兵乱的目标指向皇宫大相径庭。

从明治维新到日本战败投降的70余年，日本政界动乱频仍，但天皇却始终安然处之，即使是本应对战争负责的裕仁天皇，也因有军政界官员的"挺身而出"而安然无事。走马灯般更迭的内阁既是天皇的施政工具，又是天皇的替罪羊。这一切往往又不是由天皇直接插手策划的，而是千余年历史积淀下来的宗教迷信的那种"冥冥之力"促成的。

第三，经济功能。政治结构的基础是经济结构，同时又给经济结构以重大影响。日本的双重政治体制对日本社会经济的影响，大致可以以明治维新为界线分为两个大的历史阶段。在明治维新以前的日本社会中，双重政治体制结构中作为代理人的二级政府往往不是天皇所乐于接受的政治集团的代表，所以两者之间不可避免地存在矛盾和斗争。不是由天皇选择的代理人难免有僭越之嫌，其特殊地位必然受到其他政治集团的觊觎。这样一来，代理人自己往往受到来自各方面的攻击，其首要任务也就是巩固自身地位，剪除其他敌对势力了，对社会经济的发展往往无暇顾及。例如，即使是权力基础较为安固的德川幕府，为了巩固统

治地位，对民众也采取所谓使其"不死不活"的压迫政策，这当然不利于发展社会生产力。而且，这种双重政治体制的内部必然要造成某种程度的内耗，因此它应对日本社会经济发展迟缓负一定的责任。明治维新后，日本双重政治体制内的双方的政治、经济地位嬗变，天皇不但在法律上成为日本的法定最高领袖，而且经济地位也发生巨大转变，天皇家成为日本最大的地主和资本所有者。御前会议成为天皇直接参与国事，发挥影响的主要途径之一。这时的天皇虽然不具体施政，但对政府也形成了一种强有力的监察效应，政府的成立和施政过程及其更迭，一般是取决于天皇旨意的。政府必须对天皇负责，保证天皇与政府的融洽关系，从而使双轨制政体达到合理的结合，双方政治经济目标的一致性，必然有利于社会经济的发展。可以这样说，明治维新后日本双重政治体制的合理结合，是使日本这个东方封建专制国家迅速成为资本主义强国的原因之一。

（原载《现代日本经济》1988年第5期）

试析日本新保守主义思潮的流变

当代日本的新保守主义作为一种思潮，可以视为日本政治思想史上冷战终结前后，保守主义发展过程中的一个新思潮。它的出现同日本近代历史的保守主义和战后传统保守主义的发展历史极为相似。从纯粹意义的政治思想史角度，我们无法确定其标志性的思想起源。相反，却可以从其政治人物的政论和政治行动中，清晰地反映出它产生、发展的轨迹。

所谓日本新保守主义，也可以解释为当代日本政治中带有民族主义性质的保守主义，是战后日本传统保守主义的发展和修正。它实际是现代日本社会中的一股占主导政治地位的思想潮流。

基于这样的分析，本文拟以中曾根康弘为当代日本新保守主义的标志性人物，进行具体剖析，兼及其他政界人物的政论，以探讨其思潮的流变与传承。

一

理论的滞后与贫困，并没有妨碍新保守主义成为当代日本社会的主流思潮，原因在于，日本的政治文化属于"工具文化"，其特点是"通过迅速借用政治文化去实现一个个具体的政治目标，从而使'新的政治势力'得以结合到整个政治系统之中"①。"日本的政治体制卓有成效

---

① 桐声：《当代日本政治中的民族保守主义》，《日本学刊》2004年第3期。

地将公众的意愿转化为政治行动,这在世界上也许是无与伦比的。"①

20世纪80年代中期日本首相中曾根康弘(1918.5.27——),可以视为日本新保守主义思潮泛起的政界风向标。1982年11月,中曾根康弘以战后自民党第11任总裁的身份,成为战后第16届内阁首相。

中曾根同战后日本传统保守主义思想代表性政治家吉田茂有很深的政治渊源。吉田时代后期,中曾根是鸠山一郎所领导的民主党组织局局长,积极参加反吉田政治的活动。对吉田茂的政治主张多有反对之举,他攻击《日美安保条约》是保护条约,称:"这种片面的、屈辱性的条约,我们不能分担责任。从实质上讲,这是保护条约。"② 显露很强的民族主义情绪。

中曾根上台后,首先提出"战后政治总决算"的政治口号。③

在就任首相的当天,他就通过媒体向日本社会宣布,"我的政治信条"就是"日本一定要修改美国所给予的和平宪法,这是我一贯的信念"④。

中曾根的新保守主义政治理念,主要集中表现在三个方面。

第一,强调日本要成为政治大国,重塑日本的国际形象。他提出:"在世界政治中加强日本的发言权","在日本人一致同意前提下,大胆触动过去意见纷纭或回避触及的问题,重新形成统一看法,使日本作为一个国家和民族在世界上堂堂正正地前进"。中曾根还强调:"不仅要增加日本作为经济大国的分量,而且要增加日本作为政治大国的分量。"⑤

后因国内反对声音强烈,将颇为敏感的"政治大国"改称为"国际国家",但其中的政治含义未变。

第二,在对美外交和国际政治方面,坚持"日美同盟关系不可动

---

① [美]埃德温·赖肖尔:《当代日本人——传统与变革》,陈文寿译,商务印书馆1992年版,第243页。
② [日]斋藤荣三郎:《中曾根首相的思想与行动》,共工译,商务印书馆1984年版,第25页。
③ [日]内田健三:『現代日本の保守政治』,岩波書店1989年版,第7页。
④ 同上书,第122页。
⑤ 新华社,东京,1983年7月28日电。

摇"的同时,将日美关系提升为"命运共同体"的新高度。他在访美时向美国媒体表示,日本列岛要成为"不沉的航母"、针对苏联要封锁三个海峡。① 也就是说,日本要积极承担"国际责任",即"日本要分担对世界的安全责任"②。

怎样才能成为"不沉的航母",并承担"国际责任"呢?

中曾根的政治行动是增加日本的军备实力。

他通过一个"和平问题研究委员会",向内阁提出吉田时代"百分之一的防务开支限额久已失去效用"。③ 1986 年 12 月,中曾根内阁通过了突破 GNP 1% 限制的 1987 年度防卫预算案,达到 1.04%。此后,日本国防预算案,连年均突破吉田内阁以来经 1976 年三木武夫内阁确定的,不超过 1% 的限制,其绝对额仅次于美国,跃居世界第二位。

第三,在国内方面进行"战后政治总决算"。

所谓"战后政治总决算",包括两层政治含义,其一是进行行政改革、财政改革、教育改革三项改革,以解决内政问题;其二是向所谓战后"禁区"挑战。在中曾根看来,和平宪法的修改,防卫费突破 1%、参拜靖国神社、大东亚战争的再认识等都属于应该突破的战后"禁区"。

中曾根向战后"禁区"挑战的政治言论和政治行动,对此后登上日本政坛的新保守主义政治人物,如森喜朗、小泽一郎、桥本龙太郎、石原慎太郎、小泉纯一郎等人,具有思想启蒙和政治示范作用。他可以说是当代日本新保守主义的标志性政治人物,因而,日本政治学学者内田健三将中曾根内阁执政的 5 年(1982.11—1987.11),称为"新保守主义的时代"。④

关于修改宪法问题,中曾根称:"有必要让日本民族根据自己的意志,虽然我们不是林肯,但要用他的'来之于民,为之于民的人民政府'的精神来修改一下宪法序言。我认为只有修改了序言,才能证明

---

① [日] 内田健三:『現代日本の保守政治』,岩波書店 1989 年版,第 122 頁。
② [美] 倍利:《日本的问题》,金禾出版社 1996 年版,第 112 页。
③ [日] 藤原彰:『日本軍事史』,日本評論社 1987 年版,第 185 頁。
④ [日] 内田健三:『現代日本の保守政治』,岩波書店 1989 年版,第 131 頁。

日本人真正自己制定了宪法。"①

"关于自卫队是否违反宪法，众说纷纭。但是我们的解释是：日本拥有最低限度的、必要的自卫力并不违背宪法第九条规定。我们不想成为一个自我抹杀的所谓无条件的和平国家。因为那不仅不符合国际形势的现状，而且那样想的人是想让日本成为一个不负责的国家。"②

中曾根的目的，是修正宪法中对日本成为政治大国不利的条款，而不是推翻宪法。另外，其更主要的政治用意，在于要通过修改宪法的方式，表明日本成为正常的国家，其真实目的已不在宪法本身，对他而言，形式比内容更有意义。他说："现行的宪法是在日本人还没享有充分的意志自由的时期，根据占领军的政策制定的，这是事实。因此，从民主宪法的前提出发，重新修正宪法，是正确的。"③

在战争观问题上，中曾根表现出政治言论与行为相互矛盾的一面，而政治行动更能真实地反映其战争观。

他在第 97 次临时国会上就教科书问题答辩时说："历史教科书的记述，必须根据人们能广泛接受的学说或研究成果，要客观、公正、恰当，也要照顾到和邻邦的友好关系。"④

上台后不久，中曾根就组织了私人咨询机构"关于阁僚参拜靖国神社问题恳谈会"。1985 年 8 月，这个恳谈会向他提出报告书，称："以不抵触政教分离原则的方式，进行公式参拜合乎宪法。"⑤ 随即，同年 8 月 15 日，中曾根率 18 名内阁成员对靖国神社以公职身份参拜。他说："国民应该感谢为国家而倒下的人们，不然，谁还为国家献出生命呢！"⑥ 对于那些当年侵略亚洲各国的战死者，中曾根称之为"英灵"，

---

① ［日］斋藤荣三郎：《中曾根首相的思想与行动》，共工译，商务印书馆 1984 年版，第 116 页。

② ［日］中曾根康弘：《新的保守理论》，金苏城、张和平译，世界知识出版社 1984 年版，第 126—128 页。

③ ［日］中曾根康弘：《新的保守理论》，金苏城、张和平译，世界知识出版社 1984 年版，第 130 页。

④ ［日］斋藤荣三郎：《中曾根首相的思想与行动》，商务印书馆 1984 年版，第 96 页。

⑤ ［日］内田健三：『現代日本の保守政治』，岩波书店 1989 年版，第 139 页。

⑥ ［日］田中伸尚、田中宏、波田永实：『遺族と戦後』，岩波书店 1995 年版，第 170 页。

他说:"为了亚洲在第一线战死的官兵们是英灵","为了保卫祖国,为了东洋和平,二百数十万纯真的英灵而战死"①。在他看来,那场给中国和亚洲人民带来灾难和痛苦的战争,是日本为了东洋的和平,是为了保卫日本,自然就不是侵略战争了。随即,其内阁成员国土厅厅长官奥野诚亮就说:"我不认为日中战争是侵略战争。"

对于参拜靖国神社问题,中曾根的前任政治家们已经为其做出了政治试探。1975 年 8 月 15 日,三木武夫首相以自民党总裁身份参拜了靖国神社。1977 年 4 月,福田赳夫首相借靖国神社春季大祭典之际参拜,福田自称是出于"个人的宗教心而采取的行动"。1978 年 8 月 15 日,福田赳夫以"内阁总理大臣"身份参拜靖国神社。1979 年 4 月,大平正芳首相参拜靖国神社。1979 年,东条英机等 14 名甲级战犯被以"昭和殉难者"名义,偷偷地在靖国神社内合祀。1980 年 8 月 15 日,铃木善幸首相率 18 名内阁成员参拜靖国神社。②

在传统价值观问题上,同吉田茂所代表的传统保守主义者一样,中曾根也同样推崇日本的传统文化,他说:"我认为,古来传到日本的神道、儒教、佛教的综合性力量构成了日本民族的精神。日本民族是个器量大的国民,并非是狭隘的国民。"③ 中曾根曾对自己设想的"福利之国日本",做出的解释就是:"1. 把家庭看作日本社会的起点;2. 建设一个以虔诚之心向神佛祈祷的社会。"④

他赞美日本历史与文化的独特性,称:"两千年来,一个民族同住一个岛上,使用一种语言,创造了一个国家。像这样的一个国家、一种语言、一个民族的例子是他处所没有的。"⑤

对于象征天皇制,他也是持支持态度的。"我认为,天皇制是适合

---

① [日] 三浦永光:『戦争犠牲者と日本の戦争責任』,明石書店 1995 年版,第 113 頁。
② [日] 西島建男:『戦後の象徴平和・民主主義・天皇制』,新泉社 1981 年,第 166—168 頁。
③ [日] 斋藤荣三郎:《中曾根首相的思想与行动》,共工译,商务印书馆 1984 年版,第 109 页。
④ [日]《每日新闻》1982 年 12 月 10 日。
⑤ [日] 中曾根康弘:《新的保守理论》,金苏城、张和平译,世界知识出版社 1984 年版,第 95 页。

日本的'无一物无尽藏'这个哲学思想的。"① "我支持那种超越一切，一无所有，但却闪闪发光，复原到古代的天皇。"②

这些被中曾根所赞美和支持的内容，也就是他宣称的作为保守主义者，所要保守的东西。

"保守是守什么呢？第一，我们要保卫日本美丽的大自然和日本国土；第二，保卫日本人的生活及其生活价值；第三，保护自由的市场经济；第四，保护日本民族在大化改革和明治维新时所表现出来的活力和积极的民族气魄——这就是我所说的保守主义。"

显然，中曾根所倡导的新保守主义，在诸多方面同吉田茂的传统保守主义有关联性，当然，两者也不乏差异。

二

20世纪80年代，日本社会内出现中曾根为代表的新保守主义，是国际上欧美国家里根、撒切尔等人所谓"新保守主义"在日本的一种政治回应。同时，它也是战后日本传统保守主义的延伸和修正。

继中曾根之后，善于在政治上追风的新生代政治家，纷纷推销贴上新保守主义标签的政治策论，兴起一股势头强劲的新保守主义思潮。其中，以小泽一郎的《日本改造计划》、石原慎太郎的"日本国家发展战略"、少壮派政治家集体推出的《21世纪日本的繁荣谱》等最具代表性。正如有中国学者所言："坦率地说，在日本，不少政治家对自己所标榜的新保守主义究竟为何物，并没有非常清晰、完整的认识。有的是人云亦云，追求新奇；有的是东拼西凑，乱贴标签；还有的根本就不知道自己在说些什么，只不过是'先入为主'地接受了这一概念。日本政治家历来注重眼前实利，缺乏理论思考和创新精神。"③

---

① [日] 中曾根康弘：《新的保守理论》，金苏城、张和平译，世界知识出版社1984年版，第93页。

② 同上书，第94页。

③ 吴寄南：《日本新生代政治家》，时事出版社2002年版，第350—351页。

自由党代表小泽一郎①在1993年出版《日本改造计划》，全面展示新生代政治家的新保守主义理论，即对内主张"政治改革"，竭力倡导日本进行彻底的变革；对外则倡导"普通国家论"和"国际贡献论"。对吉田茂的重经济轻军备的治国路线持批评的态度。小泽的"普通国家"论，包括两个内容：（1）日本应该面向开放的世界，拥有大国的国际权利；（2）日本应该拥有向海外派兵的权利。

小泽一郎论证日本应该成为"普通国家"时说："国家本来是出于利己目的而存在的。经济无论怎样超越国界，国家的这个本质不会改变。"②

1992年6月，日本国内立法通过《联合国维持和平活动合作法案》（简称PKO法案），为日本向海外派兵扫除了法律限制的障碍。

1999年7月29日，"自（民党）自（由党）公（明党）宪法调查联合会"在日本国会成立，标志着修宪问题被正式提上议事日程。同年，自民党、自由党、公明党等强行通过了在众参两院设置宪法调查会的法案。2000年伊始，日本众参两院就急不可待地决定讨论修改宪法问题。宪法调查会决定，先用5年时间就修宪进行调查，然后再用5年时间着手修改宪法。2001年4月，高举修宪大旗的小泉纯一郎以高得票率当选自民党总裁和日本新首相。

所谓"国际贡献论"，就是要强化日本在美国主导的国际秩序下的大国地位与作用，并在事实上，扮演政治大国、军事大国的角色，重新成为亚洲地区的主导者。

1996年4月，克林顿访日，与桥本首相发表《日美安全保障共同宣言》，决定修改日美安全合作的指导方针，将"日本有事"扩展到"日本周边有事"，将"保障日本本土安全"扩展到对付亚太地区的"不稳定、不确定因素"。1997年9月23日，《日美防卫合作新指针》出台，1999年，《周边事态法》《自卫队法改正案》及《物品义务相互

---

① 小泽一郎在政府、国会以及政党内主要担任过自治大臣、国家公安委员长、内阁官房副长官、自民党干事长、新生党代表、新进党干事长及党首、自由党党首等要职。本文发表时任民主党党首。

② ［日］小泽一郎：《日本改造计划》，冯正虎、王少普译，上海远东出版社1995年版，第65页。

提供协定》（ACSA 改定案）等相关法案也相继出台。"新指针"及相关法案明显违反了宪法第 9 条的原则，置宪法于空洞化；又突破了自卫队"专守防卫"的约束，自卫队可以凭借这些法律走出国门，开展所谓的"后方地域支持""后方地域搜索救助""船舶检查"三大军事任务，并且，准许自卫队"有限度地使用武器"。更严重的是，《周边事态法》已明确把台湾海峡划入其"防卫"范围。尽管，该法以暧昧语言声称《周边事态法》并非地理概念，但是，日本政府在国际舆论的诘问下，始终没有正面回答台湾海峡是否属于其"防卫"地域。小泽一郎则公开表态，"日美防卫指针的地理范围不仅包括台湾、朝鲜半岛，还包括中国大陆及俄罗斯"。自民党众议院防卫合作指针特别委员会委员长山崎拓也称，《周边事态法》适用于台湾海峡。①

新保守主义者认为，承认侵略历史并一再地向亚洲国家谢罪是"自虐"行为，将会影响日本的"形象"，妨碍日本成为"政治大国"，不利于在国际社会中发挥"领导作用"。因此，否定、美化侵略历史也就构成了他们实现"普通国家"的突破口。

前日本首相森喜朗称："关于战争，在不同的时代背景下，会存在各种各样的看法，日本是否进行了那场侵略战争，应该由大家在历史中作出判断。"

1996 年日本辗转社出版的《大东亚战争的总结》，是否认日本二战侵略历史的言论总汇，"民族主义"色彩尤为浓厚。其中，《产经新闻》论说委员安村廉在题为《社会党史观占上风将导致国家灭亡》一文中指出："在我看来，保守主义可以解释为是推行这样一种政治：重视已被纳入日本悠久历史和文化传统的智慧与秩序，最大限度地利用个人的创造性和自由。因此，当然必须尊重中庸的历史观。它也有纠正极度近视的缺乏平衡的历史观的作用。难道现在不正是自民党对社会党及其周围势力的阴谋采取坚决态度的时候吗？"可以说，此时的新保守主义已经明显表现为否认日本侵略历史的"中庸的历史观"，转变成为日本政界、学术界右翼势力否认日本的侵略历史，反对日本的和平主义，恢复日本"民族自信心"和"民族精神"的理论依据。在日本著名政治评

---

① ［日］《产经新闻》1999 年 6 月 24 日。

论家森田实看来,"桥本龙太郎、小渊惠三、森喜朗和小泉纯一郎都是日本拒绝战争反省的政治家的子弟。他们并非以严谨的态度来认识战争,而是继承了从其父辈们传下来的强烈的自我意识"①。

可以说,一条修宪,改史,走政治、军事大国道路的新保守主义在朝野上下达成了共识。

从20世纪70年代末开始抬头的新保守主义,是日本完成经济现代化之后新的国家战略构想和政策主张,它所主张的政治改革、行政改革以及推行"小政府、大社会"等政策,虽然带有一定的积极意义,但是,新保守主义的"核心目标并非是政治的民主化和现代化,而是政治大国化以及与此相适应的军事大国化"。它所强调的新国家主义、民族主义,说到底带有新国粹主义的意味,"把肯定日本对亚洲的战争责任指责为'自虐'的历史观,美化军国主义的战争论,就是新国粹主义的代表形式"。

新保守主义与吉田茂所提倡的传统保守主义,是一脉相承的,它们的共同特点是维护战后天皇制,强调传统的国家主义。只是,传统保守主义把重心放到了经济主义政治之上;新保守主义把国家战略目标,明确瞄准在政治大国及军事大国之上。

冷战结束前后新保守主义在日本社会中的迅速发展,实质上是日本传统保守主义发展到一定阶段的思想沉淀反应。新保守主义与现实政治的结合加速了日本政治的保守化和右倾化。这种结合也增加了21世纪日本未来发展的对外拓展倾向。

三

吉田茂所代表的传统保守主义同中曾根等人所代表的新保守主义,可以视为在战后日本和现代日本两个历史时期内,占主导地位的同一种政治思潮不同表现形式。如果说,吉田茂所代表的传统保守主义思想,引导战败后日本走向了经济复兴之路的话,那么新保守主义的涨潮,将推动和引导现代日本社会走向何方,就是一个人们不得不关注和思考的

---

① 《中国青年报》2001年8月21日。

问题。之所以产生这样的忧虑，笔者个人认为，吉田茂的传统保守主义是在特定历史背景下形成的，其传统保守主义思想体现在其政策取向方面，具有很强的内敛性，它以解决国内经济、政治、社会问题为主要目标；而新保守主义思潮是在日本作为经济大国的基础上形成的，其政策取向具有明显的扩张性和排他性，民族主义色彩更为浓厚。因此，系统地比较传统保守主义同新保守主义的思想特征，对于了解战后日本社会主流政治思想的渊源、成因及流变有极大的参考价值。

思想的承继性，尤其是一个社会政治思想的关联性，是客观存在的，不会出现断层。它不以个体政治人物的意志为转移。新保守主义者对传统保守主义的批评和攻击，并不能从客观事实上否认两者的内在关联性。日本政治文化学者石田雄先生的评论，也许可以解释这种独特的政治现象："引用貌似'新'的思想或学说，企图把对方打成'落后'的倾向，是日本政治文化中自古就有的模式。"① 传统保守主义与新保守主义，在核心层的问题上有共同的价值观。

在传统文化问题上，两者都持日本文化特殊论，都强烈地表现出对传统的尊重，认为传统是发展的基础和前提。

吉田茂曾断言："总之，任何一个国家都有它的光辉历史和传统。因此各国必须尊重其历史与传统的精神，并以此为基础建立适合时代的政治组织和经济制度，以求发展。"②

什么是日本的传统精神？中曾根的解释就是："古来传到日本的神道、儒教、佛教的综合性力量构成了日本民族的精神。"③

吉田茂的理解则直切主题，"根据我国自古以来的历史观念和精神传统来说，皇室就是我日本民族的始祖和家主。这并不是理论，而是事实、传统。尊崇皇室是人伦，是自古迄今的社会秩序的基础"④。

---

① ［日］石田雄：《日本的政治文化》，章秀楣译，吉林人民出版社1991年版，第1页。
② ［日］吉田茂：《十年回忆》卷四，韩润棠等译，世界知识出版社1965年版，第48—49页。
③ ［日］斋藤荣三郎：《中曾根首相的思想与行动》，共工译，商务印书馆1984年版，第109页。
④ ［日］吉田茂：《十年回忆》卷四，韩润棠等译，世界知识出版社1965年版，第50页。

对于皇室即是传统的结论,中曾根也持赞同态度。他所认为的战后日本天皇制之所以能够保存的原因,就是从吉田茂所阐述的精神传统来解释的。他说:"想想大东亚战争的情形,天皇制能维持下来也真不简单。也没有像(伊朗)巴列维那样被驱逐,为什么呢?无非是因为儒教意识在日本人头脑中的根深蒂固,忠心、同族意识、归属意识、秩序意识、天皇的人品,这些东西都起了作用。"① 中曾根提出传统精神和历史,是培养日本国民自信和民族自豪感的根本。他说:"要造就新的具有自信心的日本人",而这种自信从哪里才能获得呢?"必须从理解传统体制和历史开始"②。

显然,对日本传统文化尤其是以天皇为核心的日本的传统精神,无论是传统保守主义,还是新保守主义都是坚定的维护者。这也表明两者之间具有相同的历史观。

在战争观问题上,两者有共同的战争认识。只是表述的方式和攻击、否定的对象各有不同。

从吉田茂的战前政治意识中,他是对华强硬外交的追随者,谋求日本帝国在中国的侵略利益最大化,是他的外交目标。因此,在他的战后政论中,我们没有发现他否定对华侵略战争的言论,但他在当时特定历史环境下,他也不敢公开去赞颂侵华战争。因此,在战后的特定历史环境下,我们所看到的,更多的是他否定军部发动的对美太平洋战争。在吉田看来,军部势力是战前日本政治中为了扩张自己的政治势力,而利用排外感情之徒,"从历史上看,凡是把对外反感利用于政治运动的事例,都表明了政治上的落后性"③。由于他们在政治上的落后性,才会犯下最大的错误,就是对英美开战。

新保守主义者在战争问题上的政治表现更为直白。

1982年中曾根内阁阁议将8月15日定为"追悼战役者、祈念和平日",从此,每年的8月15日就成为日本官方追悼战争亡灵的定例。

---

① [日]斋藤荣三郎:《中曾根首相的思想与行动》,共工译,商务印书馆1984年版,第108页。

② [美]倍利:《日本的问题》,金禾出版社1996年版,第108页。

③ [日]吉田茂:《十年回忆》卷一,韩润棠等译,世界知识出版社1965年版,第12页。

中曾根公开称赞道:"为了亚洲,在第一线战死的官兵们是英灵。"其阁僚奥野诚亮更是公开声称:"我不认为日本战争是侵略战争。"遭到中国方面的强烈抗议。

值得注意的是,无论是传统保守主义者,还是新保守主义者,他们都是在所谓的大东亚战争问题上做翻案文章,而不触及日美太平洋战争。表明这些人所具有的大日本帝国时代的帝国意识,依然非常浓厚,且一脉相承。傲视亚洲各国的种族优越心理,并未因战败而崩溃。

至于传统保守主义与新保守主义,在宪法修改、重整军备、扮演大国角色等问题上,两者之所以有不同的政治主张,笔者认为主要是基于两个因素造成的。其一,是两者所制定的国家发展战略的不同;其二,两者各自所处时代的社会意识潮流不同。

关于国家发展战略目标,由于所处具体历史背景的差异,传统保守主义所追求的国家发展战略,是以《日美安保条约》为支柱,对外以对美国实施一边倒的外交政策,对内以维护和平宪法第9条的和平主义为手段,推行以经济中心主义为主的国家现代化发展战略。出于这样的国家发展战略的要求,维护宪法,反对大规模重整军备,在美国主导的国际秩序内寻求国家利益的最大化等内外政策,无疑是当时日本的最优选择。

而新保守主义在日本成为经济大国的基础上,提出的国家发展战略是"对内建设丰富、现实的生活;对外担负起大国的责任,对世界作出贡献"。两种国家发展战略的制定与形成,与当时各自社会中主流社会意识有密切的关系。

战后日本的社会意识,无疑是由于第二次世界大战的举国战败,而形成的弥漫在整个社会的因战败国意识而引发的和平主义思潮。社会存在决定社会意识。

和平主义思潮的兴起,是战败的残酷现实给日本社会各阶层造成强烈冲击的结果。反对战争、反省忏悔,成为一种普通的社会现象。而且,占领者当局改造日本的目的,也是希望通过民主化和非军事化改革,使日本成为和平之国。由麦克阿瑟草案为蓝本而制定的《日本国宪法》,最大特征就是它是一部和平宪法。其基本原则是"和平主义、民主主义以及基本人权的原则"。1946年3月,日本政府公布《宪法修改草案纲要》后,根据每日新闻社的舆论调查,支持宪法中"放弃战

争"条款的人数达 70%。①

在这一和平主义思潮中,吉田茂可以说是政治人物中护宪派的代表人物,而丸山真男则成为知识界、思想界的标志性人物,尽管两者对和平主义的理解有差异,但护宪的政治立场是一致的。而和平宪法则是这一思潮的象征。和平主义思潮,在战后日本社会盛行 30 余年,20 世纪 70 年代末出现衰退迹象,具有浓厚民族主义色彩的新保守主义思潮,逐渐占据社会主流地位。

20 世纪 80 年代兴起的新保守主义,可以视为在大国意识支配下的民族主义思潮。20 世纪 70 年中期,日本在经济上完成了赶超西方国家,其国内社会思潮相应发生变化,大国意识下的民族主义思潮兴起。经济上的高速增长,使部分日本政治家、思想家民族自信心膨胀,要求修改和平宪法,使日本成为真正的大国。对于日本要重新成为世界政治舞台上的重要角色问题,实际上传统保守主义与新保守主义之间是持相同的政治理念的。早在 60 年代中期,当吉田茂看到日本经济复兴的大业完成后,就已提出了这种政治愿望。他说:"在防卫方面,日本也似乎即将结束依靠别国力量的阶段。观察一下自由世界各国的情况就可看出,它们都打算尽到本国的责任,努力为世界的和平与繁荣作出贡献。如果日本一直继续执行在战后艰苦的状态下不得已而采取的那种政策,那么,日本也许会受到这样的指摘,即日本赚钱过多,而在国际关系上则毫不进行合作。"②

可见,吉田茂自身也不赞成成为经济大国后的日本安于现状,无所作为,他当时的不作为就是为有所作为奠定基础。吉田茂最大的政治愿望,后来被新保守主义政治家们逐步变为现实。他曾放言:"对于今天的日本来说,最重要的是,抱有理想,并且到广阔的世界中去寻求舞台。"③

(原载《历史教学问题》2007 年第 2 期)

---

① 高增杰编:《日本的社会思潮与国民情绪》,北京大学出版社 2001 年版,第 77 页。
② [日] 吉田茂:《激荡的百年史》,孔凡、张文译,世界知识出版社 1980 年版,第 92 页。
③ [日] 吉田茂:《激荡的百年史》,孔凡、张文译,世界知识出版社 1980 年版,第 95 页。

第四编　外交政策与片面媾和

战后东亚地区冷战格局的形成及特征

东亚地区是第二次世界大战后世界由雅尔塔体系转入冷战时代最早的地区。美苏两大阵营对峙而成的冷战时代,从某种意义上来说是从亚洲的东亚地区和欧洲的德国的直接军事对抗开始的。因此,二战后东亚地区的国际关系是战后全球最具冷战时代特征的典型代表地区。

从世界范围而言,冷战时代的全世界曾经有两个最主要的冷战标志性建筑物,一个是横亘于东亚地区朝鲜半岛中部的三八线;另一个是1961年8月在欧洲德国的心脏地带西柏林周围建成的柏林墙。钢筋水泥筑成的柏林墙也只不过存在了28年3个月,而铁丝网构成的三八线历经半个世纪的沧桑依然如故。东亚地区的冷战真的终结了吗?东亚地区的冷战格局是否已经解体,探求其中的缘由和答案,笔者认为还是应该溯本求源从其形成的历史过程及所具有的特征中寻找答案。

一

1945年8月15日,以建立所谓"大东亚共荣圈"为国家战略目标的日本帝国宣布战败投降,东亚地区出现政治多元化的趋势,原先意义上的亚洲强国消失了,以日本帝国战败投降为契机,美苏两大二战中的战胜国趁势进入并控制了东亚。

中国大陆的大部分地区包括台湾岛在内被亲美的国民党政府,依据《开罗宣言》的有关规定予以收复并加入控制;对于朝鲜半岛美国曾有过由几大国"联合托管"的打算,后由美苏协商以北纬38度

线为两国受降临时分界线,南北朝鲜分别由美苏出兵控制,加之美国单独出兵占领日本列岛,因此,日本帝国战败投降后的绝大部分东亚地区被美国直接或间接地占领和控制,美国在这一地区的优势地位是极为明显的。

按照美国在亚洲的战略构想,由国民党政府控制中国大陆并将其培植成美国在亚洲最大的盟国,以抗衡苏联。对敌国日本则按照美国自身的战略需要加以改造,削弱其国力。对朝鲜半岛美国方面倾向于对其实行为期10年的"国际托管",最终实现由美国单独控制的目的。

战后,美国初期对日占领政策的核心内容是:"……确保日本今后不再成为美国的威胁,不再成为世界和平安全的威胁,最终建立一个和平与负责的政府,该政府将尊重他国的权利……盟国并无责任强加给日本以任何形式的、未得到人民自由表达的意志支持的政府……鉴于日本社会当前的形势,以及美国希望使用最低限度的军队和资源达到其目的,最高统帅将通过包括天皇在内的日本政府机关团体行使权利……这一政策旨在利用日本现存的政府形式,而不是支持它。"[1]

以麦克阿瑟为司令官的盟国占领军总部,在日本实行非军事化和民主化改革,旨在彻底铲除日本军国主义基础,有意将日本改造成"亚洲的瑞士"。美国政府最初是本着《波茨坦公告》的原则和精神,将日本作为敌国加以改造的。无论是修订新宪法,还是审判战犯乃至土地改革和解散财阀,都是围绕着铲除日本的战争潜力来进行的。麦克阿瑟将此种倾向性做法形容为:"日本已经成为世界上一所试验把一国人民从极权主义军事统治下解放出来和从内部使政府自由化的大实验室了。"[2]占领军总司令官麦克阿瑟的谈话表明了美国方面的信念,他说:"美国绝无将日本作为盟国加以利用的考虑","美国对日本所寄予厚望的只是维持中立"。

而在中国大陆,美国则是真心希望蒋介石政府成为亲美反苏政

---

[1] [英]F. C. 琼斯等:《1942—1946年的远东》下,复旦大学外文系英语教研组译,上海译文出版社1979年版,第743—744页。

[2] [美]道格拉斯·麦克阿瑟:《麦克阿瑟回忆录》,上海师范学院历史翻译组译,上海译文出版社1986年版,第176页。

权。为此，美国方面从政治、外交以及军事等多方面重新包装国民党政权。在中国大陆国共两种政治势力中明显倾向于国民党一方。杜鲁门总统将这时期美国的助蒋行为加以如下说明："日本投降后，蒋介石甚至连再占领华南都有极大的困难。由于共产党人占领铁路线中间的地方，蒋介石要想占领东北和中南就不可能。假如我们让日本人立即放下他们的武器，并且向海边开去，那么整个中国就会被共产党人拿过去。因此我们必须采取异乎寻常的步骤，利用敌人来做守备队，直到我们能将国民党的军队空运到华南，并将海军调去保卫海港为止。因此我们便命令日本人守着他们的岗位和维持秩序。等到蒋介石的军队一到，日本军队便向他们投降，并开进海港，我们便将他们送回日本。这种利用日本军队阻止共产党人的办法是国防部和国务院联合决定而经我批准的。"[1]

美国国务卿艾奇逊最先意识到中国大陆形势巨变后的深刻影响，他在 1949 年 1 月对中国形势发表评论时说："当森林里一棵大树倾倒，不到尘埃落定时是不知道损害程度的。"当中国大陆国共内战形势明朗化之后，美国政府的对华政策基本上确定在一个目标上，即"尽可能阻止中国成为苏联的政治军事附庸"[2]。

在朝鲜半岛三八线两侧，美苏间在组建朝鲜联合政府问题上难以达成共识。1948 年 8 月 15 日，美国扶植建立了"大韩民国"，同年 9 月 9 日，朝鲜民主主义人民共和国在平壤宣告成立，南北对峙局面形成。和平统一成为遥不可及的梦想，以武力统一为终极目标的同一民族间的内战似不可避免。

1950 年 6 月 17 日，即朝鲜战争爆发前的一星期，美国总统特使杜勒斯飞抵汉城。他在韩国国民议会上发表演说称："自由世界的眼睛在注视着你们。如果你们与共产主义妥协，那就等于选择导致灾难的道路。"受此鼓舞李承晚也宣称："如果我们不能在冷战中保卫民主，那

---

[1] [美]哈里·杜鲁门：《杜鲁门回忆录》卷二，李石译，世界知识出版社 1964 年版，第 70—71 页。

[2] 资中筠：《美国对华政策的缘起与发展（1945—1950）》，重庆出版社 1987 年版，第 444—454 页。

么，我们就要在热战中赢得胜利。"①

二

1949年10月1日，中华人民共和国成立。针对中国大陆形势的变化，美国方面迅速作出战略调整。早在1948年1月，美国陆军部部长肯尼斯·罗亚尔发表政策性演说时称："我们必须认识到，如果美国不把日本培育为一个经济上能自立的国家，日本社会就会陷入其国内的'极权主义'的煽动家的影响下。反之，如果美国在培育日本自立方面取得成功，日本就会在亚洲发挥防止极权主义泛滥的防波堤的作用。"随即，美国政府中对外政策主要决策者之一、"遏制"理论设计大师乔治·凯南在1948年2月首次出访日本，暗示着日本在美国亚洲战略中的重要性提高。他向麦克阿瑟传递了美国政府对日政策的新变化，即"目前的占领政策是建立在《波茨坦公告》基础之上的，它只适用于日本投降后的初期，今后美国政策应促使日本在占领军撤退之后能够自主"。

无法否认的是，二战后美国作为世界上唯一的超级大国，控制着许多地区政治结构变化的主导权。针对亚洲大陆政治形势的演进，尤其是中华人民共和国的出现，美国方面感到东亚局势已失去控制，中苏两个社会主义大国联为一体已是不争的事实。于是美国对其亚洲战略及时加以调整，将战略支撑点由中国大陆转移到日本列岛。

杜鲁门总统也公开承认，中国革命的进展同日本重要性的提高密不可分地联系在一起。艾奇逊国务卿坦言美国对日本寄予厚望，称日本是美国在亚洲、太平洋防卫圈"沿岸岛屿链"中的"超级多米诺骨牌"。取消日本的战争赔偿、在日本实施"稳定经济九原则"等举措，就是在这种背景下刻意推出的新的对日政策。

新中国成立前后，中共领导层就在客观分析美苏冷战形势的基础上，对新中国的未来外交走向明确加以确认，即向社会主义阵营的盟

---

① 世界知识编辑委员会编：《朝鲜问题大事纪要（1945—1954）》，世界知识出版社1954年版，第26页。

主苏联一边倒。新中国成立到朝鲜战争爆发前，美国在对华问题上也采取了较灵活的政策。这一时期，美国政府试图用经济和政治手段诱使中国共产党政府能"脱离苏联政策轨道"。自负的白宫决策者确信世界上最富强的美国对新中国具有经济吸引力。为此，美国政府决定在必不可少的安全体制下，允许日本和西方国家恢复同中国的正常贸易关系。同对苏联、东欧和北朝鲜的"禁运政策"相比，对新中国的限制范围较为宽松。具体规定除直接军用品外，因"战略缘故"禁止或严格限制向苏联、东欧和北朝鲜出口的"非军用物资"可向中国出口；某些对美国安全"有重大关系"，而中国经济又非需要不可的战略物资，如某些重工业、交通和通信设备，只要中国保证不向苏联及其卫星国转售，可向中国出口。为防止这些重要物资通过中国转口苏联、东欧地区，美国根据战前标准对中国工业需要量作出估计，按实际需要供给。而私商对华贸易及对华大宗非战略商品贸易，"只受到最低程度的管制"。

美国方面相信如此灵活、宽松的对华政策，不但可以帮助日本为恢复经济而得到必要的粮食及工业原料，而且可以在战略上使中国依赖于美国，诱使中共"脱离苏联政策轨道"。朝鲜战争的突然爆发，在瞬间就彻底改变了东亚地区的大国间的关系。暂时的平衡被突如其来的内部作用力彻底打破了。

三

1950年6月25日，在亚洲面积最小的半岛上发生的局部战争，实际上是第二次世界大战的副产品。它不但关乎半岛南北两边同一民族的前途和命运，而且也悄然改变了东亚两个重要国家——中国和日本的历史进程。

1950年6月25日，朝鲜半岛上的南北双方围绕着统一问题而发生大规模军事冲突，战局明显向有利于北方一侧倾斜。针对朝鲜半岛上所发生的战争，美国方面作出了强烈的反应。1950年6月27日，杜鲁门声称："对朝鲜进攻使所有的怀疑都冰释了，共产主义已不仅是通过颠覆来征服各个独立国家，而且现在已采取武装入侵和战争。"从这一刻

起,美国的海、陆、空三军涌入朝鲜半岛。日本著名占领史学者袖井林二郎先生对此分析认为:"朝鲜战争是以内战的形式开始的,如果没有大国介入,那它也将以内战的形式而结束。但在冷战之下,在大国间本已十分紧张的磁场内,反共意识十分高昂的大国——美国立即被卷入其中,这也是不可回避的事实。"① 在全力援助摇摇欲坠的李承晚政权的同时,杜鲁门总统又下令向台湾海峡派遣第七舰队,发表有关台湾海峡中立化的声明。

朝鲜战争爆发前后,美国的亚洲战略和对华政策混沌不清,甚至是自相矛盾的。当中华人民共和国成立后,尽管白宫要承受来自军方的压力,但美国政府面对台湾可能统一于新中国的现实,决定从中国内战中"脱身"。杜鲁门总统发表声明称:"美国目前无意在台湾获取特别权利或特权,或建立军事基地","不拟使用武装部队干预其现在局势";"不拟遵循任何足以把美国卷入中国内战中的途径"。

1949 年 3 月,驻日盟军总司令麦克阿瑟直言朝鲜半岛、中国台湾不在美国防御体系内。1950 年 1 月 12 日,艾奇逊国务卿在美国"全国新闻俱乐部"发表题为《美国基本立场》的谈话,内称:"到目前为止,就太平洋其他地区的军事安全而言,必须坦率以告:没有人能够担保这些地区免遭军事攻击。但是,同样明白的是,在实质关系上而言,这样担保也不太有意义或必要。"② 但随着朝鲜战争的爆发,促使美国立即改变了它的亚洲战略。

英国首相艾德礼发表声明批评美国的外交政策,他指出:英国反对美国侵略台湾,美国方面决定"防卫"台湾的决定是错误的。如因台湾问题中美之间发生战争的话,英国将袖手旁观决不参战。③ 中国方面对美国的干涉政策理所当然地作出了强烈的反映。1950 年 6 月 28 日,周恩来外长发明声明,指出:"杜鲁门 27 日的声明和美国海军的行动,乃是对中国领土的武装侵略,对于《联合国宪章》的彻底破坏。"针对

---

① [日] 袖井林二郎:『マッカーサーの二千日』,中央公論社 1993 年版,第 299 頁。
② [美] 亨利·基辛格:《大外交》,顾淑馨、林添贵译,海南出版社 1988 年版,第 428 页。
③ 李世安:《战后英国在台湾问题上的两面政策》,《世界历史》1994 年第 6 期。

美国出兵干涉朝鲜战争的侵略行动，9月30日，周恩来再次警告美国政府："中国人民热爱和平，但是为了保卫和平，从不也永不害怕反抗侵略战争。中国人民不能容忍外国的侵略，也不能听任帝国主义对自己的邻人肆行侵略而置之不理。"①

美国政府无视中国政府的警告，在朝鲜进一步扩大战争并将战火燃至中国边境以内。中国方面为确保东北地区的安全被迫出兵介入朝鲜战争。1951年2月1日，美国操纵的联合国通过所谓"确定中国为侵略者的决议"。

日本在邻国所发生的这场战争中属于最大赢家。战后日本经济因朝鲜战争特需而带来空前的繁荣，1950年日本出口额比1949年增加了3.73倍，达到92400万美元；并使100亿—1500亿日元的库存滞销品一售而空，外汇储备激增。美国政治学者乔治·费里德曼和梅雷迪恩·勒巴德在其著作中涉及朝鲜战争对日本现代历史进程的影响时说："日本从一个一贫如洗的、战败了的、民心萎靡不振的国家转变成为现在正向世界提出挑战的现代工业巨人是有一个过程的，而启动这个过程的首先便是朝战。""地理加历史，使日本从可厌的敌人变成了可贵的而实际上是不可缺少的盟友，令这种关系显得尤其重要的莫过于朝鲜战争爆发之初。"② 与此同时，美国为尽早确立日本的盟国地位，单方面加快了同日本的媾和进程。1951年1月25—2月11日、4月16—23日，杜勒斯以美国总统媾和特使的身份两度访日，同吉田首相和麦克阿瑟磋商媾和事宜。"以（朝鲜）动乱为契机，美国已经决定不必再考虑苏联的意向，应尽早使日本恢复独立成为自由阵营的盟邦。"③

由于美国手中握有对日媾和的决定权，因而将旧金山媾和会议作为朝鲜战争的一个外交战场，对中国实行了外交封锁政策，拒绝邀请中国代表参加对日媾和会议，给以后中日正常外交关系的建立蒙上了一层挥之不去的阴霾。

---

① 韩念龙主编：《当代中国外交》，中国社会科学出版社1987年版，第37页。
② ［美］乔治·费里德曼、梅雷迪恩·勒巴德：《下一次美日战争》，何力译，新华出版社1992年版，第110—111页。
③ ［日］入江通雅：『戦後日本外交史』，嵯峨野书院1978年版，第39页。

四

从第二次世界大战结束到远东朝鲜战争爆发，短短5年的历史，决定了20世纪后50年的东亚地区国际关系的基本格局。从这5年的历史进程中我们可以发现冷战形成前后东亚地区国际关系格局所具有的独特性的内容。如果我们再将同时代的世界其他冷战热点地区甚至将50年后的东亚现状同那时期的东亚历史相比较的话，我们会有一些新的发现，历史不是简单的重复，但历史往往又惊人地相似。

第一，冷战形成前后的东亚国际关系，是冷战时代全球最具有典型意义的热点地区。多种类型关系交错并存，互为存在的前提和基础。大国与大国之间，强国与弱国之间，弱国与敌国之间等；战胜国之间的合作关系蜕变为竞争敌对关系，战胜国和战败国的关系由敌对、占领到结为同盟关系，中国虽为战胜国却不可避免地成为另外两个战胜国战略角逐的对象。

美苏两个二战中的战胜国，当共同的敌人日本和德国被打败后，失去了共同合作的基础，直接转为新一轮的对抗，冷战是双方的主要对抗方式。东亚地区的中国大陆、朝鲜半岛和日本都成为双方利益争夺的重点。

冷战初期，美国抢得先机获得明显的战略优势。敌国日本被美国单独完成占领，帮助亲美的蒋介石政权接管了绝大部分中国领土，在朝鲜半岛美苏分区占领问题上，美国人最早提出以"三十八度线"为界线。虽然9万多平方公里的南部朝鲜从面积上来看要小于12万多平方公里的北部朝鲜，但美国政府认为包括旧都汉城和重要港口仁川、釜山在内的南部朝鲜，对美国而言更具有战略价值。苏联借二战后期参加对日本作战之机，将自己的势力和影响扩展到了中国东北和北部朝鲜，插手日本事务未果，同美国在东亚所确立的优势地位相比，苏联方面的劣势是十分明显的。

第二，东亚地区民族国家内部的政治斗争受国际上政治势力的左右，并转而演变成东西方两大阵营的对抗。二战结束后，东南欧诸多国家也都出现过国内权力之争，东亚地区也不例外。美国政府对东亚三国

国内政治斗争的干预政策和干预手段，都与当时美国的亚洲战略有密切的关系，都不是孤立和单独的行动。

第三，东亚地区国际政治格局中关系错综复杂，参与国众多且差异较大。意识形态和社会制度上差异较大的美苏两大国，在东亚都有各自的利益需求，中、日、朝三国国内意识形态相斥的政治势力间也在不断为政权而斗争。从第一层面上来看，东亚地区有美苏两大强国的冷战之争；从第二个层面上来看，作为战胜国的中、美、苏三国同敌国日本之间有很深的矛盾和敌意，介于敌国日本的缘故，中美、美苏之间也有矛盾和斗争；从第三层面中、日、朝三国内部来看，亲苏和亲美政治势力之间的斗争更为激烈。国共内战和朝鲜战争都不是单独意义的国内政权之争。

第四，冷战形势下伴随着热战的发生和热战的危险，东亚地区是二战后热战密度最大的热点地区。中国大陆的内战就是在冷战背景下进行的一场国内战争，美国虽然对蒋介石政权失去大陆无可奈何，但还是借助朝鲜战争之机利用台湾海峡阻碍了中国实现统一大业；三八线的最终确立也是历时数载在血与火的搏杀中完成的和平界标；当欧洲的柏林墙消失多年之后，同样作为冷战时代特殊产物的三八线和台湾海峡上的军事对峙并未随着冷战时代的结束而消失，我们说东亚地区是进入了后冷战时代也并非危言耸听吧！

第五，东亚地区是第二次世界大战中的遗留问题，也可以说是所谓二战"遗产问题"最多的地区。进入21世纪的东亚各国，虽历经半个世纪的岁月沧桑，但仍时常受到这些战争遗留问题的困扰，严重影响彼此的合作关系。台湾问题已成为困扰中美关系正常发展的最大障碍；南千岛群岛问题使日俄之间难以实现真正的和解；朝鲜半岛南北分裂局面不时使东亚地区安全受到威胁；日本当政者美化侵略战争的事件和蛮横态度，使东亚各国政府和国民深感愤怒，也导致日本无法同被侵略国实现真正的谅解；战争赔偿问题更是日本对中国和诸多亚洲国家至今没有实现的一段历史沉案等。

通过战后短短5年间东亚地区政治结构的动荡过程来看，地区内部的变化往往会对第三者的外交战略造成影响，第三国的外交战略又会反作用于本地区内部政治结构的演变。当世界变成一体化的今天，了解这

一点就显得更为重要。国内问题同时也是地区性的问题,甚至是世界范围内的问题,这是东亚地区 50 多年前的历史,也是 50 多年后东亚地区今天的现实。历史不能简单地复制,但历史重演的危险性却是时时刻刻存在的。

(原载《北华大学学报》2002 年第 2 期)

吉田内阁的对外政策与战后初期中日关系

二战结束以后，战败国日本在1951年以《旧金山和约》为契机，同美、英等国实现媾和，重返国际社会。而进行了8年浴血抗战的中国人民未被邀请参加对日媾和，因而也就未能在国际法的意义上结束两国之间的战争状态。中日关系封冻长达20年，实属中日两国关系史上一段极不正常的历史。溯本探源，本文力图通过对首相吉田茂本人的外交思想和其内阁对外政策加以分析，以求证战后中日关系封冻的根源。

"中国通"的经历与"亲英美"的立场

吉田茂（1887.9.22—1967.10.20），二战前日本外交界亲英美派外交官的领袖人物，曾任中国奉天（今沈阳）、安东（今丹东）、济南、天津等地见习领事、领事、总领事等职，任期长达六七年之久，精通中国问题，称得上是位地道的"中国通"。后又转调意大利、英国等国任见习领事、书记官、大使等职，阅历甚丰。

战前，吉田对中国问题的看法、主张，可以说是承继了明治时期"霞关外交"的遗风，力倡"割易取之朝鲜、满洲、支那"，强调日本在满蒙（即中国东北）拥有"特殊利益"。他称得上是对华强硬外交的中坚成员。

在华任职期间，吉田茂对华问题处理意见多被日本政府所采纳。1925年10月，他被任命为日本驻奉天总领事之后，东北奉系军阀内部发生郭松龄倒戈事件，东北王张作霖的统治地位岌岌可危，迫切希望日本政府插手干预以挽回败局，吉田茂遂致电外务省，阐述自己的应付办法，"我以为要维护日本在满洲之地位，设法主动改变日本势力的发展

处于停滞不前的现状，必须在危急关头援助如今陷入困境的张作霖，使其迅速东山再起。此绝非毫无裨益"①。作为日本政府在中国东北地区的最高代表，吉田的建议引起日本政府的格外重视，关东军奉命立即阻止郭松龄军队的推进，使战局由此逆转，张作霖反击得手。

在如何侵略、并吞中国东北问题上，吉田茂有自己的主张。他认为日本在"经营"中国东北时，"应该以帝国的国力来进行，而不宜依靠张作霖、杨宇霆或王永江来进行。……满洲经营的关键在于东三省铁路政策和货币政策，把东三省的日、苏、中的铁路联成一线，建立联络组织，对货币制度拟出适用的考察方案。……我觉得或许在经济上也得以建立日本在满洲的优势地位"②。不久，吉田茂在他所写的《对满政策之我见》中，将他的对华政策阐述得更为"透彻"："中国当为日本国民活动之天地，只要将来未能征服中国，则日本民族发展之适当地区——满洲未得开放。为此，则难以成为实业界恢复繁荣之基础。是故，将对华对满政策改变一新，当为目前之急务。"③ 他认为日本应当像英国控制埃及那样控制中国东北，为了达到这一目的，"如有必要，可诉诸非常手段"④。所谓"非常手段"，指的就是军事手段。在20世纪20年代后期日本政府所主持召开的"东方会议""大连会议"上，吉田茂始终是一位极为活跃的人物，他也成为当时对华强硬外交的领袖人物，但因其主张过于偏激，同当时日本政府的对华政策有龃龉，因而遭到北京公使武官本庄繁、关东军参谋长斋藤恒等人的强烈反对，最终未能被政府所采纳。随即于1928年7月24日奉调回国，任田中内阁的外务次官。

20世纪30年代初，吉田茂调任日本驻意大利特命全权大使。1931年，日本关东军发动"九一八事变"后，吉田在国际联盟内外积极活

---

① ［日］猪木正道：《吉田茂传》上，吴杰等译，上海译文出版社1984年版，第296页。

② 1927年4月21日，吉田茂给外务省亚洲局长木村锐市的信，见［日］猪木正道《吉田茂传》上，吴杰等译，上海译文出版社1984年版，第332—333页。

③ ［日］猪木正道：《吉田茂传》上，吴杰等译，上海译文出版社1984年版，第395页。

④ 同上书，第345页。

动,为日本侵略行径竭力辩解,力劝掌握国联实权的英法等国承认由日本托管中国东北,以便使侵略事实变成合法的占领。同年12月18日,吉田给外务省拍电报陈述自己在国联裁决所谓"满洲问题"上的意见,他认为当时国联在"满洲问题"上的态度,是"与其以软弱无力的中国为伙伴,莫如争取日本更能维持联盟的权威。出于这种意向,他们一方面千方百计地向中国施加压力,另一方面努力倾听我方意见,力图在不动摇国际联盟基础的前提下,达成某些协议"。"在国际联盟受理中国问题上,我国(日本)在国际联盟中的作用颇为重大。在世界问题上我国要与英法为伍,保持毫无逊色的地位,并谋求领导国际联盟,以国际联盟名义解决中国问题。"① 吉田茂当时对国联态度的分析可谓一语中的,将国联偏袒日本侵略的用意分析得颇为透彻,这一点从国联组织发布的《李顿调查书》中可见一斑。但吉田所倡导的与英法为伍,以国联名义解决中国问题的主张,同当时日本政府的国策相悖,最终日本不愿受国联的约束,追随纳粹德国也宣布退出了国联组织,为所欲为地进行对外侵略活动。对此,吉田认为这是日本外交上的最大失策,故而,同国内法西斯分子控制的政府日益疏远,他本人不久也回国赋闲。"二·二六事件"后远赴英国任职,暂时在日本外交界销声匿迹。

从战前吉田茂个人的驻华经历和他的外交思想上看,他既是一位主张对华进行强硬外交,以经济侵略为主、军事侵略为辅的日本外交政策的主要代表人物,同时,他又是一位亲英美的外交人士,他认为:"日本无论谁说什么,如果不与英美友好,就绝不是繁荣之国。"

在1938年日本军部法西斯政权同德意筹划结盟之际,吉田坦诚直言:"如果必须加入哪一方的话,那么,我宁愿选择英美而放弃德意。"② 战前吉田茂的这种外交观对战后由他出任首相的政府外交政策有着极大的影响。

---

① [日]猪木正道:《吉田茂传》上,吴杰等译,上海译文出版社1984年版,第120—121页。
② [日]吉田茂:《十年回忆》卷一,韩润棠等译,世界知识出版社1965年版,第19页。

对美一边倒的吉田政府

1945年8月15日，日本以天皇"圣裁"的形式接受无情的战败事实后，吉田茂时来运转，从赋闲的在野人士一变而成为战后日本政界最受日美双方欢迎的人物。他的再度出山得益于东久迩内阁外相重光葵的提议，重光认为应"物色能和占领军密切合作的新人重新组阁"[①]。这样，吉田茂因有亲英美的资历而出任外相一职。

1946年11月，机遇再次同吉田相逢，自由党党首鸠山一郎因受盟军总部整肃，将到手的组阁大权委托给吉田茂。吉田茂内阁幸运地诞生了。

吉田内阁确立后，在外交方面而言，其政府包括他本人前期主要是同美国占领军当局打交道，配合盟总对旧日本实施非军事化和民主化政策；后期则是积极地同美国政府接洽，以求尽早结束占领状态，实现媾和，恢复日本的国家独立，重返国际社会。实现吉田茂所说的"战争虽然失败了，但要在外交上获得胜利"[②]的愿望。

二战结束之初，代表中国参加处理日本问题的是国民党政权，由于国民党政权在战时和战后都是紧紧追随美国，以美国在亚洲最可靠的盟友自居，因而在战后处理日本问题时，国民党始终是唯美国马首是瞻的。但在1949年之际，中国大陆的形势发生了急剧的变化，中华人民共和国成立，国民党的政权退居台湾一隅。美国政府在1949年8月发表了《美中关系白皮书》，提出新的对华政策，即不再支持国民党政府，而要在"中国的邻国"遏制"中国对邻国的攻击"。[③]

由于战后美国在日本处于占领国的特殊地位，因而，中日之间的关系如何发展，实际上是中美关系如何发展的影子而已，关于这一点战后

[①] ［日］猪木正道：《吉田茂的执政生涯》，江培柱、郑民仕等译，上海译文出版社1986年版，第57页。

[②] ［日］加濑俊一：『吉田茂の遺言』，読売新聞社1967年版，第71页。

[③] 《美国和中国的关系1944—1949》，美国政府印刷局，1949年递交信件（迪恩·艾奇逊），第3—17页。转引自［日］信夫清三郎编《日本外交史1853—1972》下册，天津社会科学院日本问题研究所译，商务印书馆1980年版，第758—759页。

20 余年的中日关系史已充分证明。从这个意义上来讲,战后伊始中日关系的前景就被笼罩在灰色的阴影之中,中日关系中的寒意多于春色。

　　日美旧金山片面媾和之举,是战后中日关系坚冰出现的关键问题。

　　1950 年朝鲜战争爆发后,美苏两国在全球范围内处于冷战状态,日本在美国亚洲战略中的地位变得尤为重要。1951 年美国国务卿顾问杜勒斯在访日磋商媾和问题时,对吉田首相直言相告,"如果三年前缔结和约,情况将和今天不同,条件势必十分苛刻。但在今天,我们已经不想缔结战胜国对战败国的和约,而是在考虑缔结友邦之间的条约"①。

　　1951 年 7 月 12 日,美国政府单方面发表对日和约方案。关于中国出席和会一事,会前美英两国意见相左,最后双方达成协议,日本将来可以同自己所选择的中国政府另行签订和约,旧金山和会不邀请中国代表参加。由一个战败国来选择战胜国政府进行媾和,此种决定称得上人类历史上旷古未有的一件奇事。战败者和战胜者的关系被完全歪曲了。这实际上是美国在中日关系正常化道路上埋下的一个伏笔,日后的所谓"吉田书简"则将其用意昭示天下。

　　1951 年 9 月 4 日,《旧金山和约》会议开幕。9 月 8 日和约签字。美国总统杜鲁门为这次媾和会议确定的基调是:"在我们之间,既无胜者,也无败者,只有为和平而互相协力的同伴。"② 由于受日本所发动的侵略战争危害最大的中国,未被邀请参加和会,因而从国际法角度而言中日两国仍处于战争状态,中日问题尚属遗留的亟待解决的问题。按照事情正常发展的进程,中日两国在和会结束后不久仍有可能实现关系正常化。事实上,当时世界上许多国家除以苏联为首的社会主义阵营国家之外,西方资本主义阵营的英国正视现实,已承认中华人民共和国,许多亚非国家如印度、缅甸等国家也先后同中华人民共和国建交。旧金山和会后,日本从国际法角度已获得国家独立,日本政府有独立的外交主权,它有权自由抉择中华人民共和国或台湾国民党政府为恢复邦交的对象。

　　中华人民共和国成立前夕,新政协会议筹备会在 1949 年 7 月 7 日

---

① [日]吉田茂:《十年回忆》卷三,韩润棠等译,世界知识出版社 1965 年版,第 9 页。
② 同上书,第 17 页。

发表的共同宣言中就提出要尽快实现对日媾和。1950年12月，周恩来外长针对美日片面媾和活动，代表中国政府发表谈话："中华人民共和国中央人民政府是代表中国人民的唯一合法政府，它必须参加对日和约的准备、拟制与签订"，"对日和约的准备和拟制如果没有中华人民共和国参加，无论其内容与结果如何，中央人民政府一概认为是非法的，因而也是无效的"①。

当时日本国内要求同包括中国在内的所有交战国实现全面媾和的呼声甚高。日本在野的政党外交政策协议会在1950年4月23日曾发表共同声明，提出了"和平、永远中立、全面媾和"的主张。② 吉田内阁对此非但未予理睬，吉田本人反而在公开场合将积极主张全面媾和的东京大学校长南原繁先生斥为"曲学阿世之徒"，表明吉田本人是强烈反对全面媾和，力主追随美国实现片面媾和的。因此，旧金山片面媾和是在美国一手操办下，由吉田政府积极配合完成的。从这个意义上来讲，战后中日关系的封冻，客观上讲是全球冷战形势下，美国方面敌视中国政策所造成的；主观上，吉田政府追随美国的一边倒外交政策，也起着推波助澜的作用。

并非明智的抉择——联台疏华

旧金山片面媾和后，日本不得不正视现实，在中国问题上作出最后抉择。

吉田茂本人在这一问题上也颇为踌躇不决。当时，吉田的想法是："同台湾友好，促进彼此经济关系，本来是我的宿愿。但是，我也想避免因进一步加深这种关系而否认北京政府。这是由于我认为：中共政权到现在为止虽然看来似乎和苏联保持着亲密关系，但是中国民族在本质上却存在着和苏联人不能兼容之处，文化不同、国民性不同、政治情况也不同的中苏两国，终必形成互不相容的状态。因此，我不希望彻底使

---

① 《新华日报》1950年12月，第334页。
② ［日］日中友协（正统）中央本部编：《日中友好运动史》，吴晓新、高作民、陈延、王家柏、赵晨译，卞立强校，商务印书馆1980年版，第16页。

日本同中共政权的关系恶化。"① 同时他还希望美国政府能够信任日本，由日本在中国问题上充当主要角色，他表示："中国问题用武力是解决不了的，应当扩大中国和自由各国的接触，使共产制度下的民众接触自由阵营的空气。在这一点上，同文同种的日本比英美优越，希望信任日本，以日本为自由各国的先导，扩大同中国的接触。"② 但吉田的看法并未被美国政府接受，美国力主日本同台湾蒋介石政权媾和建交。为此，1951年12月，杜勒斯专程赴日同吉田会晤。吉田茂当时想尽量避免立即作出抉择，而想要尽可能往后拖延，再观察一下形势的变化。当时，美国国内一些日本问题专家也从日本经济自立角度考虑，认为"日本经济若不与中国进行相当数量的贸易，就不能恢复自立的基础"，而"合众国对日本自由贸易关系进行干涉，恐将造成日本的深刻敌意"③。

但美国政府基于全球冷战体制的考虑，坚决要求日本在对华问题上选择台湾，而非代表四亿五千万中国人民利益的中华人民共和国。杜勒斯为此特意访日，对吉田采取高压政策，杜勒斯声称：如果日本不选择中华民国，（美国）参议院就将不批准媾和条约。吉田认为："日本对于中国的立场固然很微妙，但是延误和约的签订是更为重大的问题。"④ 12月24日，吉田不得不在具有下述内容的文稿上签字，"日本政府准备尽可能合法地与中国国民政府缔结协定，按照多边和平条约的原则，尽快恢复双方之间的正常关系。上述双边协定适用于中国国民政府目前及今后实际控制的地域……本人向您（即杜勒斯）保证，日本政府无意同中国共产党政府订立双边协定。"⑤ 这份文稿后被人们称为"吉田

---

① [日] 吉田茂：《十年回忆》卷三，韩润棠等译，世界知识出版社1965年版，第43页。

② [日] 西村雄熊：『日本外交史·27·サンフランシスコ平和条約』，鹿岛研究所出版会1971年版，第315—316页。

③ [美] 约翰·道文：《战后亚洲的超多米诺：在美国国防部文件内外所见的日本》，转引自 [日] 信夫清三郎编《日本外交史1853—1972》下册，天津社会科学院日本问题研究所译，商务印书馆1980年，第761页。

④ [日] 吉田茂：《十年回忆》卷三，韩润棠等译，世界知识出版社1965年，第43页。

⑤ 高兴祖：《从杜勒斯莫里逊协议到吉田"书简"》，1987年中国日本史年会学术论文，第9页。

书简",于 1952 年 1 月 16 日公开发表。中国政府对"吉田书简"的内容十分气愤,1 月 23 日,外交部副部长章汉夫称吉田书简是"对中国人民与中国领土重新准备侵略战争的铁证"①。美国参议院于 3 月 20 日便审议通过了和约,与此同时,日本在 2 月初便派出前大藏大臣河田烈为团长的全权代表团,赴台北议和,4 月 28 日,《旧金山和约》生效当日,《日台和约》签字画押。虽然吉田茂反复解释:"这个条约是日本和现在统治台湾和澎湖列岛的国民政府之间的条约,我方虽然希望将来签订全面的条约,但此次签署的条约,并未承认国民政府是代表全中国的政权。"② 但事实上,《日台和约》的签订,使此前尚未关闭的中日谈判的大门彻底封闭,中日两国间的政府关系完全封冻。周恩来总理针对吉田政府的错误做法进行评述,展望中日关系的发展前途,说:"我们是主张恢复与世界各国的正常关系,特别是与日本的正常关系。但是,如果日本政府仍然继续做美国侵略中国和东方各国的工具,仍然继续执行敌视中华人民共和国和中国人民的政策,并仍然继续保持与蒋介石残余匪帮的所谓外交关系,那么,日本就将成为太平洋上不安的因素,从而阻碍着日本与新中国缔结和约和建立正常外交关系的可能。"③

从解冻过程看封冻的症结

吉田茂及其内阁在完成旧金山媾和、签订《日台和约》使命的同时,实际上为以后多届政府也留下了一个悬而未决的难题,即何时、以何种方式同中华人民共和国媾和、建交。

吉田茂对自己任内的外交成就颇为满意。他说:"……一件东西的具体价值往往存在于人们所看不到的一面。"④ 美国前总统理查德·尼

---

① 《新华周报》1951 年 2 月,第 62 页。
② [日]吉田茂:《十年回忆》卷三,韩润棠等译,世界知识出版社 1965 年版,第 96 页。
③ 1953 年 9 月 28 日,周总理接见日本友人大山郁夫的谈话,引自《日本问题文件汇编》,世界知识出版社 1955 年版,第 116—117 页。
④ [日]吉田茂:《十年回忆》卷四,韩润棠等译,世界知识出版社 1965 年版,第 10 页。

克松的评语更为透彻,"他(指吉田茂)造福后世的最大业绩就是为日本制定了十分高明的对外政策。其中包括两个方面,一是反对大规模重新武装;二是坚决谋求与美国签订和约,并结成同盟"①。但另外,日本国内各界对吉田茂所实行的对美"一边倒"外交政策十分不满,1954年12月7日,吉田内阁在一片反对声中宣布总辞职。民主党总裁鸠山一郎上台伊始,便宣布要开展"自主的国民外交",鸠山首相称:日本"与中国、苏联恢复邦交,是通向世界和平之路"。② 重光葵外相发表声明:"日本愿意在彼此可以接受的条件下,恢复同苏联和中国的正常关系。"③ 鸠山任内不但实现了日苏复交,而且中日第三次民间贸易协定签订。周恩来总理代表中国政府对日本新政府的态度表示欢迎。石桥湛山继任首相后,也表示有意和中国恢复邦交、促进对华贸易,解除对华"禁运"。④ 池田勇人上台后,对日、美、中三国间的关系是如此看待的,"现今中美关系虽然极为险恶,但总有一天必然会改善",⑤ "日本最终会承认中国,而且将为期不远",⑥ 因此,池田内阁执政时期日中关系有较大的发展。但由于战后日本历届政府都基本上恪守吉田政府所确定的对美"一边倒"外交政策,所以历任日本首相都遵循一条原则,即日中关系的发展,必须严格限制在"不损害日美关系的范围内",⑦ 在这种情况下,中日之间的关系主要局限于经济往来和文化交流方面。

中国有句古话,即"解铃还须系铃人"。战后中日关系的封冻,可以说是美国政府一手造成的。战后中美关系的不正常化与日美关系的特殊化交织在一起,二者相互联系,相互影响,美中关系是日中关系正常化的关键。

---

① [美]理查德·尼克松:《领袖们》,刘湖等译,知识出版社1984年版,第143页。
② [日]古川万太郎:『日中戦後関係史』,原书房1988年版,第76页。
③ 世界知识出版社编:《日本问题文件汇编》,世界知识出版社1955年,第144页。
④ [日]日本国民外交研究会:『戦後日本政府外交史』,三一书房1967年版,第171页。
⑤ [日]古井喜实:『日中关系十八年——古井喜实回忆录』,田家农、田红译,中国和平出版社1993年版,第79页。
⑥ [日]伊藤昌哉:『池田勇人——その生と死』,至诚堂1966年版,第178页。
⑦ [日]古川万太郎:『日中戦後関係史筆記』,三省堂1983年版,第151页。

1969年1月，理查德·尼克松就任美国总统后，宣称将实行"创造性外交"，在美、中、苏三大国三角关系中，美国将打"中国牌"，放弃从前孤立、遏制中国的外交政策。1971年7月，基辛格国务卿访华，10月，中华人民共和国恢复在联合国的合法席位，1972年2月，尼克松总统对日本实行越顶外交，访问北京，中美签署《上海联合公报》，公报表明美国方面"认识到，在台湾海峡两边的所有中国人都认为只有一个中国，台湾是中国的一部分"，这标志着美国战后实施近20年的孤立、遏制中国政策的失败。

美中建交直接促进日中关系的正常化。

1972年7月7日，"平民政治家"田中角荣组阁，当天，田中首相即表示："在外交方面，加快与中华人民共和国的邦交正常化，在激荡的世界形势中，强力推进和平外交。"7月9日，周恩来总理发表谈话，对田中内阁的态度表示欢迎。

9月25日，田中首相作为战后日本首位现任首相访华，周恩来总理在欢迎宴会上发表讲话："中日两国的社会制度不同，但这不应该成为我们两国平等友好相处的障碍。恢复中日邦交，在和平共处五项原则的基础上建立友好睦邻关系，将为进一步发展我们两国人民的友好往来，扩大两国经济和文化交流，开辟广阔的前景。中日友好不是排他的，它将为和缓亚洲紧张局势和推动世界和平作出贡献。"[1] 9月29日，中日签署联合声明。联合声明载明："日本国政府承认中华人民共和国是中国的唯一合法政府。"这样，冰冻20余年的中日关系终于冰消雪化。

（原载《外国问题研究》1995年第1期）

---

[1] 《周恩来选集》下，人民出版社1997年版，第478页。

旧金山媾和与战后日本外交政策的形成

1945年8月15日，日本战败投降后，日本处于以联合国军名义占领日本的美国控制之下，外务省被迫停止了所有对外活动，以终战联络事务局的形式，负责同占领军当局沟通联系。明治以来形成的日本外交体系彻底瓦解。1952年4月旧金山媾和后，战后日本外交得以复活。同原来的旧日本外交体系相比，这是一个截然不同的外交体系，但同前者又有一定的内在联系，而且，由于旧金山媾和本身的历史缺陷，给战后日本外交留下了许多未完成的课题。

一 战前日本的外交传统

自明治维新以来，日本帝国外交体制内力的作用关系和外交政策的重心是有其自身特点和传统内容的，即所谓的霞关正统外交。

在二战结束前，日本外交中长期存在着所谓的双重外交。外务省自身的外交活动受到很大的限制，军部、元老重臣作为一种强大的政治势力，实际上左右着日本外交的走向。外务省是无法独自开展外交活动的，明显缺少独立性。外交活动不是纯粹的政府行为，而是国内各种政治势力相互作用下的一种被动行为。外相乃至首相人选的确定，都需军部和元老重臣认可，否则根本无法入阁拜相。例如，20世纪30年代，吉田茂曾有机会出任外相，但因军部认为吉田茂属亲英美派外交官，不合军部之意而横加干涉，最后吉田茂不得不远走英伦出任大使。

战后，日本社会内军部、元老重臣等政治力量因战败投降而土崩瓦解，职业外交官有机会主宰日本外交的时代到来了，币原喜重郎、吉田茂、芦田均、重光葵等人相继把持外交大权，尤其得益于占领体制。外

务省的权力和地位凌驾于其他政府部门之上，身兼首相和外相职务的吉田茂更是由于重权在握而独立行事，被人称为"独裁"。日本外交具备了独立行为的基础和条件，但战后日本外交依然未能脱离战前追随外交的运行轨迹，其外交传统仍在发挥作用。

在日本外交政策的制定和实施过程中，形成了自身所特有的一种模式，即双重结构。日本外交中的双重结构，是以统治和从属两种形式体现出来的，日本学界称其为"独立高姿态和从属低姿态"。明治维新后，日本政府奉行脱亚入欧主义，竭力模仿、追赶西方列强，以模仿欧美的优等生自居，试图挤进"西方俱乐部"成为其中的一员。因此对欧美诸国的外交政策是追随、低姿态的；而对亚洲诸邻国则实行所谓"失之于欧美，取之于亚洲"的外交方略。因此，从这个角度来分析，近代日本的外交呈现两个不同的方面，对欧美列强是追随外交或者被称为软弱外交，而对亚洲邻国则奉行强硬外交。在这一点上日本政界内部没有原则上的分歧，所谓的分歧往往是在对亚洲各国尤其是中国问题上产生矛盾。如所谓的币原外交和田中外交的争论，从本质上来讲两者并无太大的不同，只是在外交策略上各有侧重而已。这种双重结构的外交政策，在近代的日本被奉行为正统的外交路线。"尊重欧美、蔑视亚洲"是日本外交传统的思维定式，这一传统无论是在战前还是在战后，不管承认与否始终存在着，即使在同一个外交问题上，日本人也会自然而然地奉行起双重标准。例如，日本帝国主义在二战期间对亚洲各国人民尤其是对中国人民犯下的暴行举世震惊，南京大屠杀、七三一魔鬼细菌部队、平顶山（抚顺）惨案等史不绝书，[①] 战后日本政要避重就轻始终不肯面对历史作出真诚的忏悔；而对英军战俘在亚洲战场的遭遇，日本人的认罪态度却十分虔诚，日本首相桥本龙太郎曾发表讲话，说："这场战争给人们带来的是痛苦的回忆。忏悔无法使死者复活，但是我希望英国人民能够从中体会到它所包含的含义——一种着眼于未来的和解、和平和希望。"就二战期间日军残害英军战俘的暴行请求英国政府宽恕。与此形成鲜明对照的是，前首相田中角荣对饱受8年战争之苦、死亡2000万人之巨，家残国破的中国人民说的仅仅是"添了麻烦"而

---

① 张宗平、汤重南：《2000万中国人之死》，辽沈书社1995年版，第52—200页。

已，这显然是不能被中国人民接受的。更有甚者，1994年4月羽田内阁法务大臣永野茂门公然声称："南京大屠杀是捏造的"，"把那场战争说成是侵略战争是错误的"。类似言论在日本社会尤其是政界是一种较为普遍的现象，数年前成立的"日本历史研究会"出版的《大东亚战争的总结》一书更是这种言论的大写真，不能不引起人们的重视。①

如果说，近代日本外交是以追随英美为主要外交战略，那么，战后现代日本的外交体制依然是按照这种惯性思维来运行发展的，日英同盟曾经在相当长的一段时期内成为日本的外交基轴，战后的日美同盟关系则是"日本外交的基盘"（前外相宇野宗佑语）。近代日本和战后的日本在同西方国家确立的外交关系中，它所处的地位和发挥的作用，从历史发展过程来看并未发生太大的变化。近代日本的外交是以日英同盟为基轴，战后的吉田政府只不过是将英国换成了美国而已，日美同盟体制成为日本外交中不可动摇的基调。而且，尤其应引起人们重视的是对于英国而言，日英同盟是作为在远东牵制俄国政策的一个环节，日本成为英国在远东的木偶，给日本的补偿是允许它在朝鲜半岛的行动自由。战后随着世界范围内冷战格局的形成，尤其是中华人民共和国的崛起，日本被美国改造成亚洲防止共产主义势力扩张的防波堤。按照吉田茂的想法，日本的战略价值对于美国而言就是反共的堡垒。正是基于日本的这种战略重要性，美国必然要重视日本，以此为依托可以形成紧密的日美同盟关系。为此，日本所获得的利益是以美国对日本经济复兴的大手笔援助形式来表现的。从日本近代以来外交运行轨迹中人们不难看出，利益高于一切，机会主义、实用主义倾向是日本外交的一大传统特色。

二 旧金山媾和

旧金山媾和是现代日本外交的出发点。

1950年朝鲜战争爆发后，美苏两国在全球范围内处于冷战状态，日本在美国亚洲战略中的地位变得极为重要。对战败国日本而言，机遇

---

① ［日］历史研究委员会编：《大东亚战争的总结》，东英译，新华出版社1997年版。

又一次降临了。1951年美国国务卿顾问杜勒斯在访日磋商媾和问题时，对吉田首相直言相告，称："如果三年前缔结和约，情况将和今天不同，条件势必十分苛刻。但在今天，我们已经不想缔结战胜国对战败国的和约，而是在考虑缔结友邦之间的条约。"①

同年9月4日，对日媾和国际会议在旧金山召开。美国总统杜鲁门为这次媾和会议确定的基调是："在我们之间，既无胜者，也无败者，只有为和平而互相协力的同伴。"②

旧金山媾和确定了战后日本外交的基本框架和外交政策的出发点。这次会议主要是解决两个重大外交课题，其一是确立了日美同盟关系，日本对美一边倒的外交格局正式形成；其二是规定了日本在"两个中国"问题上的外交立场，即反共联台。这两个问题实质上是一个问题的两个方面，即日、美、中三国关系的发展原则，按照旧金山体制的要求，日本政府在日美关系和日中关系问题上，秉承了日本战前的外交传统，以牺牲中国为代价将日美关系优先于日中关系的发展原则确定下来，这是战后日本外交的最大特点。

对于以旧金山媾和会议为契机而形成的日美同盟关系，吉田茂本人是非常满意的。他说："……一件东西的具体价值往往存在于人们所看不到的一面。"③ 吉田茂所自满的就是日本通过《日美安全保障条约》和《日美行政协定》，使日本获得了美国的核武器的庇护，这意味着日本在相当长的一段时间内可以专注于国内经济的发展，免费乘坐安全车。吉田茂在分析和阐述日美结盟的原因时说："美国是从它自己的太平洋战略需要和美国国策出发而和日本签订了条约的。日本也是从自身的防卫出发并根据日本的国策而和美国缔结了安全保障条约的。"④

但是，事物的存在和发展都有正反两个方面。日本在旧金山和会上

---

① [日]吉田茂：《十年回忆》卷三，韩润棠等译，世界知识出版社1965年版，第9页。
② 同上书，第17页。
③ [日]信夫清三郎编：《日本外交史1853—1972》下册，天津社会科学院日本问题研究所译，商务印书馆1980年版，第788页。
④ [日]富森睿儿：《战后日本保守党史》，吴晓新、王达祥、高作民、陈昭宜译，上海译文出版社1984年版，第58页。

及其会后确定的日美同盟关系和日本外交基轴,是以牺牲部分国家主权为代价来实现的。根据《日美安全保障条约》的规定,美国有"在日本国内及周围驻扎美国陆、空、海军之权利"。在日本的美军享有种种特权:允许其使用日本国土上的"必要的设施及区域"和在"日本国内的任何地方设立美军基地",日本必须负担驻日美军的全部费用;在航空、交通、通信及公共事业等方面,给予优先使用的权利;给予美国军人、军人家属和家族以治外法权,当其犯罪时,不受日本方面的审判等。很显然,这样的同盟关系极大地损害了日本的国家主权和独立性,因此称旧金山体制是一种半独立和半被占领的体制,是非常符合历史事实的。日本国内对"一边倒"的外交政策也是极为不满的,反对的声音来自朝野各界,吉田内阁的终结也与其外交政策上的过度倾斜有密切关系。但吉田茂始终认为《日美安全保障条约》,"这既不是由于日本方面的特别恳求,也不是美国方面强加于人的,而是作为太平洋防卫战略的一环,日本也参加对共产主义侵略的共同防御。这个体制,就是基于日美两国的这种共同利害而产生的"①。

旧金山媾和之际,东亚成为东西方冷战的热点地区,日本所处的特殊地理位置和美国单独占领日本的现实情况,喻示着日本必须同美国结盟,这是一种必然。"一边倒"的外交政策是当时世界各国在冷战形势下的唯一选择,独善其身保持局外中立,在当时的世界形势下是走不通的一种理想主义道路。"保守派认为,实行中立政策会使日本依赖于共产主义世界变化无常的政策。它既不能带来安全又不能带来繁荣。"②但从近代日本外交的发展过程来看,它同时又是战前日本外交的一种合理的继承,其外交传统即是如此。

三 战后日本外交格局的形成

1951年9月,在美国旧金山缔结的媾和条约与《日美安保条约》,

---

① [日]吉田茂:《十年回忆》卷二,韩润棠等译,世界知识出版社1965年版,第116页。

② [美]罗伯特·A.斯卡拉皮诺:《亚洲的未来》,俞源、顾德欣、曹光荣译,国际文化出版社公司1990年版,第115页。

以及在1954年年底吉田内阁下台前缔结的日美间各种技术、军事、经济协定等，基本上确定了战后日本在世界经济、政治体系中的位置，同时也固定了日本在国际上的形象。应当说，旧金山媾和给战后日本外交在提供了重返国际社会的机遇的同时，也给日本外交确定了它的基调。1950年以后，日本外交自身缺乏对外交涉能力，处处受美国方面的掣肘、牵制，白宫实际上成为日本外交决策过程中的主宰者。在战后相当长的历史时期内，日本政府在外交上始终处于被动抉择的境地。

吉田茂在旧金山媾和会议上所确定完成的战后日本外交格局，从对美关系角度来看，至少决定了日本追随美国50年的外交现状；从对华关系角度来看，旧金山媾和会议之后出现的"吉田书简"和《日台和约》，则决定了此后20多年的中日关系处于断绝状态。对美关系和对华关系是战后日本所面临的两个最主要的外交课题，日美关系优先于日中关系，这是吉田茂所确定的战后日本外交的第一原则，这一原则至今未发生根本性变化。而中美关系对日本外交的影响和冲击力，则是日本政府所未曾预料到的。中美关系决定着日中关系的演变，在中、日、美三国关系中，日本处于被动选择的地位。

"吉田书简"和《日台和约》是战后日本外交缺乏自主性的最重要的表现。

旧金山媾和会议后形成的战后日本外交格局，它不是吉田茂本人的初衷也不是日本政府的本意。

借助于旧金山媾和而确立的战后日本外交体系，从历史的角度来评析的话，它既是战前日本外交中亲英美传统的继承和发展，同时又是战后全球冷战体制下的特殊产物，也可以说是战败国为获得国家独立而不得不付出的一种代价。对美追随是吉田茂的唯一选择，尤其是在朝鲜战争的影响下美国方面是不会允许日本在外交方面有独立性的。日本方面也并非一无所获，旧金山媾和是战后日美合作的开始，日本加盟美国为首的西方阵营，美国的资本和经济援助使日本经济复兴并获得自立，日本的国家安全受到美国的核庇护；但同时旧金山体制也给日本外交留下了诸多难题，其中日本同苏联的关系未能实现正常化，日本同中国大陆的关系处于隔绝的状态，台湾问题始终成为中日两国间关系正常化的一大障碍。即使是在今天，中日邦交已实现正常化20多年后，日本方面

仍未放弃对台湾的幻想。日本政府官员宣称《日美安全防卫协定》的适用范围仍包括台湾，显然是战前大日本帝国外交的一种反映，不能不引起中国人的警觉。①

吉田茂之后的日本历届政府，在对外政策方面基本上沿用了吉田时代的外交政策。对苏关系的转变，是鸠山内阁在外交政策上对吉田茂的一种"叛逆"，是权力斗争的一种现实需要；而对华政策的转变则是"尼克松冲击"的一种条件反射作用，并非出自本意，可以设定若没有当年的"尼克松冲击"，没有美国方面的"率先垂范"，日本政府是没有勇气先于美国采取外交行动的。显然，战后日中关系的发展受制于美国的对华政策是不争的事实。而中美关系对日中关系的影响又是不容低估的，从目前世界向多极化发展的趋势看，中国将成为世界多极格局中的重要一极，已是无可回避的事实；日本方面在逐步演进成世界一极的过程中，独立的外交形象和自主外交是必不可少的因素，单纯地实行"一边倒"外交的时代已不复存在了，如何平等地对待和处理日中关系和日美关系，是未来日本所必须面对的重要外交课题。

（原载《吉林师范学院学报》1998 年第 4 期）

---

① 关于这一问题是中国方面最为敏感和关心的问题。1998 年 6 月，时任美国总统克林顿访华期间，在北京大学举行的讲演会上也对中国大学生提出的此问题进行了回答。

日本对台政策策略研究*

——以"吉田书简"为中心

吉田茂（1878.9.22—1967.10.20.），日本著名的政治家、外交家。初入仕途时曾长期在华任职，担任过安东、奉天、济南与天津的领事、总领事等职，是日本外务省内知名的"中国通"。二战结束之后，曾先后5次组阁，成为战后初期日本外交政策体制与军事重建的缔造者。1951年9月8日，48个战胜国同日本签订了《对日和平条约》（通称《旧金山和约》），但因在选择"大陆政权"还是"台湾政权"作为媾和主体时，日本与美国在旧金山会议时并未达成一致。后在美国的压力与主导之下，吉田茂在1951年12月24日发表了著名的"吉田书简"，向美国作出承诺，承认媾和的主体是"台湾政权"，对中国"大陆政权"不予承认。但通过对此时日本对台政策策略的研究可以发现，这一时期日本对台湾国民政府实行的"有限媾和"与"限定承认"的外交策略，推行的"一中一台"的外交模式，这一点充分体现了商人式外交家吉田茂在根深蒂固的帝国意识主导下的外交思维模式①。

一 旧金山媾和会议

1945年7月26日中、美、英三国通过了《波茨坦宣言》，主旨是

---

* 基金项目：国家社科基金项目"吉田茂的帝国意识与对华政策观研究"（08BSS004）的阶段性成果之一。

① ［日］細谷千博：『吉田書簡と美英中の構図』，『中央公論』1982年，第110号97卷，第78頁。

如果日本不投降，就给予毁灭性的打击，督促日本军队解除武装投降。8月15日日本天皇宣读《终战诏书》，日本历史由此转入由美国主导的"战后处理"与"战后改革"时期。在美国主导之下，1946年11月3日，日本公布了新宪法，在新宪法中明确了"放弃战争与否认交战权"①。战后日本除进行政治改革之外，还对军事与经济等诸多方面进行改革。1950年6月25日朝鲜战争的爆发为美国占领之下的日本形成了"特需景气"，刺激了日本的经济发展，成为日本重整军备的催化剂。例如，1950年7月8日盟军总司令麦克阿瑟致函吉田茂，要求日本立即组建一支7500人的国家警察预备队。而朝鲜战争的爆发，也成了美国对日媾和的推动力。②

1951年9月4日，美国邀请了与日本交战的48个国家在旧金山举行对日本的媾和会议。9月8日签署了《对日和平条约》③（通称《旧金山和约》），由于意识形态以及对日占领问题上的差异，苏联、波兰和捷克斯洛伐克三国并没有在和约上签字。和约的签订标志着日本结束了与签字国之间的战争状态，在法律上获得了独立。而此时吉田茂政府以《旧金山和约》签订为契机，努力确立战后外交的新体制，旧金山媾和的一个重要步骤便是在中国问题上的选择。在选择"台湾政权"还是"大陆政权"作为媾和的主体之时，美国与英国尚存在较大的意见分歧。此后，美英之间就此问题达成了《杜勒斯—默里逊协议》，协议上规定了在对日媾和会议上，不邀请中国台湾和大陆的任何一方参加，会后由日本选择中国任何一方政权作为媾和的主体。④ 所以在旧金山媾和会议上，无论是"台湾政权"还是"大陆政权"的中国代表都没有出席。

虽然英美两国达成了协议，但对日本选取媾和主体一事，在朝鲜战争大背景之下，美国已有定论，即希望日本与"台湾政权"进行媾和，

---

① 冯昭奎：《战后日本外交史》，中国社会科学出版社1996年版，第75页。
② 冯玮：《日本通史》，上海社会科学院出版社2008年版，第634页。
③ 张篷舟：《中日关系五十年大事记1932—1982》，文化艺术出版社2006年版，第342—353页。
④ ［日］村川一郎：『吉田茂とジョン・フォスター・ダレス』，国书刊行会1991年版，第39—40页。

对此吉田茂写道："因此媾和独立后的日本在北京和台湾之间究竟选择哪一方为建交对象，便成为美国特别关心的重大问题。万一日本因贸易和其他经济上的利益，而同北京政权之间建立某种友好关系，美国对共产主义国家的政策将不得不发生很大的动摇。"① 这段话也清晰表明了，吉田茂从经济与政治的视角考察媾和对象问题时，所选取的媾和主体是不同的。最终，美国的政治诉求与需要压倒了日本经济发展的需要，日本选取了"台湾政权"作为此次媾和的主体。

但在选择"台湾政权"作为媾和主体时，吉田茂则努力为日本争取更多的国际空间，在明知日英同盟不可能的前提下，依然顽固地提出了日英协调论，也就意味着有同"大陆政权"作为媾和主体的意向。之所以有这样的考虑，是因为中日两国的贸易关系并未因战争的结束而结束，1951年3月何应钦赴日会晤吉田茂首相，何应钦询问吉田茂日本对于缔结包括中国在内的和约意向时，吉田茂说日本不能忽视大陆上四亿五千万中国人的感情。② 然而对于"台湾政权"则自称抱有好感，他认为："从所谓中日事变到大东亚战争止，日本始终以蒋介石总统领导的国民政府即中华民国为交战的对方。战争结束后，由于蒋总统的宽大处理，日本在中国的军队和侨民才得以安全回国。"③

吉田茂政府在战后对新成立的中华人民共和国政府采取的态度与立场，则是一种现实的选择与需要。而为了使美国国会能够早日批准《旧金山和约》，吉田茂最终选择了以"吉田书简"的形式对美国作出承诺，即选择"台湾政权"作为媾和的主体，对新成立的"大陆政权"不予承认。吉田茂发表的"吉田书简"对此后中日关系的发展产生了重大影响，直至1972年才使冰冻的两国关系开始解冻。

---

① ［日］吉田茂：《十年回忆》卷三，韩润棠等译，世界知识出版社1965年版，第42页。

② 顾维钧：《顾维钧回忆录》第9册，中国社会科学院近代史研究所译，中华书局1989年版，第260页。

③ ［日］吉田茂：《十年回忆》卷三，韩润棠等译，世界知识出版社1965年版，第42页。

二 "吉田书简"的出笼

在选择"台湾政权"和"大陆政权"哪一方作为媾和主体时,因为要屈从于美国的压力,另外由于在联合国中"台湾政权"代表中国的合法地位,并拥有否决权,所以日本政府选择"台湾政权"可以说是一种必然。然而吉田茂却在努力推行"等距离外交"模式,英国外交部部长默里逊曾说日本应该"自由选择外交政策",而作为老练的政治家的吉田茂却想在英美两国的夹缝中寻求有限的生存空间,变相推行"两个中国"的政策。①

吉田茂的外交思想路径中,存在着理论上选择的两难境地,所以他说:"在我来说,同台湾友好,促进彼此经济关系,本来是我宿愿。但是,我也想避免更进一步加深这种关系而否认北京政府。这是由于我认为,中共政权到现在为止虽然看来似乎和苏联保持着亲密关系,但是中国民族在本质上却存在着和苏联人不能兼容之处,文化不同、国民性不同、政治情况也不同的中苏两国,终必形成互不相容的状态。因此,我不希望彻底使日本同中共政权的关系恶化。"② 美国对这种"等距离"的外交模式深感不满,对此美国参议院曾明确指出,对日媾和条约能否通过,关键问题是取决于日本对待中华人民共和国与"中华民国"的态度。1951年12月12日,杜勒斯第四次飞抵日本东京,要求日本外务省次官井口贞夫转达日本配合美国支持台湾当局的政策,打算以强力外交促成日台媾和。③ 他向吉田茂提出希望日台早日实现媾和,同时提醒吉田茂注意美国参议院将根据日本的媾和选择,来决定是否批准《旧金山和约》。

当时日本还并未同各参战国家结束战争的状态,而1951年9月8

---

① [日]细谷千博:『吉田书简と美英中の構図』,『中央公論』1982年,第110号97卷,第78頁。

② [日]吉田茂:《激荡的百年史》,孔凡、张文译,世界知识出版社1981年版,第74—75页。

③ 参见日本国际政治学会编『国際政治—エスニシティとEU』,1995年10月,第110頁。

日签署《对日和平条约》得到美国国会的批准是最为紧要的事情，只有如此，才能实现日本战后的重建与民族的再次复兴。为此，日本外务省在杜勒斯与吉田茂会谈的当天，就根据杜勒斯备忘录起草了一个《对处案》，其中说道："鉴于中国所处的情况，现在，日本根据和平条约第 26 条与中国实现全面关系是不可能的。所以，可以根据和平条约的基本原则，在中华民国国民政府事实上的统治范围内，实现两国关系正常化，并就有关未解决的问题进行谈判。"①

12 月 18 日杜勒斯转交给吉田茂一封信，最后吉田茂在这封信的基础上形成了所谓的"吉田书简"。"吉田书简"的主要内容有以下几个方面。

（1）中国为日本之近邻，日本政府终愿与之有一全面之政治和平与商务关系。在现时，我方希望能与"中华民国"国民政府拓展该项关系。这一点清楚表明了吉田茂政府最终选择了国民党的"台湾政权"作为媾和的主体，并不承认中华人民共和国。

（2）明确承认"台湾政权"是中国的正统政权。书简中说依照和平条约内所揭示的原则，与该政府②缔结一项将重建两国政府间正常关系的条约并对国民政府一方作出解释，认为这个条约应该用于现在在"中华民国"国民政府控制下以及将来在其控制之下的全部领土。笔者认为，吉田茂除了明确台湾国民党政权是中国的正统政权之外，还制造了"一中一台"的既定事实。

（3）至于中国共产党政权，该政权事实上仍被联合国判定为侵略者，鉴于此等考虑本人可以向阁下保证，日本政府无意与中国共产党政权缔结双边和约。

吉田茂最终以"吉田书简"的形式向美国作出保证，将"台湾政权"作为媾和的主体对象。就此事同美国的交涉过程，也反映出了战

---

① 参见《外务省外交资料》，B4008，第 48 页，转引自廉德瑰《美国与中日关系的演变》，世界知识出版社 2006 年版，第 67 页。杜勒斯备忘录主要有以下几点内容：关于占领的早期结束；关于日本制裁与战争赔偿；国民政府在联合国对日本的加盟有否决权；日本并不是承认国民政府为中国的唯一合法政府而是承认它为支配台湾、澎湖的一个政府的现实；日本同中国大陆的关系，可以等形势变化后再决定。

② 即台湾国民党政权。

后初期美英两国在东亚政治格局中的矛盾。老练的政治家吉田茂,将对"台湾政权"的限定承认作"吉田书简"的内容,获取了美国的支持,这也为日后同中国大陆政权改善关系奠定了基础,然而他所确立的"两个中国"的政策,对此后日本历届内阁所采取的对华政策,都有较大的影响。

三 《日台条约》与对"台湾政权"的限定承认

"吉田书简"出笼后,1952年1月,美国开始审议对日和约,3月20日参议院顺利批准对日和约以及美日的安保条约。至此,日本政府及吉田茂首相正式确立了"对美一边倒的外交体制",在东亚的政治体制中,将中华人民共和国排除在外,形成了美国、日本、中国台湾的三角形战略关系,但是日本与台湾的关系又是脆弱和可变的。在《旧金山和约》签字后即1951年9月8日之后,美、日、台三方便努力致力于解决日台之间的和约问题。

日本与台湾之间就《日台条约》问题的谈判大致可以分为两个阶段,但前后两个阶段的主题都是围绕着未来所签订的《日台条约》的适用范围而进行的。在旧金山会议之前的1951年4月27日,蒋介石就拟定了对日媾和的三原则,即不能损害"中华民国"作为联合国一员的国际地位;不能削弱国民政府对台湾的统治权;反攻大陆的基地的台澎金马的巩固。① 美国公使兼代办蓝钦负责日台和约的协商,日本、台湾与美国三者之间就日台和约问题进行了多次磋商。台湾方面打算获取条约的适用范围是国民党政权控制下和今后可能在其控制下的全部领土,这一点意味着迫使日本支持台湾反攻大陆,同时也阻断日本同"大陆政权"之间建立外交关系。为此台湾方面提出了"日本必须承认

---

① 参见国民党中央党史会:《中华民国重要史料初编——对日抗战时期》第7编《战后中国》,转引自林晓光《吉田书简、"日台和约"与中日关系》,《抗日战争研究》2001年第1期。

中华民国对中国全部领土的主权"①，后经过两个多月18次非正式会谈与3次正式会谈之后，在美国的操纵与主导下，最终签订了《日台条约》，宣布了双方结束战争状态，与"台湾政权"建立有违中华民族利益的"外交关系"。

1952年4月28日最终达成了《日台条约》②，全文由正文14条、议定书、互换照会和同意记录构成。在条约中多次重申："本条约的各条款，关于中华民国之一方，应适用于中华民国政府控制下或将来在其控制之下的全部领土"③，这是"吉田书简"有关内容的照搬，清晰地体现了"吉田书简"所有表达的意图，也确立了对"台湾政权"是一种有限的承认原则。在和约中，关于战争赔款问题，在日本态度日益强硬的前提下，台湾的国民党政权急于取得政治上的正统地位时，便在日方要求台湾放弃赔偿要求的情形下放弃。为此余河清先生在《中日和平条约研究》一书中有这样的评论："对日签订的和平条约可以说是史无前例的宽大行为，就赔偿问题而言，我方放弃了战胜国应有之权利，也放弃了盟国所享有之服务补偿权力。"

从"吉田书简"到《日台条约》，吉田茂在对"台湾政权"的地位问题上的意见，得到了一贯的继承。最终将媾和的主体选择为"台湾政权"，一方面是迫于美国的政治压力，另一方面日本也有自己的选择。当时"台湾政权"在联合国能够代表中国的合法席位，具有发言权和否决权，同在旧金山媾和的参加国多数保持着外交关系，所以吉田茂政府更注重这一层面。

吉田茂对"台湾政权"作出了界定，认为其性质是不包括"大陆政权"在内的"正统政府"，这种媾和模式，充其量也只是有限的媾和。在对待《日台条约》的适用范围上，美国认为日本与台湾签订的和约只是日本与"中华民国"政府之间的条约，不是有关领土的安排，

---

① 参见［日］产经新闻社　古屋奎二主编：《蒋总统秘录》卷七，（台）《中央日报》社翻译出版，1975年版，第3119页。

② 参见東京大學東洋文化研究所田中明彦研究室，http://www.ioc.u‐tokyo.ac.jp/~worldjpn/documents/texts/docs/19520428.T1T.html/. 2010/10/15。

③ 顾维钧：《顾维钧回忆录》第9册，中国社会科学院近代史研究所译，中华书局1989年版，第737页。

只限于现在或将来事实上在国民政府控制下的领土。① 吉田茂也曾公开说:"总起来说,这个条约是日本和现在统治台湾及澎湖列岛的国民政府之间的条约,我方虽然希望将来签订全面的条约,但此次签署的条约,并未承认国民政府是代表全中国的政权。"②

吉田茂以"吉田书简"为中心,利用与"台湾政权"进行媾和的良机,在美国的主导下,日本实现了同中国国民党政府的有限媾和。但是吉田茂又对"台湾政权"与"大陆政权"推行等距离外交模式,限定整体承认"台湾政权",同时还使"台湾政权"正式承诺放弃了战争赔偿,对战后初期日本的外交而言,这无疑是成功的,外交政策的施行也是必要的。但是此举严重侵犯了中华民族的整体利益,对此后20年间的中日关系造成了不容否认的负面影响。中日之间战争状态的结束以这样一种局部和约方式来完成,可以说是朝鲜战争的一种副产品。

"吉田书简"所透射出的是战后日本对华外交的一种外交模式,即以日本与美国共同利益为最优先考虑因素,在这一前提下在中国大陆、台湾之间进行利益最大化的选择,在战后中日关系史上,"吉田书简"及随后签订的《日台条约》,规划了日本同台湾的和解关系,双方进行的是一种利益交换,台湾国民党政府在这场对日外交博弈中获得的是所谓的正统地位,以及日本对国民党政府反攻大陆政策的支持。吉田茂政府在台湾和大陆的利益取舍上制造出"一中一台"的对华外交模式,迫使国民党政府放弃了对日战争的赔偿要求,也导致后来的大陆一方在这一问题上也不得不接受这一既成事实。从战后日本经济复兴角度而言,战争赔偿问题以这样一种方式了结,对双方而言都是一个未了的棋局,从政治立场与国民感情和解层面而言,也是一种值得考虑的模式。

从"吉田书简"到田中访华、中日复交的20年中日关系史是一

---

① 参见 FRUS, 1952 – 1954, Vol. XIV, Part 2, 第1145—1146页,转引自廉德瑰著《美国与中日关系的演变》,世界知识出版社2006年版,第96页。

② [日]吉田茂著:《十年回忆》卷三,韩润棠等译,世界知识出版社1965年版,第46页。

个轮回，我们可以发现美国因素从中所发挥的重要作用，这是不可回避的历史事实，也是中日关系脆弱多变的重要原因，台湾问题战后成为日本外交上的一个筹码化的对象，未来的日本对台外交策略也将是如此。

（原载《北华大学学报》2010 年第 6 期）

战后日本媾和外交策略研究

——以吉田茂的"商人式国际政治观"为中心

所谓"商人式的国际政治观",就是信奉利益高于信念的行为准则,在国际政治领域以追求本国利益的最大化为目标。其特征是重视现实利益的取舍,轻视国际道义,在国际政治中以自身利害为行为取向的唯一准则。

吉田茂的国际政治观素来在战后日本社会广受争议,主流观点是将其定位为"商人式的国际政治观"[①]。本文拟以旧金山媾和过程中吉田茂的外交策略中所体现出来的"商人式国际政治观"为研究主线,研究战败国日本的媾和外交策略。

媾和,是战胜国与战败国之间通过缔结和平条约的方式,在国际法上结束战争状态的一种外交活动。

历史上通常的惯例是战胜国通过媾和方式对战败国提出领土剥夺、战争赔偿等要求,达到惩罚战败国削弱其国力的政治目的。深谙世界外交史并亲身参加过巴黎和会的吉田茂对媾和的理解也是相当深刻的。他说:"从过去的事例来看,所谓和约,向来是战败国的代表尽管在和会上进行艰苦的交涉,但自己的主张却几乎无人理睬,最后便由战胜国方面强加在战败国的头上。"[②]

吉田茂常自诩是有"外交感觉"的人,他曾放言:"战争虽然打败

---

① [日]高坂正尧:『宰相吉田茂』,中央公論社1978年版,第19页。
② [日]吉田茂:《十年回忆》卷三,韩润棠等译,世界知识出版社1965年版,第16页。

了，但在外交上取得了胜利。"①

"刚投降后，全体日本人所最担心的，就是被占领下的生活不知今后将要继续几年或几十年。也有人担心这种占领将会继续二十年、三十年，甚至半个世纪。"②

对于吉田茂而言，实现媾和恢复国家独立是最大的外交目标，通过媾和确保日本的国家利益，就是他所说的外交上的胜利。在整个媾和外交过程中，吉田茂就是按照"商人式国际政治观"的理念来逐步实现这一目标的。美苏冷战的大前提，为吉田提供了最有利的媾和时机；美国对日政策的转变，为吉田茂提供了有利的平台；吉田茂主动提出同美国结盟并邀请美军常驻日本，推动了美国实施宽大的媾和政策。

一 媾和时机的选择

在通常情况下，何时媾和的选择权毫无疑问是掌控在战胜国一方的。但战败国政府的外交努力和国民意志也绝非毫无意义的。

在媾和问题上，吉田茂最初是早期媾和论的追捧者，坚决反对长期占领。后期则主张推迟媾和。

1950 年 7 月 14 日，吉田茂在第八届国会发表施政演说时，指出："自停战以来已经五年了，我感觉国民的独立心和爱国心似乎有些沮丧，的确令人忧虑。没有独立心和爱国心的国民，在国际上是不会受到尊敬的。没有早日媾和的期望就无以维系我国国民的独立心和爱国心。"呼吁国内政党为实现早日媾和共同努力。

早期媾和论，实际上是盟军总司令麦克阿瑟最先提出来的，吉田茂积极响应。

1947 年 3 月 19 日，麦克阿瑟在东京召见外国记者团时，发表讲话，麦克阿瑟提出："必须迅速结束对日本的军事占领，缔结正式的对

---

① [日]加瀬俊一：『吉田茂の遺言』，読売新聞社 1967 年版，第 71 页。
② [日]吉田茂：《十年回忆》卷一，韩润棠等译，世界知识出版社 1965 年版，第 69 页。

日和约,撤销盟军总部。开始媾和谈判的时期越早越好。"①

1948年8月,麦克阿瑟再次发表声明称,日本国民在过去3年内已经完成了他们的任务。他们有媾和的资格。②

麦克阿瑟提出早期媾和论,主要是从占领军本身的利弊角度来考虑这一问题的。他的理由是任何性质的占领都不应超过3年,并且在历史上连续5年以上的军事占领从未有过成功的前例。③ 他指出占领期间如果拖长,占领军的士气和纪律就会松弛,从而腐化堕落,结果使被占领国的国民长期衔恨。④ 吉田茂对麦克阿瑟的早期媾和论大为称赞,他赞成的理由有两点,第一个理由是他个人的政治感受。"对于被占领国政府的领导人来说,终朝每日同占领军当局进行烦琐的交涉,的确是件头痛的事。"⑤ 占领时期日本政府人事变动须经占领军当局的认可,否则不予承认。吉田茂往往以书信形式向麦克阿瑟请示定夺。

日本战败后,盟军总部在1945年10月25日指令日本政府停止外交职能,日本政府的对外关系乃至与驻日各国外交代表的联系,都必须通过盟军总部的外交处进行。日本外务省下设的终战事务联络局,是日本政府和盟军总部联络的唯一途径。吉田茂长期身兼外相一职,目的就是控制这一稀缺的政治资源。

对于同占领军当局协调关系,吉田茂认为关键是"端正战败的态度"。什么样的态度?就是铃木贯太郎给他的忠告,"关于战争,胜者固然要有胜者的风度,而败者也要有败者的风度。鲤鱼被置俎上后,虽刀刃临身也决不畏缩"⑥。

实际上,吉田茂保守的政治理念同盟军总部内新政派官员的自由主义理念间矛盾很大。吉田茂认为这些新政派官员属于思想激进的左翼分

---

① [日]吉田茂著:《十年回忆》卷一,韩润棠等译,世界知识出版社1965年版,第3页。
② [日]吉田茂:《十年回忆》卷三,韩润棠等译,世界知识出版社1965年版,第4页。
③ 同上书,第2页。
④ 同上。
⑤ 同上书,第3页。
⑥ [日]吉田茂著:《十年回忆》卷一,韩润棠等译,世界知识出版社1965年版,第68页。

子,"在初期的盟军总部里,有相当数目的左翼人物,他们从'解放日本'这个意识形态出发,同日本的左翼分子互相呼应,并且利用这些左翼分子"①。吉田茂被看成保守势力的政治代表,双方矛盾颇深。

吉田茂赞成早期媾和的第二个理由是他担心"长期占领将会给日本国民的独立自主的根本精神带来不良的影响"②。吉田茂不希望日本长期被占领而不能重返国际社会,沦为三流的国家。他担忧日本国民在长期被占领状态下对自己的传统精神与历史传统失去信心,同时长期的外国占领可能会导致国民出现信仰危机,对天皇的象征地位构成威胁。

尽管如此,吉田茂的媾和想法又随时局发展而产生变化,演变成推迟媾和论。

产生这种转变的原因在于,他考虑如果早期媾和日本将不得不付出巨大的战争赔偿,而推迟媾和可能会使媾和条件对日本更有利。

他认为:"推迟媾和,未必不利于日本。作为一个站在接受媾和立场上的战败国来说,最关心的事当然就是如何避免在媾和时被课以苛刻的条件,特别是将来长期束缚国家独立与自由的不利条件。如果在停战后不久就缔结和约,恐怕由于战时气氛尚未完全消除,同盟国自然会把苛刻的条件加在日本头上。"③

随着冷战格局的出现,尤其是中国国共内战形势的明朗化,美国对日政策发生逆转,媾和形势可能对日本变得较为有利。

对此,吉田茂也不否认。他说:"由于媾和推迟,同盟国敌视和憎恨日本的心情已经逐渐淡薄,并且加深了对日本的认识;另一方面,我方也获得了充裕的时间,为争取宽大的媾和而采取必要的对策。在这一点上,也可以说媾和的推迟反而对日本有利。"④

---

① [日]吉田茂:《十年回忆》卷一,韩润棠等译,世界知识出版社1965年版,第70页。

② [日]吉田茂:《十年回忆》卷三,韩润棠等译,世界知识出版社1965年版,第3页。

③ 同上书,第5页。

④ [日]吉田茂:《十年回忆》卷三,韩润棠等译,世界知识出版社1965年版,第5页。

1948年3月，美国陆军部副部长德莱伯提出的赔偿报告中，日本赔偿的数额不但比《鲍莱报告》《斯特赖克报告》大幅度减少，而且还建议美国应对日本的经济复兴提供6亿美元的援助。

1949年5月，远东委员会美国代表麦科伊发表停止临时拆迁赔偿的声明，同时还取消了美国提出的按国分别赔偿方案。事实上终止了日本的战争赔偿。

显然，吉田茂所说的敌视和憎恨的淡薄者只不过是美国一国而已，但因美国掌握着对日媾和的主导权，其意义与作用对日本而言意味着什么，吉田茂自然心知肚明。

美国媾和特使杜勒斯在1951年1月下旬第二次访日时，对吉田茂说："如果三年前缔结和约，情况将和今天不同，条件势必十分苛刻。但在今天，我们已经不想缔结战胜国对战败国的和约，而是在考虑缔结友邦之间的条约。"①

二　媾和策略

吉田茂在筹划媾和过程中，充分展现了他商人式锱铢必较的精明和外交官趋利避害的外交思维。其做法是：

（1）请美国做日本的代言人

吉田茂深知日本军国主义给亚洲各国以及英、荷等西方国家的人民，造成了极大的伤害。这些国家对日政策很难因时间的推移而有所松动。而美国在战略上需要日本，美国又掌控着对日媾和的领导权。因此，由美国作日本的代言人，可以为日本争取到最宽大的媾和条件。

他说："我们考虑到，假如盟国方面通过事前的磋商决定了和约草案，则媾和会议很有可能变成一个在形式上采纳这个既定草案的会议，如果那样的话，就必须在盟国之间进行会前协商的期间，找到一个国家做日本的代言人，以便维护我国的利益。然而这样的国家，恐怕只有美国才能胜任。……在当时，除了依靠这样了解和同情日本的美国替日本

---

①　[日]吉田茂：《十年回忆》卷一，韩润棠等译，世界知识出版社1965年版，第9页。

做有力的发言以外，是没有其他方法能使媾和有利于日本的。"①

在起草对日媾和草案过程中，许多国家坚决要求赔偿，坚决反对重新武装日本。杜勒斯出面前去游说，劝说这些国家放弃赔偿要求。当得知英国提出的媾和方案非常严苛的消息后，杜勒斯又飞赴伦敦出面协商，不但迫使英国政府放宽了对日本经济的竞争限制，而且美英两国还原则同意和会不邀请中国大陆和台湾代表参加，由日本运用"自由选择权"来决定同哪一方媾和。战败国政府有权选择战胜国来实现媾和，在整个人类战争史上都是奇闻。从媾和程序上来讲，是对战胜国的一种侮辱。对此，在台湾的中国国民党政权的驻美大使顾维钧向杜勒斯表达了强烈的反对。②

从某种意义上来说，杜勒斯的身份应当被认定为日美两国的媾和全权代表更为合适。吉田茂对杜勒斯是感激不尽，并将杜勒斯同麦克阿瑟一样尊为日本"值得感谢的大恩人"。吉田茂坦言："这一次（媾和草案协商）杜勒斯却承担了这项艰巨的磋商任务，并且取得了其他盟国的许多重大让步。如果日本人自己去交涉的话，恐怕这些让步是绝对不能得到的。"③

（2）争得盟军总部的支持

事实上在占领时期，麦克阿瑟和盟军总部掌握着美国对日政策的发言权。而吉田茂首相和日本政府只是二级政府和政策执行人而已。对此，吉田茂对两者之间的关系有更深层次的理解，他说："我认为我们同盟军总部的日常接触本身就含有对媾和进行磋商的意义。"④

吉田茂从战前一位二流外交官，在战后成为首相并长期把持政权，其中的奥秘就在于他获得了麦克阿瑟和盟军总部的支持。"（战后）最巧妙地利用了麦克阿瑟的权威，而且实行了日本的政治的，只有总理大

---

① ［日］吉田茂：《十年回忆》卷一，韩润棠等译，世界知识出版社1965年版，第6页。
② 顾维钧：《顾维钧回忆录》第9册，中国社会科学院近代史研究所译，中华书局1989年版，第149页。
③ ［日］吉田茂：《十年回忆》卷三，韩润棠等译，世界知识出版社1965年版，第16页。
④ 同上书，第5页。

臣吉田茂。"①

麦克阿瑟和盟军总部在占领后期和媾和过程中，基本上是吉田茂的同盟者。

（3）精心准备媾和说明资料

为了让美国做代言人，争取在媾和时对战败国日本更为宽大，吉田茂从担任外相时起，就颇为关注日本方面媾和说明材料的准备工作。他认为这项工作意义重大，直接影响媾和的成败。占领时期外务省的主要工作就是整理、准备媾和资料，交由盟军总部外交处后转交美国政府。

1946年秋，吉田茂直接领导的外务省就开始着手编写一系列的英文资料。首先编写的是全面介绍日本的《日本的现状》，内含经济篇和政治篇。

经济篇主要阐述了日本在战败后领土丧失了45%，人口反而增加了500万，在资源贫乏的国土上残留下来的工业设备，几乎全部遭到战争的破坏或陈旧不堪，在这种状况下，日本的重建十分困难等日本经济的困境，暗示经济赔偿的不可能性。

政治篇则叙述的内容是："尽管经济情况如此困难，但在政治方面，却正在清除过去的军国主义色彩，积极建立真正的民主体制。"②强调了战败的日本在朝民主体制所作的努力。

此外，关于领土问题的资料准备，日本方面尤为重视，花费的力量也最多。这些资料主要是从历史、地理、民族和经济等方面，详细论述冲绳岛、小笠原群岛、库页岛、千岛群岛、齿舞岛和色丹岛等岛屿与日本不可分割的关系。重点是试图用历史资料证明千岛群岛、齿舞岛和色丹岛等是日本传统的固有领土。日本方面仅领土问题一项就编写了7册资料。

随后几年间，在其他各省厅的协助下，日本外务省又就日本的人口、战争损失、生活水平、赔偿、航运以及渔业等问题，编写了数十万

---

① ［日］竹前荣治、天川晃、秦郁彦、袖井林二郎：『日本占領秘史』下，朝日新闻社，1977年版，第173页。

② ［日］吉田茂：《十年回忆》卷三，韩润棠等译，世界知识出版社1965年版，第7页。

字、长达数10册的资料。吉田茂很自信地说:"在截至1950年的两年中,凡是可能与和约内容有关的事项,基本上都搜集无遗,编成资料后提交对方。因此,我认为美国政府在1950年着手起草和约草案时,就已经充分掌握了我方提出的资料。"①

日本方面的资料准备,对日本在媾和时争取更有利的条件确实起了重要作用。杜勒斯在1950年首次访日时就曾公开表示,"缔结和约时,也应该考虑日本方面的意见"②。

(4) 适时地提出日本的媾和条件

在推动实现媾和过程中,吉田茂凭借所谓"国际感觉"适时提出日本的媾和条件,以推动美国加快媾和的进程。

关于媾和问题,当时美国方面有多种观点。麦克阿瑟及其领导下的盟军总部主张"早日媾和论",为把日本纳入西方阵营,必须尽快实现媾和。麦克阿瑟的政治顾问乔治·艾奇逊就向杜鲁门总统写信称:"军事占领已不符合我们的目的,并成为实现我们目的的障碍物。"③ 乔治·凯南和他领导的国务院政策设计委员会则主张推迟媾和。目的是稳定日本政治与经济形势,加强日本保守稳健政权的统治,造成"事实上的媾和",将应当在媾和后方能推行的扶日政策提前一步,化整为零地加以实现。④ 美国陆军部为代表的军方则主张长期占领论。因为媾和将使美国军队失去占领特权,失去长驻日本的法律依据。而日本本土、冲绳等地的军事基地具有重要的战略意义。他们提出:"在当前的世界形势下,继续进行军事占领,对防卫日本领土提供必要的手段,直到联合国有足够的力量来完成这一任务,那将会是明智的。"

每一种媾和主张对于战败国而言,都意味着不一样的国家命运与前途。当然,在美国哪一种媾和主张都不是绝对的不可改变的政策。美国最后采纳的媾和主张,实际上是上述三者的混合物。各方的利益都得到

---

① [日] 吉田茂:《十年回忆》卷三,韩润棠等译,世界知识出版社1965年版,第7页。
② 同上书,第8页。
③ 《美国对外关系》卷六,1947年版,第231—232页,转引自于群《美国对日政策研究1945—1972》,东北师范大学出版社1996年版,第94页。
④ 于群:《美国对日政策研究1945—1972》,东北师范大学出版社1996年版,第99页。

了不同程度的重视。

吉田茂为首的日本政府，则是积极主动地推动美国的媾和政策，不断向有利于日本的一方倾斜，并且取得了预想之外的效果。

1951年1月，杜勒斯作为美国总统特使访日时，吉田茂代表日本政府提出如下几项媾和条件。

（1）日本国民希望拟定一个不伤害自尊心并能够接受的和约。

（2）根据这个和约日本能够恢复独立，并达到民主化和经济独立。

（3）希望日本在签订和约后能够为加强自由世界的力量作出贡献。

（4）同美国建立牢不可破的友谊。

至于日本能为加强自由世界的力量作出什么样的贡献？吉田茂的解释完全是典型的吉田式的，他说："美国以它的武力和经济力，日本以它所能做到的一切努力，互相协助，为所谓构成保障国际安全一环的日本安全保障作出贡献，是符合两国利益的，进而是符合自由世界利益的。并且在这种合作关系下，日本同美国才能互相作为独立国站在平等的地位。"[①] 光彩词句背后的用意，在于日本要恢复其国际地位，要和美国在平等的地位上合作。

在此次杜勒斯的访日过程中，吉田茂还意外地从杜勒斯手中得到了美国政府的媾和草案——《有关对日媾和七原则》。看后，吉田茂认为"它的内容比我方所预料的还宽大，使我们增加了很大勇气"[②]。美方提出的媾和七原则在同各国交涉中虽有若干修改，但主要部分则原封不动地写入《旧金山和约》中，并成为和约的主体内容。

作为一种交易，就需要支出一定的本金，才能有赚得利润的可能。

吉田茂早在半年前就向美国政府传递了日本将付出的"代价"。

1950年4月，吉田在征得麦克阿瑟同意的情况下，委派得力助手大藏大臣池田勇人及其秘书官宫泽喜一出访美国。主要目的就是推动媾和的进程，池田在会晤陆军部顾问道奇时表示："如果美国政府不便提

---

① ［日］吉田茂：《十年回忆》卷三，韩润棠等译，世界知识出版社1965年版，第77页。

② 同上书，第9页。

出美军继续留驻问题，我们可以研究从日本方面提出这个问题的办法。"① 能由日本方面主动提出解决美军长驻日本的方案，自然就打开了困扰美国国内各派媾和主张相互纠缠的症结，因而，美国方面立即加快了媾和进程。

其后，杜勒斯在第二次访日结束发表的声明中，明确地表示美国接受日本的驻军邀请。他在声明中称："如果日本希望美军继续驻扎在日本国内及其周围，美国政府将以同情的态度予以考虑。"② 吉田茂也代表日本政府发表声明："鉴于共产势力公然在朝鲜进行侵略的事实，杜勒斯特使表示可以缔结特别协定，使美军驻扎在日本本土及其周围，以保卫没有军备的日本。日本政府及大多数国民对此衷心表示欢迎。"③

如此一来，日本方面满足了美国的亚洲战略的军事需要，美军可长驻日本；而美国方面则放宽了对日媾和条件，并承担起保护日本的责任。双方以牺牲同属战胜国的亚洲各国尤其是中国的利益为筹码，达成了媾和交易。

对吉田茂来说，也算是践诺了"战争虽然打败了，但要在外交上取得胜利"的承诺。

三 媾和的实现

关于日美旧金山媾和问题，无论是社会上还是学术界都有多种说法。有片面媾和、单独媾和、多数媾和等说法，日本学界多主张应称之为多数媾和，认为这种说法最接近实际。理由是《旧金山和约》是日本同大多数参战国缔结的和约。④ 之所以又有片面媾和之称，主要是由

---

① ［日］宫沢喜一：『东京——ワシントンの密谈』，实业之日本社，1956年版，第54页。

② ［日］吉田茂：《十年回忆》卷三，韩润棠等译，世界知识出版社1965年版，第14页。

③ ［日］吉田茂：《十年回忆》卷一，韩润棠等译，世界知识出版社1965年版，第10页。

④ ［日］竹前荣治、天川晃、秦郁彦、袖井林二郎：『日本占领秘史』下，朝日新闻社1977年版，第49页。

于同主要交战国中国、苏联未能实现媾和,且印度尼西亚、菲律宾虽在和约上签字但未批准生效。从这个意义上来讲,《旧金山和约》不是全面的媾和。至于单独媾和之称谓,笔者认为主要是从媾和实现的过程来看,实质上是美国压制其他盟国,单独同战败国日本达成利益交换的过程。《旧金山和约》体现的更多的是美国的战略需要和日本的国家利益需求,因此才有单独媾和的说法。笔者认为"单独媾和"的说法更能客观、真实地反映旧金山媾和的实质。参加媾和国家数量的多寡并不能完全反映媾和本身的性质,所以本文采用了这一说法。

旧金山媾和同以往的媾和会议不同,它不是讨论媾和条约内容的会议,而是完成媾和的一个形式或者说是程序,是一次和约签字会议。引起世人重视的是旧金山媾和的孪生物——《日美安全保障条约》,和约与安保条约构成了旧金山体制。

旧金山体制本身对吉田茂及日本政府而言,对三个重要问题作出了历史性的政治抉择。

第一,媾和形式是采用全面媾和还是单独媾和,吉田茂的政治选择是后者。

第二,面对在中国大陆的中国共产党政权和在台湾的中国国民党政权要作出外交抉择,吉田茂倾向前者而事实上选择的是后者。

第三,战后日本国家安全保障是依靠联合国还是美国,吉田茂很现实地选择了后者。

上述三个重大问题的最终选择,反映的不仅是吉田茂商人式国际政治观中的实用主义政治理念,同时也是明治时期以来日本外交传统中"独立高姿态和从属低姿态"的外交理念的延续。

1952年3月20日,美国国会批准《旧金山和约》。同年4月28日,在《旧金山和约》生效的同一天,日本和在台湾的中国国民党政权缔结了和约。

"借助两条约(和约、安保条约),吉田茂在外交和军事的层面确定了战后日本的定位。而且他设定的日本的路线,也成为此后保守政权的纲领性路线。"[①]

---

① [日]白鸟令编:《日本内阁》Ⅱ,新評論1987年版,第114页。

旧金山媾和既是美国单独占领日本的结束，也是战后日本全面追随美国的开始。旧金山体制不仅决定了战后日本的政治、外交战略，对亚洲的战后形势发展也同样具有制衡作用。

（原载《日本研究》2005年第2期）

试析吉田茂的中国政策观

吉田茂（1887.9.22—1967.10.20），是二战前和战时日本外交界亲英美派外交家。曾任中国奉天（今沈阳）、安东（今丹东）、济南、天津等地见习领事、领事、总领事等职，任期长达六七年之久，深谙中国事务，在外务省内有"中国通"之称。

自明治时期以后，日本外交界都认为到英、美等国任职是外交界出人头地的捷径，相比之下所谓"中国勤务"被看成冷门。而吉田茂本人却对自己在中国的任职经历感到自豪，在他淡出政界后撰写的从政回忆录中这样写道："即使现在一回想起来，很早就能在中国大陆供职，我自觉受益匪浅。"①

基于长期处理中国问题的经历，吉田茂自身形成了一种较为完整的中国政策观。这种政策观在战后依然延续下来并在对外政策上充分地表现出来。

新中国的世界地位

1949年10月1日，中华人民共和国成立。随即在1950年2月中苏两国签订《友好同盟相互援助条约》，两国不仅成为政治盟友，而且在军事上也成为同盟国。西方国家为之侧目，英国率先在外交上承认了新中国。对于英国方面的外交举措，吉田茂深有同感。他经常告诫日本政治家一定要关注中国大陆。他认为："东亚的问题归根到底是中共问

---

① ［日］吉田茂：《十年回忆》卷四，韩润棠等译，世界知识出版社1965年版，第92—93页。

题。不是越南问题,不是朝鲜问题,更不是台湾问题。汉民族不论怎么说在东亚都是优秀的民族。其兴废将决定东亚的命运,甚至说决定世界的命运也不为过。……如何获得中国的人心在东亚是外交的中心问题。"①

对于新中国的出现,吉田茂认为有重新检讨对华政策的必要。同军阀混战的旧中国相比,统一后的新中国具有极大的发展潜力,作为世界上资源、人口大国,国内市场辽阔,在亚洲乃至世界都具有重要的战略地位。而且,对汉民族和中华文化颇为敬佩的吉田茂,认为中国将左右东亚乃至世界的命运,不可轻视中国问题的重要性,日本方面必须重视战后日中关系的修复和发展。鉴于战前日中关系的历史,战后的两国关系已发生质的变化,日本方面对中国问题采取相应的对策是不可或缺的,妥善地对待中国问题,抓住中国的人心,对日本而言是外交上最重要的课题。

正是基于这种考虑,作为首相的吉田茂在直接面对所谓"两个中国"问题时,对于在大陆还是台湾间必选其一时,他显得非常踌躇、犹豫不决。

离间中苏同盟

二战结束后,世界形势发生了巨大变化。

随着德、日、意法西斯这一世界反法西斯同盟的共同敌人的消失,出现了以美国和苏联为首的两个敌对阵营,世界进入前所未有的两大军事集团对峙的冷战时代。尤其是吉田政府对于中苏友好同盟的缔结非常敏感,视其为反日同盟,美国方面对此也反应强烈,作为反共战略的对策之一,欲将日本构建成"亚洲的反共堡垒"。

对于中国大陆,美国的战略就是在经济上实施严密的封锁,在军事上保持强大的压力。为此,需要日本发挥更大的作用,美国方面向吉田政府提出了重整军备的要求,而吉田茂以日本经济无法承担重整军备的

---

① [日]财团法人吉田茂記念事業財団编:『人間吉田茂』,中央公論社1992年版,第629—630頁。

负担为由，而断然加以拒绝。

对于中苏问题，吉田茂持有独特的看法，对美国方面的对华政策持有异议。他认为："中国政权到现在为止虽然看来似乎和苏联保持着亲密的关系，但是中华民族在本质上却存在着和苏联人不能兼容之处，文化不同、国民性不同、政治情况也不同的中苏两国，终必形成互不相容的状态。因此，我不希望彻底使日本同中共政权的关系恶化。"①

基于这样的中国政策观，他主张西方国家对中苏关系应进行长期的观察，等待机会分化瓦解这一同盟，将中国拉入西方阵营。为此，日、美、英三国在外交上应保持一致。然而，作为一个战败国的首相，他的主张显然不会被傲慢的美国人接受。美国力压日本只能选择台湾作为媾和对手，将日本同北京媾和恢复国交的大门彻底关闭了。

吉田茂认为："俄国人同中国人相比较的话，中国人无论怎么说都是个人主义。可是，俄国的多数人是对最伟大的人物随声附和的人种，而中国人始终认为自己是最伟大的，这是性格难以相容的。我认为所有的政治也都集中于此。所以，这两国的人种是不兼容的，最终必将分离。"②

尽管吉田茂的中苏分离策略没有被美国方面接受，但他依然坚持己见。他说："我相信，如果能够引导共产党中国国民在现实面前觉醒起来，那么，使中苏两国在国际政治上分离（detach），也不一定是空想，只要采取适当的方法加以引导，并不是多大难事。"③

1960年5月12日至6月14日，他作为日美友好通商百年亲善使团的团长，历访美、英、法、西德等国。在同法国戴高乐将军会晤时，两人讨论同共产国家对抗策略问题时，他又宣传了一番中苏分离策略，戴高乐对此也颇感兴趣，"特意在纸上记了下来"④。

---

① ［日］吉田茂：《十年回忆》卷三，韩润棠等译，世界知识出版社1965年版，第72页。

② ［日］财团法人吉田茂纪念事业财团编：『人间吉田茂』，中央公論社1992年版，第631页。

③ ［日］吉田茂：《十年回忆》卷一，韩润棠等译，世界知识出版社1965年版，第266页。

④ ［日］吉田茂：『世界と日本』，番町書房1963年，第28页。

中国问题的应对策略

1950 年，朝鲜战争爆发后，东亚成为热点地区。美国方面进一步强化了对中国大陆的封锁、孤立政策，将美海军第七舰队派往台湾海峡，阻止中国方面的统一计划。麦克阿瑟甚至主张把朝鲜战争变成"反对共产主义的圣战"，利用台湾的国民党军队到朝鲜参战。①

与此同时，美国再次要求吉田政府大规模重整军备。吉田对美方的要求仍持反对的态度，同时也反对用武力来解决中国问题，他认为如果中国陷入孤立状态的话，对西方来说未必是一件好事情。

出于对美国对华政策的不满，吉田在回忆录中这样写道："老实说，美国还没有达到真正了解中国的程度。第二次世界大战后美国对中国采取的政策，可以说几乎全盘失败了。"②

当时美国的亚洲政策中，军事方面的考虑始终是优先于经济利益的。对亚洲大陆尤其是中国大陆的共产主义运动，怀有危机感，本能地持敌视态度。希望借助于封锁政策来搞垮中国政权。为此，在积极参加朝鲜战争的同时，又在菲律宾、中国台湾、日本等地部署军事力量。对此，吉田茂虽然没有勇气对美国人说不，但还是不失时机地提出异议。1954 年 11 月 4 日，他在美国华盛顿外交协会发表演说时说："军事上的压力并不是唯一最主要的手段。使自由的亚洲人民生活水平提高，对未来充满希望的话，对亚洲防卫同盟来说才是真正的原动力。"③

他认为同武力相比经济力量是更有效的手段。对日本和东南亚的经济开发是防止共产主义化的最佳方法。而且可以通过经济手段将中国从苏联阵营中分离出来。

用和平方式分离中苏同盟，通过参与中国问题的解决，可以使战败

---

① ［日］袖井林二郎：『マッカーサーの二千日』，中央公論社 1993 年版，第 313—315 頁。

② ［日］吉田茂：《十年回忆》卷一，韩润棠等译，世界知识出版社 1965 年版，第 270 页。

③ "A drese, of Prime Minster Yoshida before the Council on Foreign Relations (Nov. 4, 1954)."

后的日本在亚洲的国际地位提高，这是吉田茂内心真实的想法。

他对此种设想详加阐述道："为了引导共产党中国采取这种门户开放的政策，只有依靠和中国同文同种的我国国民的力量。我们必须向中国人说明，共产党中国的门户开放，对于共产党中国的国民、东南亚的开发以及世界经济，都是尽善尽美的政策……我认为，在地理上、历史上同中国关系最为密切的我国，是能够引导共产党中国执行门户开放政策的。"①

在吉田茂的眼里，战后的美国是西方国家的领袖是理所当然的事情，但在亚洲尤其是在中国问题上，仅靠美国自己是无法胜任的，在中国问题上最有经验的日本和英国应该发挥重要作用，美国应该承认这一点。

这种见解和主张，可以说是吉田茂的所谓"外交的感觉"的一种十分巧妙的表露吧。

对大陆市场的分析

贸易立国和经济复兴始终是吉田茂执政期间追求的最大目标。

在日本有学者称吉田茂是具有"商人式国际政治观"的政治家。

20世纪30年代，吉田茂出任驻英大使期间，曾对日本政策的亲德意反英美外交政策提出批评。他曾致电外务省称："对占有世界四分之一国土的大英帝国和拥有世界人口四分之一的支那加以敌视或排除在外，是不考虑我国通商发展的。"②

战后，吉田茂担心过早地同台湾实现媾和的话，必然会失去中国大陆的广阔市场。所以他认为中国大陆市场对战后日本经济的复兴和自立是性命攸关的事情。他指出："中国伙同苏联分别割据在共产主义铁幕之内，对于贸易采取了国营政策，对于世界市场，事实上正处于封锁状态。引导这个国家同苏联共产主义分离，重新采取门户开放的政策，不

---

① ［日］吉田茂：《十年回忆》卷一，韩润棠等译，世界知识出版社1965年版，第266—267页。

② ［日］猪木正道：『評伝吉田茂』中卷，読売新聞社1980年版，第274页。

仅有利于共产党中国本身,而且有利于世界的和平与繁荣,我国外交的优越地位也会被各国承认。"①

在日本国内重视同中国经济贸易关系的不仅是首相吉田茂一人,民间的学者和文化人也在奔走呼号。1950年1月15日,羽仁五郎、中野好夫、都留重人、丸山真男等数十位著名学者创立了"和平问题谈话会",反对片面媾和,主张同包括中国大陆在内的所有交战国全面实现媾和。他们在同年四月号的《世界》杂志上发表文章阐述文化界、知识界的媾和主张。文章称:"正如统计表示,(日本)和中国及东南亚诸国的贸易,对日本的经济自立而言具有生死攸关的重要性。然而,单独媾和使(日本)同这些地域的贸易变得不可能或者明显变得困难起来,这是从日本手中将经济自立的机会夺走。因而,全面媾和对日本的经济自立是绝对必要的条件。"尽管文化人和知识分子重视大陆市场的观点同吉田茂不谋而合,但在媾和问题上双方的矛盾是不可调和的,因此,吉田茂将主张"全面媾和论"的文化人和学者斥为"曲世阿学之徒"。

20世纪60年代,已从日本政治舞台上引退下来的吉田茂,虽在大矶静养但对中国大陆的看法依然没有改变。1960年6月,他访问法国时同戴高乐将军讨论了中国市场的重要性。他说:"……现如今世界上拥有五亿、六亿人口的国家在哪里?除中国之外再无其他,将这个大市场置之度外来考虑世界的经济复兴是很愚蠢的事情。"②

由于种种原因,战后日本同中国大陆之间的经济关系长期处于断绝状态,日本转而将东南亚开发成海外市场。不过,不管怎么说,"对于以贸易立国为目标的吉田茂来说,战后中国市场的丧失是一个沉重的打击"③。

由于战败,日本无法避免地失去了广大的中国市场,对日本经济的

---

① [日] 吉田茂:《十年回忆》卷一,韩润棠等译,世界知识出版社1965年版,第266—267页。

② [日] 财团法人吉田茂記念事業財団編:『人間吉田茂』,中央公論社1992年版,第638頁。

③ [日] 近代日本研究会编:『近代日本研究·16·戦後外交の形成』,山川出版社1994年版,第119頁。

负面影响日渐增大。吉田茂常常对手下人讲,"战争中失去的要用外交手段夺回来",巧妙地利用战后复杂的冷战形势,重返中国大陆市场是吉田茂的真实想法,这也是吉田茂对华外交政策的一大特征。

对红色中国的恐惧和对共产主义的仇视

1949年10月,中华人民共和国成立。这一重大事件不仅改变了中国的历史,而且在世界范围内产生强烈震撼。社会主义阵营进一步壮大,亚洲政治版图发生巨变。西方各国普遍对世界范围内的共产主义浪潮感到恐慌。尤其是,由于地理方面的特定原因,日本对邻国中国大陆上发生的社会变革怀有恐惧感。而且,在当时的日本社会内部因遭受未曾有过的战败,民众对天皇的信任出现危机,对共产主义、社会主义思想产生好感,马克思主义学说有了广阔的市场。

"日本投降之时,联合国方面针对天皇的风声颇紧,6月美国国内进行的盖洛甫舆论调查中,主张处死天皇的意见占33%,主张应进行审判的意见占37%,主张原封不动保留天皇的意见只不过占6%—7%。"①

从骨子里来说,无论是战前还是战后吉田茂都是一位顽固的反共主义者,在战后冷战格局下,吉田内阁的外交政策就是以反共亲美外交而著称的。

他在筹划同中国大陆开展贸易往来的同时,对意识形态领域的敌对国家持敌视态度并有很大的偏见。污蔑社会主义各国的经济发展是通过"恐怖政治、强制劳动、没收财产、对民众非人性的勒索"来实现的。

在仇恨社会主义制度的同时,吉田茂还将中国和苏联视为主要敌国。在各种场合都强调日本的国家安全正受到来自中苏两国的威胁。在所谓的"吉田书简"中他对中国加以攻击,称:"1950年在莫斯科缔结的《中苏友好同盟互助条约》,实质上是以日本为对象的军事同盟。我们本来有许多可靠的依据证明中国的共产党政权正在支持日本共产党想

---

① [日]日本史研究会、京都民間歷史部会編:『天皇制を問う一歷史の検証と現代一』,人文書院1990年版,第200頁。

要用暴力推翻日本的宪法制度和现政府的企图。"①

在反共问题上，作为战败国政府首脑的吉田茂同占领军总司令麦克阿瑟的态度是完全一致的。这也是吉田政权在占领时期得到 GHQ 当局支持并长期把持政权的主要原因之一。

麦克阿瑟对共产主义运动持否定的态度，他认为："共产主义是借助于混乱、不安及使用暴力，来破坏有秩序社会的团结和力量的一些变态分子的组织，这是一个有纪律并以强有力的力量组织起来的团体。"②因此，他主张美国应该联合西方各国，在远东主要是联合日本，遏止共产主义浪潮的蔓延发展，将日本建成"不沉的航母"和反共的"超级多米诺"。这也正是他为什么在 1947 年以后，放弃将日本改造成"东方的瑞士"设想的缘故。

同麦克阿瑟相比，吉田茂不但仇视共产主义运动，而且因地理相近，对红色中国尤其是日臻强大的新中国还有恐惧感。这一时期的日本政治家"也包括吉田在内虽然很不情愿地承认了新中国经济政策的有效性，但将其同中国南面的近邻诸国资本主义发展的暗淡前景相比较，因反差惊人而颇为关注"③。因此，吉田茂对此深感忧虑，他担心共产主义运动会从中国进入东南亚，如星火燎原很快就会赤化整个东南亚。

他提醒美国人，"如果，中国的经济进步在将来将其近邻诸国拉下一定距离的话，那么其吸引力是难以抵挡的，东南亚将不战而落入共产主义者手中"。而且，"从政治的观点来看的话，万一东南亚的一大半落入共产主义的势力范围内，那么日本将是无法独立于其外的"④。

对新中国保持戒备心理的同时，吉田茂还时时提醒其继任者要密切关注中国的发展变化。1954 年 11 月 27 日，吉田给亲信池田勇人去信，提醒他要关注远东形势的演变，对国内各党角逐政权的混乱局面不可轻视。

---

① ［日］吉田茂：《十年回忆》卷三，韩润棠等译，世界知识出版社 1965 年版，第 75 页。
② ［日］袖井林二郎：『マッカーサーの二千日』，中央公論社 1993 年版，第 278 页。
③ ［美］约翰·道尔：『吉田茂とその時代』下，大窪愿二译，中央公論社 1991 年版，第 305 页。
④ 吉田茂在美国国家记者俱乐部的演讲。

坚决反共，可以说是吉田外交的主色调。而且，这种外交政策被吉田茂用来作为从美国方面获得经济援助的一种手段。他曾向美国政府提出为了将日本变成亚洲反共的堡垒，日本必须实现经济上的复兴和发展，为此每年引入40亿美元是完全必要的。从这种意义上讲，吉田外交中的反共政策，也可以看成为获取美国经济援助的一种招牌。

战后，作为被占领国家的政府首脑，吉田茂首相的中国政策观自身是非常复杂矛盾的。"在吉田的战后的中国政策中，可以发现矛盾或左右摇摆的东西。例如，为了尽快地结束占领状态恢复独立，他不得不接受美国方面同台湾的国民政府媾和的劝告。但吉田又对失去中国市场深为忧虑，曾表示不希望过早地同台湾媾和。可是此后不久，吉田本人也告诫自己对中国通商的可能性不可期望太高，对日中早期国交恢复也持消极态度。"[①]

在占领时期特定的环境下，在多种复杂因素的作用下，吉田茂无法实现他的外交构想，尤其是在中国问题上，口头评论多于切实的外交行动，从某种意义上来讲也是当时冷战时代世界和亚洲形势的具体反映，尤其是战败国日本自身低微的国际地位的一种体现。是时，日本正处于从战败国向和平国家的转换时期，外交活动也刚刚恢复不久，在短期内无法形成日本的外交形象。这一重大外交课题显然不是吉田茂一人所能完成的，对他的政治继承者来说，这是在相当长时期内必须面对和解决的外交课题。但从对吉田茂的中国政策观加以分析后，我们不难发现其中有一些值得重新进行客观研究的内容，这一研究对探究战后日本对华政策的制定和形成是有所裨益的。

（原载《日本研究》1998年第1期）

---

① ［日］财团法人吉田茂記念事業財団編：『人間吉田茂』，中央公論社1992年版，第303頁。

吉田茂の対華外交政策について

　　1945年8月15日、日本帝国は無条件降伏し、第二次世界大戦は終結した。アメリカ軍は連合国軍の名義で、日本本土に進駐し、いわゆる「占領時期」がはじまった、米軍は日本占領時期にGHQ「連合国軍総司令部」とSCAP「連合国軍総司令官」を組織し、即ちマッカーサは日本の最高統治者となり、占領された日本政府はすべての外交活動を中絶された。

　　戦後、日本外交の展開は吉田内閣からはじまり、吉田茂は『日本国憲法』により選挙された戦後日本初代の首相として、日本外交を回復することに最も力を注いだ人物であったといえよう。「首相は外交においては、かなり自由に行動がとれる」。① 戦後外交の基盤は吉田茂の手によってしっかり握られていた。

　　日本はサンフランシスコ講和条約と日米安全保障条約を契機として、新たな外交体制を確立したが、いわゆる「中国問題」は首相吉田茂にとって、外交面では避けられない問題であった。北京政府と台湾のどちらを講和相手方として選択することになるか、これは単なる日本と中国の間の問題ではなくで、日米関係とアメリカの中国政策をも巻込む問題であった。複雑な国際政治関係が日本の外交政策に対して、とりわけ、対華外交政策の形成に対しては、深い影響を及した。首相吉田茂の中国政策観も直接に中国問題に対応する過程で形成された。

---

　　① 信田智人：『総理大臣の権力と指導力—吉田茂から村山富市まで』，東洋経済新報社1994年版，56頁。

戦後、日本側では、吉田茂の外交面に対する評価は非常に高く、「米国と良好な関係を結ぶことによって、戦後復興を促した」① といわれている。そのような説は吉田外交のプラスイメージを説明しただけで、その外交のマイナスイメージを見落とした考えである。いわゆる「マイナスイメージ」を、小論は、主に「中国問題」を研究視点として、二つの問題から検討しようと思う。一つは、吉田茂の対華外交政策が自主的な外交ではないこと；一つは、戦後日本の外交を対米追随のレールへ導いたことである。以下では、この二点について述べてみたい。

一、吉田茂の中国政策観
二、アメリカのアジア戦略と戦後の日中関係
三、「単独講和」と『吉田書簡』

一 吉田茂の中国政策観

吉田茂［1887.9.22.—1967.10.20.］は、第二次世界大戦勃発前や戦時中でも、日本外交界では有名なな親英米の外交官といわれていた。中国の奉天［今の瀋陽］、安東［今の丹東］、済南、天津など各都市の日本領事館で見習領事、領事、総領事などの職務を歴任してきていた。6-7年ほどにたっするその任期に中国事務を熟知し、外務省では中国問題の専門家といわれていた。

当時、日本の外交界ではイギリスとアメリカで勤務することは出生コースと認められていたが、それに対していわゆる「チャイナ・サービス」のことは「裏街道」といわれていた。古田茂自身は中国大陸での勤務経歴をよく自慢して、「今にして思うと、支那大陸に早くから勤務できたことは、私としては非常に得る所が会った」② とのべていた。

長期間にわたって中国問題と直面した経験から、古田茂には独特

---

① 加瀬英明：『総理大臣の通信簿』，日本文藝社1995年版，57頁。
② 吉田茂：『回想十年』巻四，東京白川書院1983年版，92—93頁。

的な中国観が形成されていた。このような中国観は戦後もあいかわらず変化しなかっただろうとかんがえられる。

　小論では、吉田茂の中国政策観について、戦前の部分は省略し、主に戦後の言論と思想を論じたい。

新たな中国の世界的な地位

　長期間の中国での勤務と対華事情の処理によって、吉田茂は中国問題をとても重視していた。特に、第二次世界大戦後、中国大陸で大きな政治変革が起こって、国民党政権は共産党にやぶれ、やむをえず台湾島に逃げ込んだ。

　共産党政権が大陸で確立した、1949年10月1日、中華人民共和国が成立し、ソ連と社会主義同盟を結成して、全世界に、とりわけアメリカをはじめとする西側資本主義諸国に大きなショックをあたえた。

　そして、1950年2月に、中ソ両国は『友好同盟相互援助条約』を調印することによって、政治的な同盟者だけでなく、軍事的にも同盟者となり、新たな中国は世界諸国に注目されたのであった。イギリス政府は西側猪国の先頭として、1950年1月6日中華人民共和国を外交承認し、台湾の中華民国との外交関係を中絶した，これらの動向にたいして、吉田茂はイギリス側政治家の考え方に同感をもっていた。日本の政治家たちは中国大陸に用心をしなければならないと彼は言った。

　彼の論点はこうである。東洋の問題は結局中共という問題であると思うんです，ベトナムの問題でもなく、朝鮮の問題でもなく、台湾の問題でもなく、漢人種は何といっても東洋において優秀な人種でしてね、この興廃というのが東洋の運命を決し、もしくは世界の運命を決するとまで大きく言えやしないか。ですがら、四億あるか五億あるか知りませんけどねえ、この中国の人心を得るということが東洋における外交として中心問題であるべきではないかと思いますねえ」。「中略」「東洋中心はやはり中共にあると思いますがねえ。この中共の興廃が東洋の興廃になり、あるいは世界の外交の一大問題になるべ

きはずだと思いますがね。そこで中国の人心を日本の政治家がいかにつかむかによって、日本の運命も決しはしないかと私は考えております。これは私の宿論なんですがねえ』。①

　新たな中国の登場によって、吉田茂はあらためて中国政策を再検討する必要性を考えた。軍閥混戦の旧中国とくらべて、新中国は、莫大な潜在力と実力を擁し、人口、資源の大国で、国内の市場も広くて、世界における、とりわけ、東アジアにおける戦略的地位もますます重要になるであろうと強調した。そして、漢民族と中華文明は、敬服に値いし中国人が東アジアの運命を、さらには世界運命を左右すると考えていた吉田茂は、戦後の中国大陸との関係を重視しなければならない信じていた。そして、日中両国の関係は戦前より変化したため、日本が中国問題に適切な対応をすることは不可欠であり、中国問題への周到な対応により、中国の人心をつかむのは、日本にとって重要な外交課題であると主張していた。

　このような考え方は、首相として吉田茂がいわゆる「二つの中国」という問題に直面した時、講和の相手を北京政府か、台湾かに選択しなければならなかった時、とても躊躇したことの傍証となるであろう。

中ソ同盟を分離させる
　第二次世界大戦後、世界情勢は大きく変化していた。
　戦時に結ばれた米ソ同盟関係は世界制覇のため、急に破綻した。アメリカをはじめとした西側諸国がいわゆる自由主義同盟形成し、一方、ソ連を代表とするいわゆる社会主義同盟が形成された。全世界は東西冷戦の構造を強化した、特に、吉田政府は中ソ友好同盟の締結が反日同盟であると認め、アメリカ政府も特に神経質に受け止めた。アメリカは防共主義対策として、ヨーロッパで北大西洋条約を発足させ、アジアでは戦争相手であった日本を同盟国として、「アジアの反

---

① 財団法人吉田茂記念事業財団編：『人間吉田茂』、中央公論社1992年版、629—630頁。

共のとりで」として再建する方向をあきらかにした。

　経済上は中国を封鎖し、軍事上は圧力をかけるのがアメリカ政府の冷戦政策であった。こうして、アメリカは日本がアジアにおける重要な役割を発揮するであろうと考えた。そのため、吉田政府へ再軍備の要求を提出し、吉田茂は日本の経済力は再軍備の負担に堪え兼ねるとして、アメリカ側からの強烈な要求を固く断わった。

　中国とソ連の同盟ということに対して、吉田茂は独自の見解をもっていた。「中共政権は現在までこそ、ソ連と密接に握手しているが如く見えるけれど、中国民族は本質的にはソ連人と相容れざるものがある、文明を異にし、国民性を異にし、政情をも亦異にしている中ソ両国は、遂に相容れざるに至るべしと私は考えており、従って中共政権との間柄を決定的に悪化させることを欲しなかったからである」①。

　こういう見解に基づき、彼は西側が中ソの関係に対しては長時間に観察し、チャンスを待って、その同盟関係を分離させ、中国を西側にひきこもうと主張した。しかしながら、彼の見解はアメリカ側に受けいれられず、アメリカは日本が講和相手として台湾だけを選択しなければならないと要求した。北京との講和と国交回復のコースはすっかり閉じられた。

　吉田茂は「ソビエト人と中国人と比較しますというと、中国人はいかにしても個人主義でしたね。しかし、ソビエト人の多くは、一番偉い人にくっついていくというけ付和雷同人種でして、中共人種は自分が一番偉いと考えているので、これは性格を見と相合わないと思います。すべての政治がその点に集中されると思うですがねえ。ですからこの二カ国の人種は合わない。結局物分かれするだろうというふうに思っておったんです0これは偶然にも私の言が当たったように思いますがねえ」②。

　吉田茂の中ソ分離策はアメリカ政府に受けいれられなくても、彼は依然としてその主張をひろく宣伝した。「中共国民を現実に目覚め

---

①　吉田茂：『回想十年』巻三，東京白川書院1983年版，72頁。
②　財団法人吉田茂記念事業財団編：『人間吉田茂』，中央公論社1992年版，631頁。

来るように導くことができれば、中ソ両国を国際政治の面で疎隔させる（detach）ことは必ずしも空想ではなく、導くに適当な方法をもってすれば、至難なことではないと私は信ずる」。①

1960年5月12日—6月14日、彼は日米修好通商百年親善使節団の団長として、米国、イギリス、西ドイツ、フランスなどを歴訪した。このとき、フランスのドゴール将軍と共産主義の対抗策を論じて、彼は上述の分離策を詳しく語った。ドゴール将軍も興味を持って「わざわざメモをとる熱心さであった」②。

70年代の中ソ関係には深刻な変化が生じており、ある程度は、吉田茂の見解も道理があったと言えよう。特に、アメリカ側と比べて中国のことをより知っていたからであろう。

中国問題の対処策

戦後に、世界は冷戦時代にはいった。

1950年朝鮮戦争が爆発すると、東アジアが焦点となり、アメリカ政府も中国大陸の封じ込めと孤立化のような敵対性政策を強化し、第七艦隊を台湾海峡に派遣した。マッカーサーは朝鮮戦争を「反共産主義の聖戦」として、台湾の国民党軍隊をも利用しようと提案した。③

同時に、アメリカ政府は吉田茂にも大規模な軍備再建を要求した，彼は軍備再建への要求に反対し、武力による中国問題の解決にも反対して、中国が孤立の状態に陥れば、自由国家側にとってもよくないことだと考えた。

吉田茂はアメリカ側の中國政策に対しては非常な不満をもらし、その『回想録』では以下ように書いている、「そうした中國民族の心理を最も理解するのは、多年中國問題で苦労を重ねてきたイギリス人

---

① 吉田茂：『回想十年』巻一，東京白川書院1983年版，266頁。
② 吉田茂：『世界と日本』，番町書房1963年版，28頁。
③ 袖井林二郎：『マッカーサーの二千日』，中央公論社1993年版，313—315頁を参照。

と日本人である。率直にいうならば、アメリカは真に中國を知るというところには、きていない。戦後のアメリカが中國に対して採った政策は殆どいずれも失敗だったといってよい」。

アメリカ側はアジア政策において、経済的配慮より軍事的配慮を優先していた。アジア大陸にとりわけ中國大陸の共産主義運動に対して、危惧感と仇敵感を持ち、「封じ込め」政策によって強大な軍事力で北京政権をやぶるつもりではないけど、経済往来の中絶と軍事の圧力で中囲大陸に対処するつもりであった。このため積極的に朝鮮戦争に参戦するとともに、フイリピン、台湾、日本などへ軍事力を配置した。これに対して、吉田茂は、アメリカ側にチャレンジする勇気はなかったけれども、1954年11月4日、ワシントンの米国外交協議会で演説をし、アジアの平和と安全にとって「軍事的アプローチが唯一か主要なものではない。自由アジアの人々は生活水準の向上、将来への希望が与えられるならばばアジア防衛同盟にとって卓の原動力となろう」と述べていた。①

彼は武力より経済力が有効的な手段だと考え、日本と東南アジアの経済開発にとって共産化防止の最も効果的な方法であり、しかも、中國をソ連圏から切り離すという効果も有ると予想した。

平和方式で中国をソ連圏から引き離そうと考えていた吉田茂は、いわゆる「中國問題」の解決によって、敗戦後の日本のアジアにおける国際的地位を向上させるコースを考えていたのであつた。

彼はその考え方を詳しく論じて言う、「中共をかかる開国方針に導くには、同文同種のわが国民の方をまつより他はない。わが国は須べからく中國人に対し、開国方針は中共国民のためにも、東南アジア開発のためにも、また、世界経済のためにも最善の政策であることを説き、中共国民を善導するに力を致すべきである。地理上、歴史上最も関係の深いわが国は開国政策の実行を善導し得る地位にあると

---

① "A Dress, of Prime Minister Yoshida before the Council on Foreign Relations" (Nov. 4, 1954)（戦後記録「携行資料」）。

思う。」①

　吉田茂の考え方では、戦後の世界でアメリカが自由主義諸国国のリーダーになることは当然のことであるが、アジアにおいて特に中國問題に対してはアメリ力が一国の力で担当するのは無理なことであった。中国問題では多年の経験を持つ日本とイギリス両国が重要な役割を果たすはずだとアメリカを説得したのである。

　このような主張にも、吉田茂のいわゆる「外交の勘」という巧妙な方式が示されていたのであろう。

大陸市場についての評価

　貿易立国と経済復興を首相吉田茂改は終始重視して、追求していた。

　戦前、吉田茂は中国勤時に中國との通商関係をとても重視していたという^ある著名学者も吉田茂が「商人式国際政治観」を持った政治家だと評価している。30年代に、彼は駐英大使として日本政府の外交政策を評価して言った。「世界の四分の一の国土を占有する英帝国と世界人口四分の一を包有する支那を敵視し、もしくは除外して、わが通商発展を考えるあたわず。」②

　戦後、彼は早めに台湾と講和すれば、必ず中国大陸の広い市場を失うことを憂慮していた。故に、彼は「中共はソ連と結んで、共産主義のカーテンの内に割据し、貿易は国営主義をとり、世界の市場に対し、事実上封鎖状態になっている。［中略］ソ連共産主義から中共を引き離すことによって、自由国家群と共産国との間の関係を良化し、世界の平和、繁栄増進に努力することは、わが外交の優越なる地位を列国に確認させる所以である。」と述べていた。③

　中国との経済貿易を重視していたのは首相吉田茂だけでなく、民

---

　　① 吉田茂：『回想十年』巻一，東京白川書院1983年版，266—267頁。
　　② 吉田駐英大使発広田外相宛、第四二六号電（1937年7月7日），猪木正道：『評伝吉田茂』中巻，読売新聞社1980年版，74頁。
　　③ 吉田茂：『回想十年』巻一，東京白川書院1983年版，266—267頁。

間の学者と文化人のなかにもいた。1950年1月15日、羽仁五郎、中野好夫、都留重人、丸山真男など数十人の著名学者は「平和問題談話会」を創立して、「單独講和」に反対し、『世界』という雑誌の同年四月号で文化、知識界の講和見解を発表した。「統計の示す如く、中国および東南アジア諸国との貿易は、日本の経済自立にとって死活の重要性を有する。然るに單独講和は、これら地域との貿易を不能或いは著しく困難ならしめ、日本から経済的自立の機会を奪う。従って全面講和が日本の経済的自立にとって絶対の要件である」。大陸市場を重視している文化人の考え方は吉田の考え方とぴったり合っていたけれども、講和問題については不調和なので、吉田は「全面講和論」者を「曲学阿世の徒」と批判した。

　60年代、日本の政治舞台から引退した吉田茂は、中国大陸に対しての評価も相変わらずであった。1960年6月にフランス訪問の際、ドゴール将軍と中国市場の重要性を討論した。「……五億とか六億とかいうこの大国を、今に世界で五億、六億という人口を持っている国はどこにあるか、シナ以外にないじゃないか、この大市場を度外において世界の経済復興を考えるなんて馬鹿なことはないという」。①

　さまざまな原因によって、戦後、中国大陸と日本との間の経済関係は中絶した状態が続いていたので、日本は海外市場を東南アジアに求めた。しかしながら、「貿易立国を目指す吉田によって、戦後の中国市場の喪失は大きな痛手だった」。②

　敗戦により、広大な中国市場を失い日本経済への悪影響がめだち始めていた。吉田は常に「戦争で失ったものを外交で取り戻してみせる」と豪語し、戦後の世界情勢を巧みに利用して、中国市場への巻き返しを考えていた。この点にも、吉田の対華外交の特徴が現れていると言えよう。

---

　①　財団法人吉田茂記念事業財団編：『人間吉田茂』第三部、第二篇、吉田茂：「NHKテレビ：わが外交を語る」、中央公論社1992年版、638頁。
　②　北岡伸一：『吉田茂における戦前と戦後』、載『年報近代日本研究・16・戦後外交の形成』、山川出版社1994年版、119頁。

赤い中国への恐れと共産主義に対する敵視

1949年10月、中華人民共和国の成立したことは、単なる社会主義同盟が拡大したのではなく、アジア諸国に対して、さらに全世界にも巨大なショックを与えた。西側の自由主義は普遍的な共産主義の風潮におそれをなした。特に地理的な関係から、日本は隣国すなわも中国社会の深刻な変革に対して危機感をもっていた。しかも、未曽有の敗戦をした日本においては、民衆の天皇制への信任感も薄くなり、共産主義への信奉、社会主義への好感が次第に広がった。

「日本降伏の頃、連合国側の天皇に対する風当あたりはたいへん強く，六月段階のアメリ力のギャラップ世論調査では、天皇を殺せという意見が33%裁判にかけて処罰せよという意見が37%という数字が残っており、天皇はこのままでよいというのはわずか6－7%にすぎません」。①

吉田茂は戦前にも、戦後にも骨の髄からの反共主義者であり、戦後において米ソ両大同盟が対立する時の、吉田内閣の外交政策は反共親米外交であった。

彼は中国大陸との貿易の展開を考えるとともに、イデオロギーの相手国に対して敵視と偏見を持っていた。「共産主義は貧困に苦しむ者や政治的に未熟な者に強い、もっともらしい訴求力をもつ」といい、社会主義側諸国の経済発展には「恐怖政治、強制労働、財産の没収、民衆に対する非人間的強要」によって実現されたものであるとった。日本は、中国とソ連を主な敵国とみなした，彼はいわゆる「吉田書簡」で中国をするどく非難し、「なお1950年モスクワで締結された中ソ友好同盟及び相互援助条約は、実際上は日本に向けられた軍事同盟である。事実，中国の共産政権は、日本の憲法制度及び現在の政府を強力を以て顛覆せんとの日本共産党の企図を支援しつつある

---

① 日本史研究会、京都民科歴史部会編：『天皇制を問う―歴史的検証と現代―』，人文書房1990年版，200頁。

と信ずべき理由が多く存する」と述べていた。①

　共産主義のイデオロギーに敵視感を持っていた吉田茂は、反共問題ではマッカーサーとぴったり一致していた。これも吉田政権が長期間にわたってGHQに支持された原因の一つであった。

　マッカーサーも共産主義否定論をもっており、「共産主義は混乱、不安および暴力を広めることにより、秩序だった社会の団結および力を破壊しようとするために社会のこれらの変態的分子を一つの組織だった規律ある有力な力に統合するのである」と述べていた。②

　マッカーサーと比べて、吉田茂は共産主義を敵視するほかに、地理的に近いことから赤い中国特に強大な中国に恐れをいだいていた。この時期の日本政治家は「吉田も含めて新しい中国の経済政策の有効性をいやいやながら認め、これと中国南方の近隣諸国における資本主義発展の暗い見通しとの驚くべき対照に注目したことであった」という意見であった。③

　こうして吉田は憂いにとざされ、共産主義の運動が中国から東南アジアに進出して、火が燃えひろがり、やがては東南アジア全体を焼きつくすと心配している。

　彼は「もし、中国の経済進歩が将来その近隣諸国を相当程度追い抜くにいたれば、その引力は抵抗しがたくなり、東南アジアは戦わずして共産主義者の手に落ちるであろう」。④ そして「政治的な観点からすれば、カー東南アジアの大半が共産主義の勢力圏に入るようなことになるなら、日本がひとりその圏外に立つことは不可能になるであろう」と論じた。⑤

　中国に対して吉田茂は警戒感を高めるとともに、彼の後継者に対しても時々注意を与えていた。1954年11月27日に、引退したにも

---

　① 吉田茂：『回想十年』巻三、東京白川書院1983年版、75頁。
　② 袖井林二郎：『マッカーサーの二千日』、中央公論社1993年版、278頁。
　③ ジョン.ダワー、大窪愿二訳：『吉田茂とその時代』下、中央公論社1991年版、305頁。
　④ 『鈴木源吾文書』第115巻、吉田茂がナショナル.プレス.クラブで発表した演説。
　⑤ 『鈴木源吾文書』第116巻、10221頁。

かかわらず愛弟子池田勇人へ密信をあたえて、「今や世界之状勢ハ共産主義の跳梁に委ね極東ニ於ける共産側終局之目標ハ我国の奪取ニありとせらるる今日、我政局ハ此国際の現状を無視し史上嘗見さる政権争奪の混迷ニ陥り政党者流ハ主義主張を棄て唯唯政権ニ近かんとして右往左往の醜状看るに不可忍、」と書いた口。①

　反共とは、吉田外交の特徴の一つであると言えよう。そしてこの政策はアメリカ政府から経済援助を引き出す手段であった。日本をアジアの反共の砦として経済復興するためには、年間40億ドルの導入がぜひとも必要だと吉田は主張した。つまり吉田外交の反共政策とは、経済援助のための方策であったのだと言えよう。

　戦後、被占領国家のリーダーとして、首相吉田茂の中国政策観はとても複雑で、矛盾したものであった。「吉田の戦後の中国政策には、矛盾あるいはブレのようなものが見られた。例えば、できるだけ早く占領を終結させ独立を回復するために、彼は台湾の国民政府との講和を勧告するアメリカの意向を受け入れざるをえなかった。吉田は中国市場を失うことを憂慮し、過早の台湾との講和を必ずしも望んではいなかったといわれる。しかし、その後やがて吉田自身も、中国との通商の可能性に対する過大な期待を戒め、、日中早期国交回復に消極的な態度をとるに至った」。② ときに主観的な、ときに客観的な原因で、彼は自分自身んの外交構想を実現できなかった。いつも、やむをえず、論評だけで終わったのは、当時の世界情勢、アジア情勢、とりわけ敗戦国となってしまった日本の微妙な国際地位が反映されたからであろう。その時、日本は敗戦国から平和国家までに転換期であって、外交も回復したばかりので、直ちに、日本の外交イメージを形成することができないであろう。その課題は吉田茂が一人で解決できなくて、それは彼の権力継承者にとって解決しなければならないことではないであろうかと思う。

---

① 財団法人吉田茂記念事業財団編:『吉田茂書翰』、中央公論社 1994 年版，48 頁。
② 戸部良一:『吉田茂と中国』，(吉田茂『人間吉田茂』) 303 頁。

二 アメリカのアジア戦略と戦後の日中関係

　戦後の日中関係は単なる両国の間の外交問題だけではなくて、アメリカのアジア戦略によりん左右されたのであり、今でもその影響力はやっぱり存在しているといえるであろう、この問題はが否定できない現実である。

　第二次世界大戦中に、アメリカ陸、海軍省、国務省、大統領などは、冷戦政策への傾斜を強めた。1945年10月末、米国の軍事力構想を明らかにした、「その要点は、［一］世界最強の戦力をもち、必要な基地を世界主要地点に確保しうる海軍力を維持すること、［二］核装備した戦略空軍を中心に、他の強国に劣らない空軍力を維持すること、［三］この二つの要件とひきかえに、地上軍の大規摸な復員を行うというものである」。①

　中国大陸の形勢が明らかになる以前では、アメリカが民主化と非軍事化を適じて日本を太平洋のスイスにすると希望し、マッカーサーも［アメリカは断じて日本を問盟国として利用するかんがえはない］と強調し、「アメリカが日本に望むことは中立を維持することだけである」と表明した。

　中国内戦に対しては、アズリカ側は国民党政権にさまざまな援助を与え、さらには、軍事顧問団さえも派遣していた。しかし、中共側の勝利を押しとどめることができなくて、アメリカもやむをえず中国大陸を放棄した、米国にとって戦略性をもった地域は日本、琉球、フィリピンからなるアジア大陸沿岸諸島であることが確認された。～

　国民党が台湾島に敗退してから、アメリカ側も中国における全面的な失敗を認めた。アメリカはその責任を蔣介石に負わせて、国民党にも失望し、台湾島も米国のアジア防衛線にくりいれなかった。1950年1月5日、トルーマン大統領は「台湾問題に関する声明」を発表

---

① 佐々木隆爾：『世界史の中のアジアと日本アメリカの世界戦略と日本戦後史の視座』、御茶の水書房1988年版、45頁。

し、「合衆国は、台湾または中国その他のいかなる領土を略奪しようとする意図ももってはいない。合衆国は、今の時点において、特別な権利、すなわち、特権を得、あるいは、台湾に軍事基地を建設する意思をもっていない。合衆国はまた、軍隊を使用してその現伏に干渉するつもりはない。合衆国政府は、合衆国を中国の国内紛争に巻き込むことになるような道をたどることはないであろう。同様に、合衆国政府は台湾にいる中国軍に対して軍事援助を提供したり、助言を与えたりすることはないであろう」。① イデオロギーの原因で、北京政府はソ連側の社会主義同盟に加入して、アメリカと対立している状態を呈していた。

　しかしながら、1950年6月25日、朝鮮戦争が勃発すると、アジア情勢も一変した。とりわけ、アメリカ側の反応は諸国にとって意外なことであった。たしかに、米国が直接的に介入するとは、金日成、毛沢東は思いも寄らなかった。戦前、二人は戦争で北方勝利を早もに得ることができると信じて、米国も介入をシないだろうと思っていた。②

　「朝鮮戦争は内戦として始まったのであり、大国の介入がなければ、それは内戦として終わったことであろう。だが冷戦という、緊張した国際間の磁場においてそれが起こったとき、反共のイデオロギーに満ちていた大国アメリカが瞬時に引き入れられるのは、むしろ避けられぬことであった」。③

　アメリカ政府は韓国の李承晩政権にただちに支援措置を講じるとともに、トルーマン大統領は台湾近海に第七艦隊を派遣させて、台湾海峡『中立化』に関する声明を発表して、「（前略）こういった状況のもとで、共産軍による台湾の占領は、太平洋地域の安全および同地域で合法的な、しかも必要な職務を遂行しているアメリカ軍部隊に直

---

　① 太田勝洪、朱建栄編：『原典中國現代史』巻六，岩波書店1995年版，51—52頁。
　② ストローブ.タルボット 編：タイムライフブックス編部訳『フルシチョフ回想録』，（タイムライフインターーナショナル），1972年版，373頁。
　③ 袖井林二郎：『マッカーサーの二千日』，中央公論社1993年版，299頁。

接の脅威を与えることとなろう。

　このため私は、台湾に対するどのような攻撃をも阻止するよう第七艦隊に命令した。この行動の当然の帰結として、私は台湾の中国政府に対し、空海軍による大陸へのいっさいの攻撃を停止するよう要求した。第七艦隊はこのことの実行を監督するであろう。台湾の将来の地位の決定は、太平洋における安全の回復、対日平和条約の調印または国連の考慮をまたねばならない」。①

　アメリカ政府がこのような軍事行動を発動すると、ただちに西側同盟国の中では強烈な反発がおきた。イギリス政府が米国の行動に支持の姿を明らかにすると、国内にも．英連邦の成員国にも激しい反対の声がでた、やむをえず、イギリス外交政策を修正し、アトリー首相は米国が台湾を侵略することには反対し、米国側の台湾を「防衛」する決定があぶないと声明した。当時、台湾問題で中米間に戦争がおこれば、イギリス側は手をこまぬいて見ていて、けっして参戦しないと言った。② イギリス政府は外交政策を修正することによって、米国へ深く影響を与え、台湾をめぐって緊張している国際情勢を緩和した意味があると思います。

　アメリカ側は朝鮮戦争に神経質に反応するのは、アジア地域におけて東ヨーロッパのようなドミノ効果があらわれることに心配するので、朝鮮半島の南部と台湾をも確保しようと考えた。

　しかしながら、アメリカの第七艦隊を台湾近海に派遣することは、中国の国土統一行動を阻止する役割を果たして、これは中国にむきだしに干渉することで、1950年6月28日、中国の外務相周恩来は「アメリカの台湾侵略を非難する声明」を発表した。「私は中華人民共和国中央人民政府を代表して声明する。二十七日のトルーマン声明とアメリカ海軍の行動は、すなわち、中国の領土に対する武力侵略であり、国連憲章を根本的に破壊するものである。（中略）、私は中華

---

　① 太田勝洪、朱建栄編：『原典中国現代史』巻六，岩波書店1995年版，53頁。
　② 李世安：『戦後イギリスの台湾問題における両面的な政策について』，（世界歴史研究所編集：『世界歴史』，1994年第6期，中国社会科学院出版）4頁。

人民共和国中央人民政府を代表して宣言する。アメリカ帝国主義者がどのような妨害行動を行おうとも、台湾が中国に属するという事実は、永遠に変えることができず、これは歴史的な事実であるばかりでなく、カイロ宣言、ポツダム宣言ならびに日本降伏後の現状が肯定しているところである」。①

　この時期の中米両国政府の声明からみれば、朝鮮戦争を契機として、台湾問題は両国間の直接な対立する問題になった。もしも、朝鮮戦争がなければ、台湾問題が中国の国内問題として解決することができたかもしれない。当然ながら、歴史に仮定を持ち込むことは研究者にとってタブーであり、事実上には、朝鮮戦争が確かにアジア、特に東アジアの歴史に重大なショックを与えたということである。

　朝鮮戦争の情勢に北方敗戦の恐れがあったので、中国側も義勇軍を派遣することになった。毛澤東は「われわれが出兵しなければ、敵（アメリカを指す）にかえる鴨緑江まで押さえられ、国内的にも国際的にも反動の鼻息がますます高まり、あらゆる方面で不利となろう」。② 中国方面の参戦により、戦局は逆転し、米軍主体の国連軍は手痛い打撃を受けて、初戦では勝利を収めた。そのために、アメリカが主導していた国連では、1951年2月1日、いわば『中国侵略者決議』がなされ、「中華人民共和国中央人民政府は、朝鮮において、すでに侵略を行っている者に直接的支援と援助を与え、さらには、同地国連軍に対する戦闘に加えることによって、自も朝鮮での侵略に加担しているものと認める」。③ 国連は、戦後の国際社会における米英の「外交上の武器」だといわれた。④

　この決議により、中米両国は戦場の敵国になるうえに外交関係に

---

① 日本國際問題研究所中國部会編：『新中國資料集成』巻三，日本國際問題研究所1969年版，129頁。

② 中共中央文献研究室編：『建国以来毛澤東文稿』第一巻，中央文献出版社1987年版，第556頁。

③ 日本國際問題研究所中國部会編：『新中國資料集成』巻三，日本國際問題研究所1969年版，254頁。

④ 重光葵、伊藤隆、渡辺行男編：『続重光葵手記』，中央公論社1988年版，335頁。

も決裂した。

　このような国際関係を背景に、対日講和問題をめぐって、アメリカ側が中国大陸側の対日講和への参加をはっきり拒否したのは意外なことではないだろう。同時に、アメリカ側も対日講和のスピードを著しく速めた。対日講和の主役を演じたダレスは米国大統領の特使として、1951年1月25日から2月11日まで、4月16日から23日までと二度にわたって日本を訪れ、吉田茂やマッカーサーと会談した。「なぜなら、動乱を機にアメリカは、もはやソ連の意向を斟酌する必要はない、日本に早く独立を回復させ自由陣営の盟邦にしよう、と決断するに要った至ったからである」。①

　対日講和のイニシアテイヴを握っている米国政府は、サンフランシスコの対日講和会議を朝鮮戦争の一つの外交戦場として、中国大陸に対して外交上の「封じ込め」という政策を行いはじめた。

　こうして、戦後に中日両国の外交関係にもくろい暗い影がおちた。その上に、本来的に決して平坦な道ではなかった中日間の講和および国交回復は、より困難な状態に追い込まれた。

　あらゆることが相対的な両方からできていたのである。国家間の外交関係もそのとおりであろう。いずれの国家の対外政策も相手国により、対処する策略を決定しなければならない。

　戦後初期におけるアジアで最も重要な国家として中国と日本の間では、はじめは敵対的な関係ではなく、両国間に正常な国家関係を樹立する可能性が存在していた。特に、新中国は建国直後の対日政策を通じて、日本との国交回復への姿勢も明らかにしていた。1949年10月の中華人民共和国建国から1972年に中日国交の正常化まで、両国間の関係は、二十一年間余り非正常化の時期といえる。いわゆる「一衣帯水」の両国は戦後にも地理上近隣というよりは、政治上敵国であったということができよう。

　もしも、冷戦钱時代が20世紀90年代に至って終了したと考えることができれば、中日両国は冷戦時代の二分の一にわたって、対立状

---

① 入江通雅：『戦後日本外交史』，嵯峨野書院1978年版，39頁。

態であったとすることができる。もちろん、その時代にも、両国間で民間交流と低いレベルの政府間の接触もあったが、二十一年間余の国交のない時期は、中日両国にとってあまり長すぎた。冷戦時代に西側諸国はイギリスを先導として、とりあえず中国と国交を樹立し、それから、つぎつぎと大陸と友好関係を回復した。最後に、アメリカさえも日本を越えて中国と外交関係を結んだ。田中角栄首相は中国大陸への最終電車に乗ったのだ。

1949年年初、中国国内の国共内戦が激しく戦う時に、中国共産党側は隣国日本の政治の動きにはじめて注目した。

当時、総選挙をおこなっていた日本では、いわゆる保守勢力と革新勢力という党派間に法律的手段で政権を争っていた。中共の機関であった新華社通信は「日本の選挙と中国」と題する評論を発表し、「日本人は今、中国の事変を非常に注目しているが、中国人も同様に日本の事変に注目している」として、「アメリカ帝国主義およびその手先がどう考えようが、人民中国は日本の管制にかかわらなければならないし、日本は必ず人民中国と平和条約を調印し、経済と政治の関係をもつことになろう」と述べた。[①] この評論を通じて、中共側は日本との講和の思いを明らかにした。

つづいて、6月20日に新華社に再び声明を発表し、戦時のポツダム宣言などに従い、中共側は新しい中国の全権代表として、対日講和条約の準備会議をすみやかに開くよう求めた。そして、この声明でははじめて「軍国主義復活反対」などのスローガンを打ち出して、日本側への警戒感もはっきり示した。[②]

「ただしこの時点では、中国の対日批判はあくまでもアメリカが主要敵だという全般的な認識の中で行われたもので、対日批判は対アメリカ批判と言い換えてもよく、特にアメリカのアジア戦略に対して

---

① 林代昭：『战后中日关系史』、北京大学出版社1992年版、36頁。
② 同上書、37頁。

不信感をもっていた」。①

　1949年9月29日、中華人民共和国が成立する前に開催された中国人民政治協商会議は建国後の外交政策を『共同綱領』という形式で発表した。即ち、「国民党反動派と関係を断絶するとともに、中華人民共和国に対し友好的な態度をとる外国政府に対しては、中華人民共和国中央人民政府は平等、互恵および領土主権の相互尊重の基礎のうえに、これと交渉して、外交関係を樹立することができる」。

　この『共同綱領』では新中国の外交原則を規定し、世界にとりわけ西側諸国に向かって国交樹立の条件を提出した。イギリスの政治家は北京からの条件を受けいれて、広大な大陸市場を失わないために、いち早く1950年1月6日に中華人民共和国を外交承認し、台湾との外交関係を断絶させた。しかも、サンフランシスコ講和会議のあと数ヶ月間に、「東京駐在のイギリス代表部首席サー.エスラー.デニングは吉田に北京政府承認を説くことに努めた」。② イギリス側の動きは一言でいえば主に自身の経済利益を考えるために、日本が東南アジア地域に進出することを防止するためであった。「アジアにおける日本の将来の役割をめぐって、アメリカとイギリスのあいだに存在した緊張と不一致の底流は、……その根本は経済問題であった」。具体的に言えば、「日本と南アジア、東南アジアとの経済統合を促進する1950年以降のアメリカの政策は、スターリング.ブロックに重大な挑戦を突つけるもので、もし日本が中国から孤立し、そのために南方への経済進出をいよいよ強めることを強いられるなら、イギリスに対する通商上の脅威はそれにしたがって大きくなるわけであった」。③

　戦後初期に、日本の再軍備と台湾問題は中日両国間の重要な問題で、両国間外交関係の行き方を左右したといえよう。

---

　① 朱建栄：『中国の対日関係史における軍国主義批判—三回の批判キャンペーンの共通した特徴の考察を中心に—』、(前掲『特集.戦後外交の形成』所収) 309頁。

　② ジョン.ダワー、大窪愿二訳：『吉田茂とその時代』下、中央公論社1991年版、196頁。

　③ ジョン.ダワー、大窪愿二訳：『吉田茂とその時代』下、中央公論社1991年版、197—198頁、及び393—394頁、第10章、注(76)を参照。

歴史の鑑を考えると、中囲は日本への警戒心を終始持っていて、日本の再軍備に対しては強烈的に反対し、特に軍国主義を復活しようとする動向に非常に敏感であった。1950年2月に、調印された中ソ友好同盟相互援助条約は中国への再侵略を防止するためのである。条約の本文第一条は、「（中ソ）両締約国は、日本又は侵略行為にあたって直接に又は間接に日本と提携するその他の国による再侵略および平和の破壊を制止するために、あらゆる必要な措置をとるよう共同で努力することを約束する」。

　　朝鮮戦争が勃発すると、アメリカ側は日本側へ再軍備などの要求を提出した。1950年7月、マッカーサーは吉田政府に警察予備隊の設立を指令し、海上保安庁の定員を拡大した。日本の動向は中国側に刺激を与えたので、強烈的な反発も意外ではないであろう。12月4日、中華人民共和国の外相周恩来は「対日講和問題に関する声明」を発表し、「アメリカ政府は、今日公然と西独を武装しているのと同様に、まさに公然と日本を武装させている。周知のように、アメリカ占領軍は日本警察の名義を借りて、その陸軍を立て直しており、海上保安庁の名義を借りてその海軍を立て直し、また日本の軍港を保存し修築しており、日本の空軍要員を訓練して、日本空軍を再建しようとしており、同時に日本空軍基地を保存し修築している。（中略）アメリカ政府は、その軍事支配を通じて、日本を完全にアメリカの植民地にしてしまい、同時に日本を使って、アメリカのアジア人民侵略の道具にしようと企図している」。①

　　それと同時に、中国側は親米外交に従っている日本政界の首脳陣に対して、特に吉田茂に対して厳しい調子で批判した。1951年1月28日、中国政府の機関誌『人民日報』の社説では、「吉田茂や芦田均のようなごくわずかな極端な反動分子が米帝国主義の支持のもとに日本軍国主義を復活し、さらに新しい世界大戦においてアジアにファッショ帝国を再建することを夢見ている」と論じた。②

---

　　①　『人民日报』，1950年12月4日。
　　②　『人民日报』，1951年1月28日。

もちろん、中国大陸側は日本に対しては単なる厳しい批判と非難するばかりではなくて、積極的な提言もあった。新中国が成立する前に、1949年1月21日、、新華社通信がはじめて日本問題に関して評論を発表し、「（前略）日本は必ず人民中国と平和条約を調印し、経済と政治の関係をもつことになろう」と述べていた。[①]

　この評論で中共側は日本との講和を契機とする国交回復によって、経済往来も盛んになるとの意味を明らかにした。しかし、戦後におりて両国は対立している軍事同盟に属していたので、相互関係にも同盟の戦略利益に服属しなければならない。とりわけ、その時代に、中日両国の外交関係の鍵を握っていたのは、中国でも、日本もでもない、アメリカであった。では、アメリカのアジア戦略は、中日両国の国家間関係をどのように左右したのであろうか。この点については、以下で詳論したい。

三　「単独講和」と『吉田書簡』

　1949年10月1日以降、いわゆる「二つの中国」という問題は、五十年代ひいては今までも中国、米国、日本および台湾などの多角関係において焦点となっている。サンフランシスコ講和と『吉田書簡』は、戦後中国問題に関して最も重要な問題点だと思う。

　1948年以後、アメリカ側は対日講和を締結し日本を米国のアジアで重要な同盟国、および「アジアの反共のとりで」として、戦後日本の東アジアにおける地位と役割を再検討した。

　こうした背景から、アメリカ側は寛大な対日講和案をつぎつぎと提出し、対日講和の主導権を握って吉田政府に接近した。

　外交手腕に優れていた吉田茂も、アメリカ側からの講和の動きをよく承知していた。彼は冷戦時代に米ソの亀裂が深くて広がっていた現実から考え、日本ができるだけ早めに講和を実現し、占領状態を終結させて、国家の独立を回復するために、たとえすべての交戦国と講

---

① 林代昭：『战后中日关系史』、北京大学出版社1992年版、36頁。

和が実現しなくても、かならず米国とは講和し、その軍事力の保護下に入必要性を考えていた。

　1950年4月、吉田茂は腹心の部下池田勇人をワシントンに派遣し、講和後日本の防衛問題に関して日本側の考え方をアメリカ側に伝えさせた。5月2日、池田とジョゼフ・ドッジと会談し、池田は日本側が望んでいるのは、「『日本政府はできるだけ早い機会に講和条約を結ぶことを希望する。そしてこのような講和条約ができても、おそらくはそれ以後の日本及びアジア地域の安全を保障するために、アメリカの軍隊を日本に駐留させる必要があるであるが、もしアメリカ側からそのような希望を申出でにぐいならば、日本政府としては、日本側からそれをオファするような持ち出し方を研究してもよろしい。この点について、、いろいろの憲法学者の研究を参照しているけれども、アメリカ軍を駐留させるという条項がもし講和条約自身の中に設けられれば、憲法上はその方が問題が少ないであろうけれども、日本側から別の形で駐留の依頼を申出ることも、日本憲法に違反するものではない、というふうに憲法学者は申しでおる』」。①

　対日講和諸案をめぐって、日米両国の首脳陣は頻繁的に接触した。とりわけ、米国国務長官の顧問としてのジョン，フォスター，ダレスが登場すると、最も活発な人物になり、講和の過程における一挙一動が全局に影響を及ぼした。「吉田、ダレス両人は講和という難問題に対処して、勝者、敗者の意識を離れ、いわば恩誓を超えて、時には激しい意見の対立を繰り返しながら、条約締結へ邁進した」。②

　対日講和問題をめぐって、アメリカ特に日本政府は「二つの中国」と「中国代表権」などの難題に直面した。どの政府を中国の正統な政府に確定し、講和の相手とするかが焦点になった。

　アメリカ側の考え方によれば、大陸の北京政府は戦場の敵国だけでなく、イデオロギーの領域でも水と油のような溶け合わないの敵方だったから、なんとしても、中華人民共和国の国際的地位と合法性を

---

① 宮沢喜一：『東京—ワシントンの密談』，実業之日本社1956年版，54頁。
② 村川一郎：『吉田茂とジョン．フォスター．ダレス』，（前掲『人間吉田茂』）206頁。

承認することができない。もし、北京政府を対日講和会議に参加させれば、アメリカ側は台湾を放棄したと同じた。だから、アメリカ側はあらゆる手段をつくして、北京側が対日講和会議に参加することを阻止し、日本政府に自由選択権を与えないよう、中国、台湾と日本の三角関係に仲裁人の役割を果たした。

　アメリカの忠実な同盟国としてイギリス側は、米国の考え方に対してまず異議を唱えた。英米両国がかつての敵国であった日本についての意見はくいちがった。

　イギリス側は、日本を同盟国としてよりも貿易の相手とすることが、より多く平和に貢献しうると考えた。日本が中国大陸との戦前の貿易を復活するならば、日本も繁栄を確保しかつ東アジアの緊張緩和を助けることができると考えていた。こうして、イギリスは東南アジアとの通商でも脅威を除去できると考えた。

　しかし、大戦後におけるアメリカ側は自分が戦後世界の当然のリーダーだとみなしていたので、あらゆる問題は米国の意志により決まるべきであるとおもっていた。だが、「イギリスはアメリカの貢献は認めはしたがアメリカ政府のリーダー・シップの能力には疑いを抱いていた」。①

　対日講和草案を討論する過程において、イギリスとアメリカの中国問題をめぐる、対立が表面化した。

　1951年6月、国務長官の顧問としてダレスはわざわざロンドンにイギリス側の講和意見を打診しにいった。講和会議でいずれの中国政府を参加させるか、日本はどの政府と講和するかなどの問題について、イギリス側の意見を聞き取るつもりであった。行く前に、彼は共和党のスミス議員に対して自分は北京の出席を許すつもりはないとの保証を与えた。ダレスの見方は実際にアメリカ政府の考え方である。イギリス外務相ハーバート・モリソンは、もしも台湾の国民党政府が講和会議に出てくれば、北京を承認している他の多くのアジア諸国が

---

　① ロジャー.デイングマン天川晃訳：「『吉田書簡』〔1951〕の起源—日本をめぐる英米の抗争」（日本国際政治学会編：『冷戦——その虚像と実像』，有斐閣1975年版，124頁。

講和会議に参加しないだろう。だから、北京政府が講和会議に出てくるはずだと強調した。

權謀に富むダレスは一つのいわば「調和案」を提出した。即ち、中国政府はいずれもサンフランシスコ講和会議に招かれないと、英米両国は共同声明を発表した。その文句は非常に曖昧で、「日本は後日希望するいずれの政府とも条約を締結することができる」と述べた。事後、1954年8月に、ダレスはアメリカの閣議の席上、イギリスの立場をぶっきらぼうな言葉で要約し、「イギリスは日本を大きな競争相手のひとつとみなしている。対日条約を起草するにあたり、私がイギリス側と大論争をやったのは実にこの点についてであった。イギリス側は日本に対し一種のモーゲンソー案を欲した。彼らは日本が世界市場でイギリス商品と競争する機会をもたないよう、施し物にひとしいもので日本を生かしておきたいと考えていた」。①

この「調和案」により、理論上からいえば日本政府は自主的選択の途をあけていたのであった。しかし、実際には敗戦国により戦勝国を講和の相手と選択することは非難を浴びるのは当然のことであろう。その後の事実にも日本のいわゆる「自主的選択権」は、ダレスの罠であった。イギリス側もアメリカの「陰謀」と背信行為に非難を浴びせた。そして、台湾側さえもダレスの「調和案」に対し強烈な反感をいだいていた。1951年6月28日、台湾駐米大使顧維均は「国府は日本に締結相手を決められることは大きな侮辱であると感じる」と述べた。②

「調和案」から「遇択権」を得た日本側は、いかに「二つの中国」という問題に対処するか、困ていたことも事実である。当事国の首相として吉田茂は、このような微妙な問題に対し選択は難しいと感じていた。「サンフランシスコ会議のすぐ前また後の数ヶ月間には、吉田の将来の対中関係についての具体的計画は何ひとつはっきりして

---

① ジョン. ダワー、大窪愿二訳：『吉田茂とその時代』下，第10章、注（76）を，中央公論社1991年版，参照。
② 顾维均：『顾维均回想録』卷9，中华书局1989年版，149頁。

いない。たぶん彼自身の考えのなかで、どういう立場をとるか決めていなかったであろう」。①

吉田首相は、中国問題の対処策についてアメリカ側からの考え方を重視していたと考えられる。講和会議の前夜に、彼はアメリカ国務長官アチソンとはじめて会談し、自分が最も処理しにくい中国問題に関して、アチソンを通じて米国側の考え方を打診した。アチソンの回想によると、「日本の将来の対中関係について質問されたのに答えて、私は首相に対して、日本にとってそのように重大な問題は、会議が終り条約が締結されたのちに慎重に研究し注意深く決定すべきであると説き、首相はこれに同意した」。②

実際上には、アメリカ側は日本が大陸中国と台湾との講和選択とする上での定案を確定していた。即ち、台湾側と講和するのはアメリカの希望である。この点については、吉田茂も明確に、彼の回想録で「故に講和独立後の日本が、北京と台湾とのいずれを選択するかの問題は、米国にとっては特に重大な関心事となるに至った。万が一にも日本が、貿易その他の経済的利益に動かされて、北京政権との間に何ら修好関係を持ちはじめるような事態ともなれば、米国の対共産国政策は大きく動揺せざるを得ない」と述べた。③

吉田茂は「明治外交」の相続者として、英米の西側諸国との外交関係を重視するのは当然であり、中国との関係も中絶させないと考えた、いわば魚と熊の掌とを兼ね備えるつもりであったのであろう。大陸と台湾と均衡距離な外交関係をも保持しようと考えていた。

台湾側は、吉田自身の考え方から見れば、「好感」を持っていた。なぜなら、「支那事変以来のわが交戦相手政府であり、国際連合に占める位置も重要なものであった上に、終戦時我軍民を無事に中国より引き揚げさせてもらった情宜を思えば、講和の対象としてこれを

---

① ジョン．ダワー、大窪愿二訳：『吉田茂とその時代』下、中央公論社 1991 年版、198 頁。
② 同上书，194 頁。
③ 吉田茂：『回想十年』巻三、東京白川書院 1983 年版、71—72 頁。

無視することは到底できなかつた」というので①、彼は台湾と修好しようと思うけれども、吉田茂はいつも「実用主義」と「外交感覚」を誇り、広大で果ての無い大陸と比べて、弾丸のような台湾の経済価値はあまり高くなくて、国民党政府の支配基盤も穏やかではないと認めていた。真っ先に、中華人民共和国と国交樹立したイギリスを、吉田茂は羨ましくてたまらなかった。「自主外交」なしの日本にとって、イギリスを模倣しようとする考えは、アメリカにより断念させられた。

さらに、当時の台湾の国民党政府が国際社会において一定の地位と影響力をもっていたのは事実である。国連の加盟国としての資格と安全保障理事会の常務理事国の地位を、依然として保持し、国連で拒否権を保持していた。この点で、講和後早めに国際社会へ復帰しようとする日本は台湾の意味を重要だと考えていた。②

だから、サンフランシスコ講和会議のすぐ前またその後の数か月間は、いずれの中国政府と講和するか、吉田およびその内閣は困り、具体的な計画さえもないし、どういう立場をとるか決めることができなかったのであった。

講和会議後の十月末に、吉田茂は衆議院で国民党の台湾攻府と国交を希望する、共産諸国との外交関係は不可能であると報告した。そして、波は参議院では，日本政府は共産主義者と取引きする意志がある、もし北京政府がのぞむなら、占領下で可能な最高の外交代表形態として上海に在外事務所を設けることも考慮していいと述べた。その翌月、吉田はまた台湾政権の駐米大使顧維均に、日本は国民党政府と「限定的な修交」関係を開く意志があると伝えた。③

吉田茂のこのような自己矛盾的な中国問題対処策が登場すると、台湾側と米国側はパニック状態になった。アメリカ側は日本政府に圧

---

① 吉田茂:『回想十年』巻三，東京白川書院1983年版，72—73頁。
② 井上寿一:『国連と戦後日本外交—国連加盟への道、一九四五——九五六』(前掲)。
③ 朝日新聞社編:『資料日本と中国、一九四五——九七一』(「朝日市民教室—日本と中国」第八巻, 1972年版, 2—4頁。

力をかけて、日台の講和を展開させるとともに、単独講和にも泊車をかけた。

　1951年9月4日から8日まで、アメリカ側が操縦する対日講和会議が、サンフランシスコで開催された。米国をはじめに四十八カ国家は日本と講和条約を調印し、1952年4月28日に条約は発効した。ソ連、ポーランド、チュコなども講和会議に参加したが、条約の内容に対し不満なので、調印しなかった。インド、ビルマ、ユーゴは招請されたが参加しなかった。中華人民共和国は米国の反対で招請されなかった。こうして、日本はヨーロッパのドイツのようにすべての交戦国と全面講和を遂行しなかった。国際法による、主な交戦国としていずれの中国との戦争状態も存続した。

　サンフランシスコ講和条約が調印するとともに、同日、日米両国はまた条約第六条の規定を承けて、「日米安全保障条約」に調印した。この条約に対しては、吉田茂も過大な責任があると考えて、自分ひとりで責任をとるために、一人で日本を代表して署名した。彼は側近の池田勇人蔵相に「この問題は将来、いろいろな問題をひきおこすだろう。だから、君は署名しなくてもよろしい。おれだけが署名して、歴史に対する責任を負うのだ」と語った。①

　この条約では、「（前略）日本国は、その防衛のための暫定措置として、日本国に対する武力攻撃を阻止するため日本国内およびその付近にアメリカ合衆国がその軍隊を維持することを希望」し、「アメリカ合衆国は、平和と安全のために、現在、若干の自国軍隊を日本国内およびその付近に維持する意思がある」ので、両国が締約されたということである。

　日本は吉田茂が主張した「和解と信頼の講和」を通じて、占領時代を終結することができた。しかし、アメリカの占領軍は依然として駐留軍に名義を変えで駐留していることから、日本は米国との関係でも平等な国家関係ではなかった。この時期から、日本の対外政策に自主的なものは欠け、いままでに、「主権国家の一部なのに、土地も

---

　① 伊藤昌哉：『池田勇人——その生と死』、至誠堂1966年版、9頁。

使えない、海もつかえない」という呼び声が高くなった。①「基地の島」といわれた沖縄問題は51年間経たにもかかわらず、解決していない。

この時期に、中、日、米、台など四角間の関係を左右したのは、いわゆる「吉田書簡」だと思う。単独講和のサンフランシスコ会議が終わると、日本および吉田茂首相にとっていずれの中国政府を選択するか、重大な外交課題になった。

吉田茂も良策がなくて、この問題に困った。「私としては、台湾との間に修好関係が生じ、経済関係も深まることは、固より望むところであったが、それ以上に深入りして、北京政府を否認する立場に立つことも避けたかった」。②

このような対中政策観に基づいて、吉田茂は北京と台北との間で「均衡距離外交」を望むことを明らかにした。

アメリカと台湾が吉田茂の「均衡距離外交」に対して、猛反発するのは意外のことではないであろう。米国は台湾に対し、「米国は日本と中共といかなる関係改善の行為にも反対し、中共との海外代表交換にも反対すること」を表明した。③

1952年12月、ダレスは急いで東京を訪問してきた。吉田と米台間の交渉草案に基づいて、力の外交を日本で推し進めるつもりであった。④ 日本は台湾を講和相手として、早めに締約し要求を提出した。同時に、米国国会の上院が日本政府の講和選択によるサンフランシスコ条約を批准することができるか、できないか、言明した。

---

① 沖縄県知事大田昌秀の談話。1996年に、沖縄における米軍空軍基地の撤廃問題をめぐって、沖縄県地方政府は橋本竜太郎総理大臣をはじめとする中央政府と激しい論争を行った。この問題は今まで円満的に解決されてなく、今後の行方は、日本国内だけではなく、世界特にアジア諸国の注目するところでもある。
② 吉田茂：『回想十年』巻三、東京白川書院1983年版、72頁。
③ 台湾外交問題研究会編：《金山和約与中日和约的关系》，《中日外交史料》8，（台）中国国民党中央委员会党史委员会发行，1966年，175頁。
④ 米台間の『日華和約草案』の交渉経緯ついては、殷燕軍氏「「吉田書簡」と台湾」（本国際政治学会編：『国際政治―エスニシティとEU』110、1995年）を参照。

こうして、吉田茂もやむをえず立場を転換しなければなくなり、彼は「中国に対する日本の立場も固より微妙であったけれど、平和条約の成立がさらに遷延することは一層重大なことであると述べた。①このために、彼は中国大陸を代償として、アメリカに講和と安全保障両条約を批准させるために、台湾側と講和することをきめた。12月24日、いわゆる「吉田書簡」をダレスに渡して、翌年1月16日、全世界に発表された。

　「書簡」には、日本側の対中外交政策を明らかにしていた。

　(1)「日本政府は究極において、日本の隣邦である中国（台湾を指す）との間に、全面的な政治的平和および通商関係を樹立することを希望する」。

　(2)「わが政府は法律的に可能となり次第、中華民国国民政府間に、かの多数国平和条約に示された諸原則に従って、正常な関係を再開する条約を締結する用意がある」。

　(3)「この二国間条約の条項は、中華民国に関しては、中華民国国民政府の支配に現にあり、また今後入るべきすべての領域に適用されるものである」。

　(4)「私は、日本政府が中国の共産政権と、二国間条約を締結する意図を有しないことを確言する」。②

　①に関しては、吉田茂はアメリカの上院が対日和約および日米安全保障条約を順調に批准するために、台湾の国民党政府を講和の相手とすることで、北京との修好希望を放棄することをあきらかにした。

　実際上、急いで講和の相手を選択することは、吉田の考え方と大きく差があった。狭い支配範囲をもっていた台湾と、広い中国大陸を比べると、日本にとっては、吸引力の相違があるのは当然のことである。だから、彼は「当時私としては、この選択の問題は、急いでこれに片をつけることを避けて、成るべく先に伸ばして情勢の変化を見

---

① 吉田茂：『回想十年』巻三，東京白川書院1983年版，74—75頁。
② 同上。

極たいと思った」。①

　しかしながら、アメリカ側は吉田茂が中国問題について遷延策略をするのを許さないので、日本の出方如何によっては、対日和約と安全保障条約を批准するか、支障を生じるかもしれないと言明した。仕方がなく、吉田は米国国内の情勢から判断して、台湾と講和することになった。

　②の内容では、吉田茂は日本政府が台湾側との講和原則および日本側の立場を直接にアメリカ側に伝えた。

　なぜなら、「書簡」では、「かの多数国平和条約に示された諸原則に従って」という文句が微妙な意味があると思う。吉田茂の考え方によると、日台間の講和条約もサンフランシスコ講和のように、締結しようと希望していた。

　彼は、サンフランシスコ和約を「和解と信頼」の条約と呼び、「あれだけの激烈な大戦争の跡始末として、これほど寛大な講和を結んだ前例は世界の歴史に皆無である」と述べた。②

　言外の意味は、日本側も台湾側がいわば「和解と信頼」という原則に基づいて、戦争賠償金などの要求を放棄することを希望していたのである。いずれの中国政府と講和しても、戦争賠償金問題があるのは理の当然なことであって、この問題を避けられないことであった。この点については、吉田および日本政府も十分承知していた。

　サンフランシスコ講和条約では、アメリカの意志により無賠償が講和原則となった。「商人式の外交観」持っている吉田茂は、その原則を極めて賞賛して、台湾側との講和もその原則を条約の基礎として考えた。しかも、国民党政府がすぐにも対日講和会議に参加しようとの心理も日本側に了解された。だから、吉田は台湾を講和相手とすることが、苦渋の選択とはいっても、日本にとっては有利だと判断した。事実、日台間交渉をする時に、アメリカ側の圧力により台湾側が

---

　①　吉田茂：『回想十年』巻三，東京白川書院1983年版，73頁。
　②　吉田茂：『世界と日本』，番町書房1963年版，154頁。

賠償金などの要求を放棄した。①

③に関しては、「書簡」では、ある重要な文句が戦後中日間の大きな支障となり、両国間外交関係の回復を妨げた。即ち、「この二国間条約の条項は、中華民国に関しては、（中略）また、今後入るべきすべての領域に適用されるものである」という文句である。つまり、日本政府が台湾国民党政府を外交承認するうえに、その「大陸反攻」といういわゆる「国策」をも支持する意味を明らかにした。世界に対して日本の反大陸を姿も強く表した。北京政府もこの文句に対しては最も反感だと表明した。

1952年1月16日、「吉田書簡」が公開されると、23日、中華人民共和国外交部副部長章漢夫は政府声明を発表し、「この書簡こそ敗戦後の日本反動政府とアメリカ帝国主義とが結び付いて、中国人民と中国領土に対し、侵略戦争を再び準備していることの動かし難い証拠である。アメリカ帝国主義と敗戦後の日本反動政府が1951年9月のサンフランシスコ対日講和条約に続いて行った中華人民共和国に対する最も重大な、最も露骨な戦争挑発行為である」。「今日の日本は、実際にアメリカ帝国主義の軍事占領におかれており、吉田を先頭とする反動集団が日本人民を代表し得ない」。②

こうして、吉田政府は「吉田書簡」の形式で中国大陸との関係改善の途を遮断しょうとした。同時に、中国側も吉田政府が「日本人民を代表し得ない」という意志を表明した。両国は講和とか、国交の樹立とか絶対に可能性がなくなった。

「書簡」の文句にょり、吉田茂および日本政府は台湾側の「大陸反攻」という政策を支持したょうだが、実際上では、吉田茂は台湾側の「大陸反攻」政策に反対していた。彼は退陣してから、台湾で蒋介石と会談する時に、その政策について自分の考え方を説いて、「あなた（将介石を指す）本土反攻などと言って、兵力を以て支那本土

---

① これに関する詳説は、中国国民党中央委員会党史委員会編：『日本賠償及び工業水準問題覚書』（1951）を参照。

② 『中華人民共和国対外関系文件集1951—1953』，世界知識出版社1958年版，58頁。

に込め攻め込まうと言っているが、その政策はよくない。今、戦争はどこの国も嫌っている。殊にアメリカは嫌っている。そのアメリカがの世話になっている台湾が本土へ攻め込まうとすれば、アメリカが一番困るに違ひない。あなたの政策は自殺行為に等しい。

　然らば、あなたの方にチャンスがないかと言へば、私はあると思う」。①

　だから、こう意味から見れば、いわゆる「吉田書簡」というものは、すべて吉田茂の考え方ではないだろうと思う。それは、凡そアメリカ側の見方が浮上したものであろう。

　④の文句はとても簡単明瞭である。

　吉田茂は、アメリカの上院へ日本政府の反共的立場を明らかに表明するとともに、中国大陸に対して、敵対的な状態に入るょうな外交政策の表明である。

　こうして、理論的に言えば、日本政府は中国大陸と講和する途を閉じることになった。このような対華対処策は吉田の本意ではなく、しかも、そのやり方も吉田の中国政策観と相互矛盾があった。こういう理由で、「吉田書簡」というものは吉田茂の書き物ではないだと説明された。

　「書簡」が、どのょうに形成されたかの問題は、吉田茂本人の『回想録』にょれば、

　「（前略）そこで、平和条約その他に対する米国上院の批准より先に、日本は国民政府とのみ、国交回復をする、といった意思表示を取り付けたいということになった。これが昭和二十六年暮に、私からダレス特使に宛てた書翰の由来である」という。②

　「その時の問題は条約の批准を促進するには如何にせばよろしきかということに中心置かれ、私は私としての所信を詳しく述べたが、その中でも、国民政府に対する友好方針については、特に十分に説明した。そして、その要旨はこれを書面にして、ダレス顧問の帰国後ワ

---

①　吉田茂：『大磯隨想』，雪華社 1962 年版，88—89 頁。
②　吉田茂：『回想十年』巻三，東京白川書院 1983 年版，72 頁。

シントン宛に送った」としている。①

　今の諸国学者の研究成果によると、「吉田書簡」はダレスが日本に来る前に作成されたのを吉田に渡されたものである。②

　言うまでもなく、吉田茂の解釈によると、その「書簡」の由来は理由部分だけが真実なものであって、「書簡」の始末は真実なものではない、いつわりであろうと思う。

　更に、「書簡」の用語から検討すれば、この「書簡」の用語は通常の「書簡」用語ではなくて、政府間の正式的な条約の用語がたくさん含まれていた。近年、日本国内で出版された『吉田書簡』と比べると、その文章の風格がぜんぜん相違している。

　冷戦時期に、日本側は「吉田書簡」という形式で米国の上院に日本の外交選択を伝えた。「書簡」は、戦後日本政府の外交政策の「保証書」ともいえるもので、その影響力はおおきい。「吉田書簡」は（アアメリカ）上院という犬に投げ与えられた一片の骨というより以上のものであった」。③

　確かに、そのとおりであった。アメリカの上院では、1月21日から対日講和条約の審議を開始し、3月20日に至って批准された。日本政府および吉田茂にとって、対米追随の外交体制が確立した。この体制の基礎は、中国大陸を代償として、日本と台湾およびアメリカがアジアにおける三角型戦略関係を結んだことであった。

　同時に、アメリカ側の「協調」によって、日本と台湾の講和交渉も台北で行われていた。元大蔵大臣河田烈を日本政府代表団の団長とする全権団は二か月間交渉し、時恰もサンフランシスコ条約発効と日を同じくして、日本と台湾間の講和条約に調印した。

---

　① 吉田茂：『回想十年』巻三，東京白川書院1983年版，73頁。
　② 詳細は前掲、ロジャーディングマン論文を参照。また高興祖「ダレスとモリソン協議から吉田「書簡」まで」（中国日本史研究会編「中国日本史年会学術論文集」1987年）も参照。
　③ 前掲，ロジャーディングマン論文，134頁。

「日華平和条約」は、十四カ条の正文、議定書、交換公文その他の複雑な形式をとったものであった。

その条約について、最も重要な問題点は、台湾国民党政府の支配範囲問題に関して、両方の意見の相違がはなはだしかったことである。

台湾側は、「吉田書簡」の表現方式を大体において採用し、ただ、一つの用語は修正しなければならないと主張した。即ち、日華平和条約の適用範囲は「中華民国の支配下に現にあり、及び将来入るべきすべての領域に適用される」と言う文句であり、「吉田書簡」では、「又は」という用語を「日華条約」の「及び」に交換しようと認める。なぜなら、「この句を加えることによって日本と大陸との政治関係を遮断し、日本の外交にも制約を加えた」。①

日本側は台湾の修正案に対して同意するよう、アメリカ側からの圧力を受けた、やむをえず、台湾側の意見を受けいれた。しかし、その条約を調印してから、吉田茂は以下の意見を発表して、「要するにこの条約は、台湾及び澎湖島を現に支配している国民政府との間の条約であり、将来は全面的な条約を結びたいけれど、調印された条約としては、国民政府を全中国の代表政権として承認したものではなかった。これらの点については、条約案審議の衆参両院でも、私は機会ある毎にこれを明らかにした」。②

いずれにせよ、「日華平和条約」の調印によって、日本政府は蔣介石政権の大陸反攻政策を支持しているとの意味が全世界に、特に中国大陸に表明された。中国大陸へはマイナスイメージが与えられたのであった。

台湾側はこの条約を通じて、戦後日本と中国大陸との修好の途を妨げた。「（日本）台湾との限定つき条件は結果的に、日本をほとんど二十年のちまで北京政権の憎悪する「二つの中国」を受け入れる

---

① 前掲、殷燕軍論文，185 頁。
② 吉田茂：『回想十年』巻三，東京白川書院 1983 年版，76 頁。

立場に置いた」。①

　だから、もし、サンフランシスコ講和条約および日米安全保障条約が日本側に有利であるとすれば、「日華平和条約」は疑問の余地がなく、台湾側に有利であろう。これもアメリカ政府がアジアにおける戦略バランスをとりつけたのことで、中国大陸「封じ込め」という政策のポイントであった。

　一方では、冷戦時代、特に東アジアの朝鮮戦争を背景として、吉田茂はアメリカ側との間に、いわゆる「中国問題」を代償として相互間に外交上の「取引」をまとめた。

　この「取引」では、日本及び吉田茂は内政を外交に優先すると考えたので、アメリカ側からは戦後日本経済を復興するための、各種財政の援助が得られた。軍用特許、ドル投資、国際借款、軍事援助、近代工業技術の導入、不可欠原料の入手、核保護、ガット（関税及び貿易に関する一般協定）のような重要国際協定での支持などということで、国内経済は復興の基礎を確立し、アメリカとの経済提携関係も確立した。

　勿論、すべてのことは利と弊との両方から組み立てられているのである。

　戦後、日本はアメリカと経済提携関係を確立することによって、経済復興を達成した。同時に、戦後日本の外交政策も自主性を失くして、対米一辺倒の外交体制が形成され、国際社会で、日本はアメリカの「ぼんやりイメージ」になったことも事実である。これは、吉田茂がのちの日本諸内閣に残したの一つの遺産だといえるであろう。

　吉田茂の戦後における対華外交政策には、彼自身の思い方が組み込まれているがものあると思うが、ワンマン宰相と呼ばれた吉田茂は、外交分野が得意気であるので、「吉田氏は何人にも腹を明らかにしなかったようである。……、外交だけは総理大臣の専門だか

---

①　ジョン.ダワー、大窪愿二訳：『吉田茂とその時代』下、中央公論社1991年版，210頁。

らという気持ちがあったようである。」① その対華外交の終極目的を問わず、積極的中国大陸と接近し、単純的な「封じ込め」政策に反対し主張することだけも評価されたのであろう。特に、注意すべきことは、吉田茂の対華外交はそのあとの後任者に受け継がれてないようであった。その後も、中国との修好する気分もだんだん薄くなった。日本の対華外交は、すべてアメリカに任せ「追随外交」を実行しつづけ、外交面においては、アメリカの影になったようなものになり、現状に満足し、いつでも外交上の受動的な立場に落ち込んでいる。その結果、ニクソンショックを受けたのも当然のことだと思う。

それと同時に、中国大陸は朝鮮戦争が始まってから、アメリカをはじめ西側諸国と対峙の状態を呈した。やむをえず、経済発展ではソ連の力にたよるのであっ手、外交上にも対ソに一辺倒の外交政策を実行したのも事実である。しかし、60年代にイデオロギーの紛争により、中ソ同盟も分裂しはじめて経済往来も中絶し、政治上の相互非難と軍事上の激しい衝突が現れてきた。

中国は国際社会から仲間外れすっかり孤立の状態に陥り込み、対外開放は不可能になり、国内の政治経済がすべてリーダーシップの個人判断により欲しいままに振る舞われることになった。そういうことでは、中国大陸自身の原因だけではなく、国際社会にも、特にアメリカと日本は責任があるのではないかと思う。

しかしながら、吉田茂の中国政策観を分析すると、その時代の西側諸国のリーダーたちと比べて、独自なアィディアがあったといえる。彼は、アメリカ側の対華「封じ込め」政策に対して、終始異議を抱き、イギリス側の中国大陸へのアブローチに感心していた。そしてアメリカが妄想にとりつかれた対華「封じ込め」政策を変えて欲しいと考えたが、占領された国家のリーダーとしては、その事に当たる能力がなかった。

更に、吉田茂自身の外交思想は、明治維新以来の日本外交の理念

---

① 宮沢喜一:『戦後政治の証言』、読売新聞社1991年版、26頁。

を受け継いで、いわば「霞が関正統外交」であった。欧米列強を師範として、西洋先進国の列に入る、「脱亜入欧主義」を信奉しつづけ、アジア諸国を代償として欧米列強の仲間になり、欧米追随することは、日本外交の伝統的なスタイルであった。

　吉田茂も一言で日本外交の歴史と伝統を説明して、「日本の外交的進路が、英米に対する親善を中心とする明治以来の大道に沿うものであるべき所以を知るのであって、こうした過走の貴重な経験は、日本国民として特に銘記すべきであろう」。①

　戦後にも、日本の外交基調は依然として対米親善だと主張していた吉田茂は「日本外交の根本基調を対米親善に置くべき大原則は、今後も変わらぬであろうし、変えるべきでもなく、明治以来の日本外交の大道を守ることになるのである」と述べた。②

　このような外交理念に基づいて、吉田茂はいわゆる「二つの中国」という問題に対して、日本自身の利益を優先に考えて、アメリカの意志に従って中国大陸との修好をも放棄した。特に、国内からだんだん高まっていた「中立論」に反駁を加えて、「中立は幻想、そして亡国への道」と語った。③

　彼は戦前と戦時の日本軍部による親独、反英米の外交政策を一変し、あらためて明治以来の親英米外交の軌道に乗せようと考えた。即ち「日本は海洋国家である。従って、海洋勢力と手を握るべき立場にあるのである」。④

　吉田茂はいわゆる「外交的感覚」と「国際的な勘」を頼んで、戦後日本の外交を明治期に形成された「霞が関正統外交」の軌跡へと引き戻した。吉田茂は、日本の外交政策に対して重大な修正を加えたと言っても過言ではないであろう。しかしながら、その反面、日本はアメリカとの緊密な同盟関係を樹立するとともに、同じ東アジアに

---

① 吉田茂：『回想十年』巻一，東京白川書院 1983 年版，31 頁。
② 同上书，32 頁。
③ 吉田茂：『世界と日本』，番町書历 1963 年版，131 頁。
④ 同上书，125 頁。

おける中国との関係は長くゆきづまり状態を呈した。戦後の冷戦時代に、特殊的な歴史的及び現実的な原因により、いわゆる「二つの中国」という問題が形成された。吉田茂はその問題を器用に利用して、アメリカと駆け引きした。日本の戦後経済復興のために、アメリカ側からもっとも有利な援助を得た。これも吉田茂がいつも自慢する「国際的な勘」であったと思う。

つまり、ン言でいえば、日米関係を日中関係に優先させるということ、さらに肝心な時には、中国を代償として日米を確保することは、戦後、吉田茂の対華外交政策の最大特徴である。だから、吉田時代に形成された戦後日本の外交は自主外交ということができない、追随外交というべきであろう。もしも、その時代において、日本側は占領された国家として自主外交を確立できなかったとしても、現在の日本は、もはや経済上、政治上ともに世界的大国になった。それにもかかわらず、外交上では、吉田時代に形成された対米追随の影は依然として存在していると言えよう。

冷戦時代に終止符を打った今日、追随外交の基礎も破れた。このような外交伝統を保持しつづけていては、隣国に対しても、真の親善関係を確立できず、自身に対しても、危険なことだと思う。

小論の筆を置くにあたって、最後に、一言述べたい。

台湾問題は50年間を経て、いまだに、その分裂の状態が続いているが、中国人全体にとって、国家統一大業は依然として、今後の最も重要な課題であると思う。

1996年4—5月間に、台湾島内においていわゆる「台湾独立」の動きをめぐって、大陸と台湾間の両岸関係は再び緊張した。世界諸国は注目し、特に、アメリカの反応は強烈であった。

今後とも、台湾問題はやはり焦点とならなければならないと思う。関係諸国の外交政策も、この問題の行く方にとって重要な影響があるのは、現実なことだと思う。特に、日本が台湾問題に対して如何なる外交政策をとるのか、中日両国間の問題点になると思う。

50年前の吉田茂の「苦渋の選択」を鑑として、日本側の新選択が中日両国特に両岸中国人全体にとって、有意義になることを願って

いる。

　［付記］本稿は、法政大学国際交流基金の助成による課題研究の成果である。なお本稿を完成にあたっては、成沢　光教授、河野康子教授、袖井林二郎教授など諸先生方のご教示を賜った。記して先生方に感謝したい。

　　　　　（原載〈日〉《法政大学研究紀要》1999 年 8 月總第 7 号）

第五编　政治遗产及其他

近代日本西化的路径选择与中日甲午战争

明治维新对日本意味着什么？对东亚世界意味着什么？这是一个似乎有多种答案和解释的历史问题。笔者以为明治维新是日本制度文化层面西化的启幕，是日本近代国家性格塑造、定型的原点。

明治维新作为一场社会变革运动，将日本从一个以农业为基础的封建国家改造成资本主义国家无疑是最为重要的关键环节。若是从塑造近代日本的国家性格视角来审视的话，由明治维新运动开启的全面西化的国家发展路径，20多年的西化过程将近代日本塑造成为同时兼具舞者与武士两个面具的国家。一个国家形象是如同舞者趋炎附势在西方列强之间周旋、寻找最强者与之结伴起舞；另一个国家形象是恃强凌弱，危害邻国、称霸东亚的军国日本。

从明治维新到中日甲午战争乃至之后的日俄战争，是近代日本社会西化过程的三个重要节点，近代日本的国家性格与发展战略则是基于日本西化的路径选择而定型、固化的。

一 天皇成为传统与西化的合体

日本社会从科学文化层面对西洋文明的仰慕和吸收，可以上溯到18世纪70年代的兰学运动，据1852年出版的《西洋学家译述目录》统计，1774—1852年的78年间，日本翻译欧洲的医学、天文、历法等书籍多达470余种，从事翻译西洋书籍的学者有117人。[1]

日本社会从制度文化层面的西化，则是从明治维新之后真正开始

---

[1] ［日］辻善之助：『増訂海外交通史話』，内外書籍株式會社1930年版，第747頁。

的。明治新政府推出的"文明开化""殖产兴业""富国强兵"三大国策等都强烈地表现出一种迫切西化的社会心理。同时代外部世界的列强争雄为日本的西化提供了模仿的对象和发展空间。19世纪最后的30年,资本主义从自由竞争向垄断过渡,西方列强对海外殖民地的争夺达到白热化程度,日本以西化为目标的国家发展战略正好与之相契合,从明治维新伊始日本用了20多年的时间初步完成从制度文化层面的西化过程。在这一历史过程中日本的明治天皇发挥了重要的聚合社会的作用,使近代绝对主义天皇制的构建过程与日本社会的全面西化进程相重合,"第一,如果没有天皇的存在,就很难在短时间内实现幕藩体制瓦解和中央集权国家的确立,王政复古,意味着借助天皇的名义解体了武家和公家结合的传统体制;第二,作为文明开化的推动者,天皇率先断发、喝牛奶,着洋服、食牛肉,明治天皇起到了重要的示范作用;第三,正是因为天皇确保了在意识形态上的主导权,才使急剧的西洋化得以正统化,并因此确保了天皇在近代日本的统治权"①。所谓"和魂洋才"是日本西化的一个模式,而天皇则是"和魂"的内核。

日本社会对西方文明延续了从"顺从"到"吸收"的传统外来文化吸收方式,以乖巧顺从的态度,贪婪吸收之,全面融会贯通之。"从中日甲午战争、日俄战争乃至大东亚战争,近代日本的基本国策就是通过模仿西方的思想文化强化自己,进而跻身西方列强之林。"②

"日本经过明治14年(1881年)的政变确立了萨长藩阀的权力统治,并明确选择了普鲁士式君主立宪的天皇制国家道路,由此开启了日本帝国的征程。"③

明治天皇对近代日本社会而言具有怎样的存在感,经过明治维新的西化过程,明治天皇不仅仅是作为精神领袖而存在的,他实际上在扮演着引领日本构建帝国的政治领袖作用。为建设近代海军,1887年3月,

---

① [日]岩波新書編輯部编:『日本近現代史·10·日本の近現代史をどう見るか』,岩波書店2010年版,第36—38页。

② [日]土居健郎:《日本人的心理结构》,阎小妹译,商务印书馆2007年版,第29页。

③ [日]子安宣邦:《两个六十年与日中关系》,赵京华译,载《读书》杂志编《读书杂志:亚洲的病理》,生活·读书·新知三联书店2007年版,第173页。

明治天皇带头捐内帑 30 万日元，连续拨捐 6 年，并要求文武官员捐缴薪俸的 1/10，作为海军造舰购船资费。

日本前首相吉田茂认为明治天皇是日本取得两次对外战争胜利的关键因素，称："借此，日本方能够在帝国主义时代勉强摆脱它所处的严峻的国际环境。不幸，日本不得不进行日清战争和日俄战争，在这两次战争中，由于明治天皇发挥了他的领导才能，并且集中了与之相呼应的国民活力，日本方能够一反世界的预料而在两次战争中都取得了胜利。"①

天皇制作为日本传统价值观的内核，发挥了引领国家整体西化的领袖作用，明治天皇成为帝国日本的缔造者和化身。同时代的中国社会也追求西化，曾提出了"中学为体，西学为用"的西化路线。福泽谕吉曾指出中日两国西化的差别所在，"支那人迟钝，对于（西洋）文明一无所知，近来有少许采用西洋之物，但仅止于其器之利用，对文明之主义如何则不加考问"②。的确，当时的中国社会中的所谓"中学为体"是儒学思想的空洞化泛指，缺乏具体而明确的内容。慈禧太后是政治权力中心，但无法成为社会精神的核心。中国的洋务运动侧重于器物层面上的西化，在制度文化层面上未有触及，这是中日两国西化过程中最本质上的差异所在。

二 思想意识的西化助推了帝国的构建

1871 年 12 月，岩仓使团历时一年零九个月遍访考察欧美 12 个国家，新政府核心成员的集体游学是日本明治政府彻底拜西方为师的重要环节，极大地影响了近代日本社会的历史进程。所谓"始惊、次醉、终狂"是岩仓使团成员的共同感受。如果说英、法等国的工业化为日本实施"殖产兴业"为代表的经济近代化提供了模仿样板的话，那么普鲁士容克贵族的铁血外交理念，则更多地刺激了日本固有的扩张意

---

① [日] 吉田茂：《激荡的百年史》，孔凡、张文译，世界知识出版社 1981 年版，第 25 页。

② [日] 福沢諭吉：『福沢諭吉全集』第 10 卷，岩波書店 1961 年版，第 49—50 頁。

识。德国首相俾斯麦对岩仓使团曾提出如下忠告:"方今世界各国,虽以亲睦外交礼仪相交,但皆是表面含义,于其阴私之处,则是强弱相凌,大小相欺……"德国参谋总长毛奇明确地告诫来访者,"法律、正义、自由三理虽可保护境内,但保护境外,非有兵力不可。万国公法者,乃是小国之事。至于大国,则无不以其国力来实现其权利"①。

一个社会的转型时期,思想意识的先行是前提和基础。思想意识的西化和帝国化是日本近代社会全面西化的领航者和推动者。启蒙思想家福泽谕吉对国际交往的认识与德国政治家有完全相通的强权理念,"各国交际之道只有两条:消灭别人或被别人消灭","百卷万国公法不如数门大炮,几册友好条约不如一筐子弹。拥有大炮弹药并非为主张道理所准备,而是制造无道理的器械"②。

思想家德富苏峰在中日甲午战争期间提出了"大日本膨胀论",鼓动日本要成为"文明的引领者""人道的扩张者""文明的使者",肯定日本对清战争的正当性。

福泽谕吉明确提出"脱亚论",主张"为今之谋,我国不可等待邻国开明而期盼振兴亚洲,宁愿脱其伍,与西洋文明国家共进退,至于其对待支那、朝鲜的方法,也不必因为是邻国而要特殊加以解释,只能按照西洋人对待两国的方法处理之"③。

以文明启蒙自诩的思想家们催熟了日本社会蔑视中、朝,邻国的国家优越感,而狂热追求比肩西方列强的自卑情结,促使日本不断在对外侵略战争的胜利之中寻找到一种成就感。近代日本整个国家和社会蜕变成一部高效的战争机器,思想家们的文明启蒙理论和国权扩张主义主张实际上起到了润滑的助推作用。福泽谕吉的文明观和脱亚论,将日本化身为西方文明的优等生,而中国、朝鲜等邻国则是与西方文明背离的愚昧国家,日本侵略征服这样的邻国是完成文明传播的正当行为,日本在东亚社会里应当且必须承担这样的国际责任。有学者指出:"福泽谕吉

---

① [日]久米邦武著、田中彰校注:『特命全権大使米欧回覽実記』第1卷,岩波書店1985年版,第82—83頁。

② [日]福沢諭吉:『通俗国権論前篇』,载『福沢諭吉全集』第4卷,時事新報社1898年版,第51—52頁。

③ [日]福沢諭吉:『福沢諭吉全集』第10卷,岩波書店1961年版,第240頁。

提出的'脱亚论'曾经在19世纪末和本世纪前半期留下了沉重的历史遗产。'脱亚论'不仅引导日本走上了宰割和瓜分亚洲邻国的道路，给亚洲邻国造成了无数灾难，而且它还导致日本在其后走上穷兵黩武的道路，一味迷信'实力政策'，为其后走上对外扩张侵略的道路提供了理论依据，成为日本民族最终在本世纪走上悲剧道路的思想基础。"① 近代日本知识人阶层为帝国日本的霸道国家行为装饰出王道的外衣，实为缺少独立思想力的一种病态表现。德富苏峰在所发表的《大正的青年和帝国的前途》一文中曾对两次对外战争赋予这样的历史使命，他称："日清战争是日本国民的帝国的觉醒时期，而日俄战争则是（日本）帝国被世界认可的时期。"日本近代知识人将日本的近代化成功地与对外战争的胜负联系在一起，用战争的胜负证明日本西化道路选择的正确性和合法性。这样的文明意识无疑成为日本从帝国转化为军国日本的推动力。

美国学者西里尔·E.布莱克等人在对比近代日本和俄国的现代化进程中发现并得出这样一种认识，"在19世纪，有些人认为，在战争中取胜比在市政建设方面取得的成绩，更能证明现代化的成果。日本和俄国都把发展陆军和海军放在非常优先的地位"②。《马关条约》中的赔款割地条款，助长了日本社会以战争立国的强权意识，而日俄战后日比谷骚乱又从另一个侧面验证了日本社会对战争附属品的极度渴望和沉迷。

三 以英为师、以德为范的西化模式

政体、外交等领域以英美为师，军事领域以德为范，直接复制西方列强的各自强势制度与文化是日本西化的一个重要特征。

英国作为19世纪世界上最强大的帝国主义国家，在近代国际体系

---

① 高增杰：《"脱亚论"的形成——福泽谕吉国际政治思想变化轨迹》，载《日本研究论集4》，南开大学出版社1998年版，第403页。

② [美]西里尔·E.布莱克：《日本和俄国的现代化——一份进行比较的研究报告》，周师铭等译，商务印书馆1989年版，第175页。

中具有分量极重的话语权,它也是西方列强中第一个承认明治政权合法地位的大国,在西方世界具有示范效应。明治政府在建设以西方国家为样本的近代国家过程中,英国的影响和印记是极为深刻的。例如,明治4年(1871年)政府雇用的外籍顾问中有119名英国人、16名美国人、10名法国人;各地方政府雇用的外籍顾问中有50多名英国人、25名美国人、19名法国人,英国籍顾问专家占绝对多数。明治时期日本外务省是聘用英美籍顾问最多的部门,日本外务省的外交电报也全部采用英文,与西方各国的交涉文案同样依赖英美籍顾问来负责。因此,明治时代出现以亲英美为特征的霞关外交也是很自然的事情,西化过程中强势的英美基因决定了近代日本对英美结盟、协调的外交性格。

近代日本海军从建立伊始就明确地以英国式近代海军为模版实现英国化,甲午战争中任"浪速号"舰长,日俄战争时期任日本联合舰队司令官的东乡平八郎曾留学英国8年,是绝对的亲英派。日本海军士官的培训是由英国教官担当,日本学者内山正熊甚至有这样的结论:"英国海军是养育日本海军的父母。"① 中日甲午战争前,日本为加速海军近代化大量购置西式战舰,特别是订购英国军舰,日本联合舰队的主力舰全部都是英国建造的军舰。到日俄战争时也是如此,日本海军主力舰队全部为英制战舰,巡洋舰队的主力舰也全部是英制战舰,有少量法、德制造舰只作为补充配置。无一艘日本自己建造的军舰参战。②

与外交领域追随英美的战略相对应,日本在"富国强兵"确立近代军事体系过程中英式海军和德式陆军成为建军的铁律。

明治三年(1870年)日本陆军领袖人物桂太郎、大山岩访问德国后,将幕府以来沿袭的法式军制改变为德式军制,大力招募外国教官帮助日本建设近代化的陆军体制,尤其是德国籍军事顾问梅克尔最受器重,德国成为日本陆军改革的模范国家,德国军事制度、战争理论和战法等皆被日本效仿。

1878年12月,日本以德国为军事改革的模版,废除陆军参谋局,

---

① [日]内山正熊:『日本における親英主義の沿革』.『法学研究』,37(12):230.
② [日]内山正熊:『日清戦争百年——先と影』,日本国际政治学会:国际政治第109号,『終戦外交と戦後構想』,1995年,第145—146頁.

设立陆军参谋本部，本部长由"敕任"将官担任。参谋本部不受陆军卿和大政大臣的管辖，直接隶属于天皇。"日本参谋本部的设立，意味着日本形成了以武力推行对外政策的权力机构。"①

普鲁士在俾斯麦首相领导下以"铁血政策"通过三次对外战争，完成了德国的统一，并奠定了德国在欧洲大陆的强国地位。德国成为欧陆大国的成功经验对日本有很强烈的示范效应，日本参谋本部成立后就积极筹备对中国大陆的侵略战争准备，1887年2月推出的《征讨清国策案》可以视为日本正式准备对华开战的计划书，其中明确提出："欲维持我帝国之独立，伸张国威，进而巍然立于万国之间，以保持安宁，则不可不攻击支那，不可不将现今之清国，分割为若干小邦。……英国保持富强，要在不可无此印度。也即我当掠取土地于支那，以之为附属防御物，或以之为印度也，更何况彼我之间有终究不能两立之形势。……最当留意者，适值时运，故而当乘其尚在幼稚，折其四肢，伤其身体，使之不能活动，始可保持我国之安宁，维持亚细亚之大势也。"②

征服朝鲜，是日本向外扩张的第一步，历史上就是如此。明治时代"征韩论"也同样是主基调，山县有朋将朝鲜提升为日本的利益线，称"我邦利益线之焦点，实为朝鲜"③。参谋本部德国籍顾问梅克尔进言朝鲜"是指向日本心脏的匕首"，必须确保不能由第三国控制。德国籍军事顾问的军事观点进一步强化了日本控制朝鲜的紧迫感。

德国因素在日本近代陆军发展过程中始终是一个重要的存在，日本陆军的这种浓厚的德国情结，也是日后在20世纪30年代军部势力挟持政府放弃亲英美政策，选择日德结盟的重要历史原因。

四 战争成为构建帝国的阶梯

通常的情况下，一个国家在正处于上升阶段时，大多数是采取顺应

---

① 米庆余：《近代日本的东亚战略和政策》，人民出版社2007年版，第109页。
② 米庆余：《日本百年外交论》，中国社会科学出版社1998年版，第19页。
③ ［日］大山梓：『山県有朋意見書』，原書房1960年版，第185页。

周边国际环境,尽可能地避免同强于自己的一方发生正面冲突,以时间的长度来增强自身国力的厚度。但近代日本帝国的崛起历史有悖于近代历史上的大国崛起规律,它是以一种急迫的心态,在短短10年间就连续发动了两次极具冒险性的对外战争,以飞奔的速度跻身帝国主义俱乐部,并完成了帝国的构建过程。

正是由于在短时期内就通过非常规方式构建了一个帝国,明显缺乏历史的沉淀和思想意识的扬弃,因此,近代日本帝国的意识中更多的是充斥着对侵略战争的依赖和迷恋,刚性的军国主义倾向浓厚,对外扩张的疯狂程度和欲望尤为强烈。当日本的对外扩张政策与英美的亚洲殖民利益相协调时,英美就自然成为其同盟者和帮凶,近代日本能够在两次赌国运的战争侥幸获胜,实有赖于此;但当日本的扩张势力危及英美的亚洲利益时,英美就会限制和规范日本帝国的疯狂行为,近代日本外交传统中的亲英美协调主义,就是为平衡这种矛盾而产生的。

明治政府在全面向西方文明靠近的过程中,最先模仿并长期运用的就是以战争方式,向东亚邻国索取西方帝国主义国家所享有的帝国权利。从此,日本成为一个奇特的国家,一方面它与西方列强间有不平等的国家间条约存在;另一方面它又迫使东亚邻国接受同样不平等的国家间条约。这种压迫者和被压迫者两种国家角色的并存与不断转换,使日本在成为帝国过程中其国家性格具有矛盾性和分裂性。

"日本领袖中有许多人都视全球国际秩序为'西方/其他人'或'现代/非现代'这种文化二元对立的地缘政治学表达,将'文明'国家视为一个双重系统,一方面是其活力和技术能够使它建立起帝国,而另一方面则是那些'原始'社会变成它的殖民地。日本领袖们要把自己的国家放在前面那个集团中……将日本提升到那个美妙的'大国'圈子中的第二种方式,就是让它的领导人扮演帝国主义政策中两种笨拙相连的角色:一是帝国建构者,二是那些落后民族的文明开化者。即使没有朝鲜作为外国危险来源的那个一直存在的战略问题,朝鲜如此靠近日本,也使得它成为这种帝国主义进取的首选目标。"[①]

---

① [美]康拉德·托特曼:《日本史》(第二版),王毅译,上海人民出版社2008年版,第324—325页。

日本前首相大隈重信曾坦言："对东方，我们乃西方文明之说明者；对西方，我们乃东方文明之代表者……此乃我国国民之理想，日本帝国之天职也。"①

对清战争的胜利对近代日本而言最重要的意义在于，它使日本成为世界上第一个非西方的强大帝国。这种国家角色的突然转换，使日本社会上下都产生出非理性的优越感。这种优越感的产生主要是来自西方国家对日本的认可，在日本冒险发动侵略战争的前夕，1894年7月16日，英国为联手日本遏制南下的沙俄，在伦敦同日本签订了《日英通商航海条约》，废除了日本城市内分隔的飞地似的英国租界，并规定5年后取消治外法权。随后，由于日本在对清战争中的获胜，西方各国效仿英国纷纷同日本进行修改不平等条约的谈判。日本在完成凌驾于东亚邻国之上的同时，也附带取得了与西方各国比肩的国际地位。

1894—1895年的中日甲午战争，不仅颠覆了东亚的地缘政治传统，而且还彻底改变了中、日、韩三国在近代东亚历史上的发展道路。"日清战争成了日本资本主义的跳板。清国由于借用外债来偿付巨额赔款而迅速加深了殖民地化。与此相反，日本则由于巨额赔款的流入，一方面进行以扩充军备为核心的产业革命，另一方面获得了采用金本位制的资金，也就拿到了参加以伦敦为中心的国际金融市场的通行证。日本资本主义依靠地理上靠近中国和拥有较多的专管租界，取得了比欧洲列强更为有利的条件，登上了开拓中国市场的新旅程。"②

中国学者武寅指出："对于发动了这场战争的日本来说，本应在战争结束后进行一番彻底的回顾与反思，然而，此时的日本却陷入战胜的亢奋和受制的愤懑双重刺激下不能自拔。巨大的战争红利使它赌红了眼睛，更加坚信战争的威力，而列强的'逼宫'则使它受辱，它不想就此善罢甘休，发誓要卧薪尝胆，报这一箭之仇。也正因为如此，甲午战争成为日本坚持要走武力称霸道路的负面开端，它使日本从此铁下心

---

① [日]大隈重信：《新日本论》，载野村浩一编《近代日本的中国认识：走向亚洲的航踪》，张学锋译，中央编译出版社1999年版，第8页。

② [日]信夫清三郎：《日本外交史1853—1972》上册，天津社会科学院日本问题研究所译，商务印书馆1980年版，第293页。

来，沿着这条通往灭亡的道路越走越远。"①

在对外战争胜利的狂喜之下，整个日本社会充斥着蔑视中、韩邻国的优越感意识。福泽谕吉甚至将这场对外战争上升到是"文明对野蛮"的圣战高度。军国主义情境下的狂热爱国主义，使日本知识界也深陷狂热之中。德富苏峰认为日本战胜中国给了日本过去不曾受到的国际社会的尊敬。他说现在西方认识到了"文明不是白人的专利"，日本人也有"和伟大成就相符的特征"。他对日本发动对外侵略战争赋予了帝国主义式的合理解释，称："我国之所以采取此种方法（对华战争），目的在于日本国的对外开放。对他国发动战争，目的在于给予世界上的愚昧以一大打击，把文明的荣光注入野蛮的社会中去。"②

日本著名民本主义者吉野作造在《日清战后的支那观》一文中写道："……然而，打起仗来一看，支那是意想之外的柔弱，我国在列国环视下堂堂正正地大获全胜，轻而易举博得了意外的大捷。这对我国来说，固然是莫大的喜事和福分，另一方面却又大大地激起我国人的自负心，酿成一反旧态、轻侮邻邦友人的可悲风潮。……尤为引人注目者，是我国在战争中为鼓舞、振奋国民的敌忾心而广泛推广了'惩膺猪尾奴'的歌曲，它像一剂过量的猛药，使蔑视支那的风潮格外激烈地流行开来。"③

陡然产生的民族优越感的另一种表现形式，就是对中国人及其文化的蔑视。这是从原来千百年来对中华文化的尊崇感和依附中挣脱出来后的一种极端表现，这种对中国的蔑视感不仅流露在像福泽谕吉这样著名知识人的笔端，而且它以一种通俗文化的形式流行在日本社会的底层，对造就整体国民的对华蔑视意识具有莫大的影响力。

知识界领袖的民族优越理论，辅之以流行的通俗文化熏陶下的国民意识，日本近代的蔑视型对华观，以及连带产生的亚洲认识就这样在侵略战争这一特定背景下发酵、酝酿直至形成。甲午战争成为近代日本社

---

① 武寅：《甲午战争：日本百年国策的负面开端》，《中国社会科学报》2014年7月25日。
② ［日］德富苏峰：『戦争與国民』，和田守、竹山护夫、荣泽幸二：『近代日本和思想』2，有斐阁1979年版，第32页。
③ ［日］河原宏：『近代日本のアジア認識』，第三文明社1976年版，第41页。

会蔑视型对华认知体系形成的固化剂。

  西化也即近代化,是 19 世纪后半期世界的一种潮流和趋势,日本追求西化本身也是顺应当时的世界潮流,"文明开化""殖产兴业"政策本身对日本社会的近代化是比较成功的西化政策,而"富国强兵"则是建立在对中韩两国侵略战争基础上实施的损人利己的错误国策。日本自身西化的所谓"成功"是借助甲午战争来验证的,日本帝国是建立在以中韩两国为殖民地基础上实现的,以阻断中韩两国的近代化进程为代价日本实现了"脱亚入欧"。

(原载《深圳大学学报》2014 年第 6 期)

근대 일본의 서구숭배와 국수주의

-메이지(明治)유신부터 청일전쟁까지를 중심으로-

・目―
Ⅰ. 머리말
Ⅱ. 사상의 전형기(轉形期)적 특성과 <보수주의> 계보
Ⅲ. 서구화와 전통의 복합체로서의 천황
Ⅳ. 사상의식의 서구화와 제국의식의 형성
Ⅴ. 영국과 독일의 모방 그리고 일본서구화의 패턴
Ⅵ. 전쟁과 제국형성의 초석
Ⅶ. 맺음말

Ⅰ. 머리말

메이지유신은 일본에 있어서 무엇을 의미하며 동아시아 세계에 있어서 무엇을 의미하는가? 이러한 물음에 대해 잘 알려진 것은, 서구의 등장이라는 세계사적인 흐름 속에서 일본의 메이지유신은 서구적 근대를 지향하면서도, 서양과 대비된 동양, 나아가 동양 안에서 차별화된 <근대일본>을 구축하는 '세기적 전환점'이라는 시각이다. 특히 메이지유신은 일본서구화의 서막이며 일본의 근대국가성격을 조각하고 결정짓는 '시점(始點)'이었기 때문이다.

그럼 메이지유신이 일본에서 의미하는 것과 동아시아 세계에서 의미하는 것을 어떻게 새롭게 보여줄 수 있을까.그것은 메이지유신이 서구중심주의 속에서 근대를 도출해 내는 과정을 청일전쟁과 연결하여 일본 내부 중심주의 이론에 장착된 '내셔널아이덴티티'를 일본의 근대 창출 논리와 도킹하는 <프로세스> 자체를 보여주는 것으로 가능하다고 본다. 그것이 바로 근대천황주의적 제국의식이었는데, 메이지유신과 청일전쟁에서 나타난 공통적 '상징'이었고, 바로 '지배받는 국가에서 지배하는 국가로' 전환되는 '계기'가 되었다는 점이다.그 출발점이 메이지유신으로 일본이 제국주의로 나아가는 '비틀림'이 형성되는 조건이었다. 유럽중심주의가 갖는 '자국중심주의' 논리 모방을 통해, 서구적 근대를 '반격'하면서, 서구와 거리두기의 방법적시좌로서 '천황'을 고안해 냈던 것이다.'천황의 전통성'을 복고와유신이라는 논리와 결합시켜가면서, 국가의 내부에서서 찾아낸 '셀프제국주의'를구축해 갔던 것이다.

특히,메이지유신은 개혁운동으로서 봉건사회에서 자본주의 국가로 전환하는 중요한 전환점이었다. 근대 일본의 국가 성격적 시각에서 볼 때 메이지유신에서 시작한 20 여년의 전면적인 서구화의 경로는 근대일본으로 하여금 양면성을 갖는 국가가 되었다. 일면으로는 권세에 아부하는 소인배처럼 서구열강사이를 맴돌면서 강자를 찾아 그와 맞장구를 치고 일면으로는 자기의강함을 믿고 이웃나라에 해를 입히면서 동아시아패주로 된 군국주의 일본이었다. 메이지유신과 청일전쟁 그리고 러일전쟁은 근대일본사회의 서구화과정에서 보여준 획기적인 세 개의 역사사건이었다.근대일본의 국가성격과 발전전략은 일본서구화의 경로선택으로 말미암아 정해지고 고착화 되었다.

다시말해서 그것은 서구에 대한 근대의 초극을 실험하는 것이라고 여겨졌고,동아시아에서는 '우월주의=국수주의'를 획득하는 이중적인 노정(路 程)이었다. 동아시아에서 일본이 우월주의를 획득하면서 국수주의를 구축한다는것은, 주변의 중국이나 조선에 대해서도 ' 열등과 우월 ' 을 둘러싼 헤게모니쟁취의 갈등이 뇌관이었던 것이다.이것 즉 '우월주의=국수주의 ' 를 완성하게되는 것이 바로 청일전쟁이었고, 동아시아에서 중국에 대한 이미지를 고착화하는 담론을 완성해 갔다. 메이지유신의 완성이라는 의미에서 '메이지유신과 청일전쟁은 중첩적인 역사적 패러다임'의 세기적 전환을 획득했다는 점에서 공통적이었다. 메이지유신이 서구와 동양, 동양 내부의 차이성 확립을 위한 시점(始點)이었다면, 청일전쟁은, 청나라와 일본의 전쟁이 아니라,서구숭배주의의 실천적 실험이었으며,그 결과 중국이나 조선을 '미개의 후진국' 이라는 보는 동아시아에서 일본의 제국의식을 현실화하는 동아시아 지역적의 직접적인 충돌이었다.메이지유신을 통해 서구화를 숭배하며 근저에는 '봉건사회에서 도출해 낸 천황을 전면에 내세우며 '근대제국주의 국가'로 부상했고, 청일전쟁에 이르는 기간 동안 그 천황제는 동아시아 내부의 차이,즉 일본우월주의를 만들어내는 정신적 기반으로 작동했으며, 그것이 청일전쟁을 통해 완성되어 갔다.

　　그렇기 때문에 본 논고에서는 메이지유신을 경험한 일본이, 동아시아를 탈(脫)하려는 제국주의와 서구 열강 대열에 끼어들면서 치르게 된 청일전쟁역시 ' 세계사적 ' 인 패러다임 전환을 가져온 '혁신'이었다는 점에서 '공통점'이 존재했다는 견지에서 메이지유신과 청일전쟁을 다루려는 것이다. 또한 메이지유신이 서구라는 세계사의 인식으로부터 '지배받는 나라'에서 동아시아의 지배하는 나라로 전환되는 근대국가적 제국의식을 형성했다면, 청일전쟁 또한 동아시아 내부에서 지배받는 나라의 입장을 탈하여 동아시아의지배하는 나라로 패러다임을 창출하는 의미에서 동일선상에 있었다.

그것은 천황제 국가의 완성도를 높여가는 과정으로 천황중심주의 일본적 수직국가의 특수성이라는 국수주의를 청일전쟁을 통해 국가주의로 전환하면서 수구와 대등한 수평국가의 보편성을 만들어내는 지점이기도 했다. 바로이 지점을 확인하는 것은, 일본이 서구숭배를 환골탈태하여, 국수주의를 창출해 내고, 청일전쟁의 승리로 국가주의로 치환시키면서 만들어낸 '제국의식'으로서의 현재의 보수주의적[①] 국가사상을 읽어내는데 시사점을 갖는다고볼 수 있을 것이다.

그러한 의미에서 메이지유신에서 청일전쟁을 다시 재고하는 것은 현재적이며, 현재의 일본이 주장하는 '창조적 동아사이상(像)'이 '천황제' 국가를 바탕으로 하는 제국의식의 해독해 내는 작업이기도 한 것이다. 또한 현재의동아시아론이 갖는 '탈'서구주의적 시각과 국수주의, 국가주의, 제국의식을극복하기 위한, 새로운 지평을 구축해가기위한 시도이기도 할 것이다. 이러한 문제의식에서 메이지유신과 청일전쟁이 서구와 동아시아라는 이분법적 대립구도를 넘어 '자국중심적' 지역주의의 문제가 아니라, 세계적 탈영토화문제와 연결하여, 메이지유신이나 청일전쟁과 같은 형태가 아닌 새로운 패러다임임으로서의 '균형적 밸런스를 가진' 동아시아 주체를 재구성하는 계기로 활용되기를 기대하면서 서두에서 제시한 '메이지유신은 일본에 있어서무엇이었고, 동아시아에서 무엇을 의미하는가'를 재조명 해 보기로 한다.

II. 사상의 전형기(轉形期)적 특성과 <보수주의> 계보

먼저 '메이지유신이 일본에게 있어서는 무엇을 의미하는가'라는 문제를 고찰하기 위해서는 메이지유신을 시점으로

[①] 橘川文三:「日本保守主義の体験と思想」,『橘川文三著作集』6,筑摩書房, 2001, 3-51 頁.

하여 메이지기(明治期)의 사상적 구도를 파악할 필요가 있다. 일본의 근대의 시작이기도 하지만, 그 근대가 서구문명을 의식하면서, 근대의 뿌리가 일본에 존재한다고 의식하는 계기로작용했다. 다시말해서 메이지유신 그 자체 속에는 '왕정유신(王政維新)'과 '왕정복고(王政復古)'가 길항하면서 만들어진 메이지유신이었다. 왕정은 공통적이었지만, 후자의 복고는 보수적 정신을 대표하는 것이었고, 전자의 유신은 진보적 정신을 대표하는 '어휘'였던 것이다.

이미 이 메이지유신 담론 속에는 진보적정신과 보수적정신이라는 '길항'된이중적 의미가 잡거하고 있었다. 결국 메이지유신 자체가 이 잡거성을 근거로 일본사회에 침투하게 되었고, 그 사상적 '영혼'이 끈질기게 양립가능한 이중성을 갖게 된 것이다.① 이것이 바로 메이지유신이 일본에게 있어서 무엇인가를 물을 때 시작되는 '분열'의 이중적 특성이고, 그것은 서구에 대한자아 변환의 갈망과 맞물리면서, 근대적인 입헌 사상과 전통적인 국체(국체,국가의 체재)관념으로 표백해가는 '실용주의' 노선이 '국가 이성'과 맞물리면서, 후술하게 되는 후쿠자와 유키치(福澤諭吉)나 도쿠토미 소호(德富蘇峰))의 문명개화와 문명의 지도자 논리로 달려가게 된다. 물론 이러한 후쿠자와 유키치나 도쿠토미 소호는 '메이지기의 대표적 국가주의 사상가'의 표상이 되기도 하지만, 문제는 보수적 정신과 진보적 정신의 이분법적 해석에후쿠자와 유키치나 도쿠토미 소호를 대입할 수 없다는 '양면적 진자운동'이가진 일본적 특성을 이해하지 않으면 안 되다는 점이 내재한다.

특히 현재적 의미로서 치환 가능한 보수주의의 의미는, 메이지기에 존재한'국수주의나 국가주의와 무관하지 않으며, 오히려

---

① 井田輝敏: 『近代日本の思想像-啓蒙主義から超國家主義まで』, 法律文化社, 1991, 3-4頁.

현재 일본의 보수주의가역설적으로 메이지시기에서 찾아낼 수 있다는 점이다.

이러한 지적(知的) 전통은 하시카와 분조의 이론에서 참조가 가능하다. 하시카와 분조는 더 나아가 '보수'라는 용어를 처음 사용한 에드먼드 버크(Edmund Burke)의 해석을 제시하는데, 그 첫 번째 의미가 '항상 현상(現狀) 속에서 지켜야하는 것과 개선해야 하는 것을 준별하여, 절대적 파괴의 경박(輕薄)과 일체의 개선을 받아들이지 않는 완미(頑迷)를 함께 배제하려는 것으로, 둘째는 그러한 보수와 개혁에 있어서는 '오래된 제도의 유익한 부분이 유지되고, 개혁에 의해 새롭게 보태어진 부분은 그것에 적합하도록 해야한다는 것으로 전체적으로는 '서서히 진행되나 그러나 틈새가 생기지 않는 진보가 유지되는 것을 정치의 주안으로 한다는 것에 현저한 특색이 존재한다'며, 근대적 보수주의는 결코 '일체의 개선을 받아들이지 않는 완미(頑迷)와 동일한 것이 아니다'①고 제시한다. 문제는 바로 메이지유신을 통한 메이지시기의 특수한 정치적 상황과 맞물리면서 빚어낸 정치적 경향이지만, 그것이 다시 전통주의와 구별된다는 점이다. 또한 보수주의라고 해서 '전혀개선을 받아들이지 않는다는 것도 아니라는 점이다. 바로 보수주의의 핵심개념으로 전통주의 만을 강조하는 디스토피아((Dystopia)를 제거한다는 것이다.

서구주의의 물결에 흔들리면서 일본은 서구와의 불평등한 권력관계를 극복하기위해 추구하는 서구숭배주의와 그에 대한

---

① 하시카와 분조는 '보수주의' 이론을 참조했다. 보수주의 개념은 일반적으로 첫째 인간의 본성에 내포된 것으로 새로운 것, 미지(未知)에 대한 공포나 기피의 감정을 보수주의라고 한다. 또 다른 하나는 일정한 역사적 단계에 있어서 발달하면서 이르게 되는 특정한 정치적 경향을 가리키는 경우라고 나누었다. 전자의 입장은 인간 본성에 내재하는 보편적인 경향이기도 한데, 여기서 이를 '전통주의' 와 구별하면서, '특수한 역사적 근대적 현상으로서의 보수주의'와는 구별하지 않으면 안 된다고 제기했다. 橋川文三:「日本保守主義の体験と思想」,「橋川文三著作集」6, 筑摩書房, 2001, 5-7 頁.

저항으로서의 '보수주의'적 쌍생아로 '일본주의'를 낳았다. 일본주의는 "인간의 대도(大道)로서, 이 대도가 외국에서는 상고(上古)에 폐했지만, 우리나라에서는 태고 이래로 전해지고, 우리 일본의 국체도 되고 문화도 되었다. 바빌론이나 이집트나 인도나 페르시아, 그리스, 로마, 아라비아, 멕시코나 고대 문화는 모두 쇠망(衰亡)하지 않을 수 없었고, 그리하여 근대 유럽도 오늘날 로마의 말로(末路)와 같은 종류로서 서양의 몰락을 면치 못하게 되었는데, 일본만이 태고(太古) 이래 번영과 번영을 그치지 않았던 것은 일본주의 때문이다. 즉 인간의대도이고 그것을 떠나지 않았기 때문"[1]이라고 역설하면서 일본과 서구를 가로지르는 논리로 표백해 간다.

　　다시말해서 서구 숭배를 통한 서구와의 동등한 지위 획득과 일본주의를 통한 '일본의 우월성'을 찾는 세계사적 방향을 찾으려는 힘겨운 고투를 벌였다. 일본주의의 연장선상에서 '국수주의'가 발흥하고, 존황사상과 양이사상을 확대시키고, 서구주의와 숭배이론과 배타주의적으로 보이는 전통주의의 장벽을 넘는 이론으로 투박한 일본주의와 국수주의를, 일본주의의 대표적 창도자인 다카야마 초규(高山樗牛)가 '우리들의 일본주의는 결코 그것에 편중되어, 나를 세우고 다른 것을 배제하는 협루한 것과 함께 논할 수 없다'고 주장하면서, 미야케 세쓰레이(三宅雪嶺)의 사상을 '국수보존주의'라고 규정하면서, 초규 자신의 일본주의를 '국민의 특성에 본거를 두고, 자주 독립의 정신에 의거하여 건국 시초의 포부를 발휘하는 것을 목표로 하는 것'[2]이 일본주의라고

---

[1] 일본주의라는 명칭은 1897년 5월 기무라 다카타로(木村鷹太郎) (木村鷹太郎:『日本主義國教論』, 開發社, 1899年)가 이를 주창하고, 다카야마 초규(高山樗牛)가 이를 화(和)하고, 대일본협회를 조직하여, 잡지『일본주의』에 의거하여 이를 고취시켰다. 기무라씨는 이를 일본주의의 심연을 연구하고자 일본태고사의 세계사적 연　구로나아갔다. 井箟節三:『日本主義』, 平凡社, 1926, 3-4頁.

[2] 淺沼和典:「「日本主義」覺書」,『日本思想の地坪と水脈』, ぺりかん社, 1998, 15頁.

주장했다. 바로 여기서 다시 일본주의의 바리에이션이 등장하게 된 것이다. 전통적인 일본정신에 의한 일본주의와 '국수'라고 하는 '통일적 원리'를 합체하는 과정에서, 서구의 유입사상과 일본 내의 서구화 좌절 및 전통사상의 계승의 문제가 얽히게 된 것이다. 도쿠도미 소호가 '복고야말로 유신'이라고 주장하면서, 일본민족의 핵심을 소환시키려는 내성(耐性)을 만들어내고 있었던 것이다.

　　메이지유신 초기에는 일본주의 사상이 미야케 세쓰레이, 이노우에 엔료(井上円了), 시가 시게다카(志賀重昂), 스기우라 주고(杉浦重剛)의 정교사(政教社, 1888년) 발행 기관지인 『일본인』이 간행되고, 메이로쿠샤(明六社)의 국가주의 주창가가 된 니시무라 시게키(西村茂樹), 가토 히로유키(加藤弘之)나 우에키 에모리(植木枝盛)와 연결된다. 그 과정에서 구가 가쓰난(陸羯南)은 메이지정부의 서구화정책에 반대, 물론 서구문화의 배척은 아니었지만, 서구화를 이루기위한 일본 고유성의 유지에 대한 입장도 제시되었다. 특히 구가 가쓰난은 '국제법적인 측면에서 서구중심주의적 논리를 타파하기위해 일청(日清)연대론'도 주장했고, 나카무라 마사나오(中村正直)는 중국멸시론을 경계하기도 했다.[①]

　　이러한 복잡한 사상 지형 속에서 국수주의의가 '서구와 일본의 융합'을 기획하고 청불전쟁에서 중국이 패하는 국면을 보면서, 국민과 국가를 동일한 범주에 넣는 국가주의가 내셔널리티(nationality)의 번역어와 섞이면서 국가주의로 치환되는 과정이 생겨난다. 국민성과 민족성이 합체되고, 국가와 민족 구성원이 혼효되면서, 일본주의는 국가지상주의로 독자화 되고, 절충주의, 국민점진주의, 보수주의가 국초(國礎)로 발명되어 간 것이다. 여기서 민권과 국권의 문제, 서구화의 프러스트레이션(frustration)이 갖는 문제의 극복이 이루어지는

---

① 松本三之介: 『近代日本の中國認識』, 以文社, 2011, 65-79頁.

것에는 후쿠자와 유키치와 도쿠토미 소호의 '문명 개화, 문명의 선도자' 사상이 국수보존과 연속선상에서 영향력을 미치고 있었다.

바로 후쿠자와 유키치가 문명개화 모델을 서구숭배에 둔 것이 하시카와 분조와 이야기하는 '보수'의 해석에 유지되고, 문명의 선도자로서 복고를 주장하는 도쿠토미 소호가 '국가주의'를 모델로 삼아 전통주의를 교화시켜간 '보수주의'가 '메이지기 사상의 구도'였던 것이다. 바로 "일본주의는 대립하지도 않으며 우뚝 홀로 선다. 서양이나 동양도 존재하지 않는다. 편견도 없다. 자신을 잃고 타인에게 이 땅을 양도하는 것도 아니다. 초연한 것은 자신을 잃는다. 일본주의는 결코 일본을 잠시도 망각하는 것이 아니다. 상주(常住) 천황의 신변을 돌보는 마음으로 평상적 준비가 없어서는 안 된다. 일본이 일어서는 것만이 동양이 있고, 서양이 있고, 만국이 있고, 세계민이있다는 신념에 서는 것, 이것을 이 일본주의에 서는 것"①으로 '보편적 논리로서' 예리하게 다듬어져 간 것이다. 그것은 마루야마 마사오(丸山眞男)가 상호간에 원리적으로 모순되는 것을 '포용'하여 이것을 자신의 정신적 경험 속에 '공존' 시키려는 사상 속에는 '정신적 잡거성의 원리적 부정'을 통해, 가치적인 헤게모니를 내면적으로 강요하는 논리가 존재한다고 보면서, 이것을 자신의 풍토와 타협시킨다면 그 속에서의 정신혁명의 의미는 사라지고, 역으로 그것을 집요하게 쫓는다면 말 그대로 잡거적(雜居的) 관용때문에 거친 불관용에 부딪치는 딜레마를 피할 수 없게 된다②는 지적처럼, 메이지유신을 기점으로 한 일본의 일본주의와 국수주의는 비분리적 사상으로 일원화되는 '불관용'을 선택해 간 것이다. 그것은 '서구와 동양을 절충하는' 일본적 제국의식으로 세례화 해간다. 일본주의 사상은 정치적 사유를 바로 천황이라는 정신적 핵(核)에 수렴시키는 것으로

---

① 大石隆基:「日本主義の基調」,日本電報通信社, 1942, 4頁.
② 丸山眞男:「日本の思想」,「丸山眞男集」第7卷, 岩波書店, 2003, 11-12頁.

훌륭하게 정치적 이데올로기를 만들어내고, 국민 사상 선도에 이르게 된 것이다.

III. 서구화와 전통의 복합체로서의 천황

일본사회가 과학문화차원에서 서양문명을 접수하고 배우기 시작한 것은 18세기 70년대 난학(蘭學)운동 시기 부터였다. 1852년에 출판된 『서양학가역술목록(西洋學家譯述目錄)』의 통계에 의하면 1774년부터 1852년의 108년간 일본에서 번역된 구라파의 의학 천문 역법 등 서적은 470여 가지에 달했고 서양서적 번역에 종사한 학자들의 수는 117명에 달했다.①

일본의 사회제도와 문화차원에서의 서구화는 메이지유신으로부터 본격적으로 시작 되었다. 메이지유신정부가 추진한 세 가지 국책 문명개화・식산흥업(殖産興業)・부국강병(富國强兵) 등은 서구화를 갈망하는 사회심리를 강하게 반영하는 것이다. 같은 시대 외부세계 열강들의 패권다툼은 일본의 서구화에 모델의 대상과 발전경로를 제공하여 주었다. 19세기의 마지막 30년간 자본주의가 자유경쟁시기에서 독점단계로 들어가고 서구열강들의 해외식민지쟁탈전이 절정에 도달하였다. 일본의 서구화를 목표로 하는 국가발전전략은 이와 때를 같이하여 메이지유신으로부터 20여년 기간에 제도문화차원의 서구화과정을 초보적으로 완성하였다. 이 역사과정에서 일본의 근대천황제는 중요한 사회응집역할을 발휘하였다. 근대절대주의 천황제의 형성과정과 일본사회의 전면적인 서구화과정이 서로 결합하여 동시에 진행되었다.

첫째 천황의 존재가 없었다면 짧은 시간 내에 막부체제의

---

① 辻善之助: 『増訂海外交通史話』, 内外書籍株式會社, 1930, 757 頁.

해체와 중앙집권국가의 확립을 이루어내기에는 아주 힘들었을 것이다. 왕정복구란 천황의 명의로 무가(武家)와 공가(公家)로 결합된 전통체제를 해체시켰음을 의미한다. 둘째 천황은 문명개화의 추진자로서 솔선하여 머리를 자르고 우유를 마시고 양복을 입고 소고기를 먹으면서 중요한 시범작용을 하였다. 셋째 천황이 이데올로기의 주도권을 확보했기에 급격하게 진행된 일본서구화의 정통성을 확보하게 되었고 또한 이로 인하여 근대일본에 대한 천황의 통치권을 확보하게 되었다.[1]

'화혼양재(和魂洋才)'가 일본서구화의 패턴이고 천황은 '화혼(和魂)'의 핵심과 출발점이라는 것을 의미한다. 일본사회는 서구문명에 대하여 "순종(順從)"과 '흡수(吸收)'라는 외래문화에 대한 전통적인 접수방식을 계승하였으며 그 과정에서 앙증스러운 순종태도와 탐욕스러운 흡수방식을 전면적으로 융합하고 이를 관통하였다.

청일갑오전쟁 러일전쟁 그리고 대동아전쟁 근대일본의 기본국책은 서구의사상문화에 대한 모방을 통해 자신을 강하게 연마시킴으로 하여 서구열강의대열에 들어서게 되었다.[2]

일본은 메이지 14년(1881년)의 정변을 통하여 사쓰마번(薩摩藩)과 초슈번(長州藩)의 연합통치를 확립하기 시작하였고 프러시아식의 군주입헌천황제국가 길을 선택하였으며 일본제국을 향한 정도에 들어섰다.[3]

그렇다면 근대일본사회에 있어서 메이지천황은 무슨 존재인가? 메이지유신의 서구화과정을 통해 메이지천황은 정신적 리드의 존재뿐만 아니라 사실상일본제국의 형성과정을 리드하는 역할을

---

[1] 岩波新書編輯部編: 『日本の近現代史をどう見るか』, 岩波書店, 2010, 36-38頁.
[2] 土居健郎著: 『日本人の心裡構造』, 閻子妹譯, 商務印書館, 2007, 29頁.
[3] 子安宣邦:「二の60年と日中關係」,『讀書』雜志編『亞洲の病理』, 生活・讀書・新知三聯書店, 2007, 173頁.

했다. 근대해군을 건설하기 위해 1887 년 3 월 메이지천황은 솔선하여 30 만의 내부경비를 연속 6 년을 헌금하였고 동시에 문무관료(文武官僚)들에게도 신봉의 10 분의 1 을 헌금하도록 요구하여 해군함 제조와 선박구입 자금을 마련하였다. 전(前) 일본 총리 요시다시게루(吉田茂)는 "일본은 청일갑오전쟁을 통하여 겨우 제국주의시대의 험악한 국제환경을 벗어날 수 있었다. 불행하게도 일본은 청일전쟁과 러일전쟁을 진행하게 되었는데 이 두 차례의 전쟁에서 메이지천황이 리더 재능을 발휘하여 그에 상응한 국민활력을 집중시킴으로 말미암아 세계의 예측을 뛰어넘어 두 차례 전쟁에서 모두 승리를 거둘 수 있었다"[①]며, 메이지 천황은 일본 갑오전쟁 승리의 관건적인 요소였다고 '그 통저(通底)성을 간파했다.

　　천황제는 일본 전통가치관의 핵심이었고 동시에 국가의 총체적인 서구화를 이끌어가는 리더의 역할을 담당하였다. 이로서 메이지천황은 제국일본의창시자와 화신으로 되었다. 후쿠자와 유키치(福澤諭吉)는 중일양국서구화의구별은 "중국인은 우둔하여 서양문명에 대해 전혀 모르고 있다. 근래에 약간의 서양문물을 채용하고 있지만 그것은 문물(文物)에 대한 이용(利用)에 불과할 뿐 문명주의가 무엇인지에 대해서는 전혀 생각하지 않고 연구하지도않는다."[②]라고 지적했다. 사실상 같은 시기의 중국사회도 서구화를 추구하여 '중학위체(中學爲體) 서학위용(西學爲用)'이라는 서구화 방향을 제출하였다. 하지만 당시 중국사회의 중학위체(中學爲體)는 다만 구호에 불과한 것으로써 구체적이고 명확한 내용이 결핍하였다. 중국의 양무(洋務)운동은 주요하게 문물(文物)차원에서의 서구화를 중시하였고 제도와 문화차원의 서구화에 까지는 미치지 못하였다. 이것이 중일양국서구화 과정에서의 가장

---

① 吉田茂著:『激動の百年史』, 孔凡、張文譯, 世界知識出版社, 1981, 25 頁.
② 福澤諭吉:『福澤諭吉全集』10 卷, 岩波書店, 1961, 49-50 頁.

본질적인 차이점이었다.

Ⅳ. 사상의식의 서구화와 제국의식의 형성

1871 년 12 월 이와쿠라(岩倉)사절단은 1 년 9 개월을 거쳐 구미의 12 개 국가를 방문 고찰하였다. 신정부 핵심성원들의 단체유학은 일본메이지정부로 하여금 완전히 서구를 스승으로 숭배하게 되는 중요한 계기가 되었으며 근대일본사회의 역사발전에 지대한 영향을 주었다. 소위 말하는 '처음에는 놀라고 그 다음은 취하고 마지막에는 미쳐버렸다' 는 것이다.

이것이 이와쿠라(岩倉)사절단 성원들의 공통된 느낌이었다. 영국과 프랑스와 같은 국가들의 공업화가 일본의 '식산흥업(殖産興業)'을 대표로한 경제근대화에 모델을 제공해 주었다면 프러시아귀족의 철혈외교이론은 일본고유의 확장의식을 더욱 강화시켰다. 독일수상 비스마르크는 이와쿠라(岩倉)사절단에 "지금 세계 각국은 비록 친목외교의 예의로 지내고 있지만 그것은 모두 표상적인 것에 불과하다. 그 뒤 구석에서는 강자가 약자를 압제하고 대국이 소국을 기시하고 있다"라는 충고를 주었고, 독일 참모총장 몰트케(Helmuth Kari Barnhard Moltke)는 일본방문단에 "법률 정의 자유 이 세 가지는 다만 국경 내를 보호할 수 있을 뿐이다. 국경 외를 보호 하려면 반드시 병력을 갖추어야 한다. 만국공법은 소국에 해당한 것이고 대국은 모두 자국의 힘에 의하여 권리를 추구하고 있다"[1]는 것을 명확히 알려 주었다. 한 사회의 전환 시기는 사상의식의 선행을 전제로 하고 기초로 한다. 사상의식의서구화와 제국화는 일본근대사회의 본격적인 서구화의 지도자이고 추동자이다. 계몽사상가 후쿠자와 유키치(福澤諭吉)의

---

[1] 久米邦武著, 田中彰校注: 『特命全権大使米歐回覽實記』 第 1 卷, 岩波書店, 1985, 82-83 頁.

第五编 政治遗产及其他   275

국제교류 및 왕래에 대한 인식도 독일정치가와 완전히 같은 강권이념이었다. 그는 다음과 같이 말했다.

각국의 교제방식은 오직 두 가지가 있다. 즉 남을 소멸하는 것 아니면 남에게 소멸되는 것이다. 백 권의 만국공법이 몇 대의 대포보다 못하고 몇 권의 우호조약이 한 바구니의 탄알보다 못하다. 대포와 탄약을 갖추는 것은 도리를 주장하기 위한 준비가 아니고 도리가 없음을 제조하기 위한 기계이다.①

일본사상가 도쿠토미 소호(德富蘇峰)는 갑오청일전쟁 기간에 『대일본팽창론(大日本膨脹論)』을 제출하여 일본이 "문명의 지도자(指導者)" "인도(人道)의 확장자", "문명의 사자(使者)"가 되여야 한다고 고취하였으며 청나라에 대한 전쟁의 정당성을 긍정하였다. 후쿠자와 유키치(福澤諭吉)는 명확한 『탈아론(脫亞論)』을 제출하여 "우리는 이웃나라가 개명하여 아시아를 진흥시키기를 기다릴 수 없다. 오히려 그 대오를 탈리(脫離)하여 서양문명국과 같은 길을 가야 한다. 중국이나 조선에 대한 방법에 있어서도 이웃이라고 특수하게 대하고 해석할 필요가 없다. 반드시 서양인들이 양국에 대한방법대로 처리해야 한다" "②고 주장했다. 독립성과 비판정신을 상실한 사상가들이 중국과 조선 등 이웃나라를 멸시하는 일본사회의 국가우월감의 성숙을 촉진시켰고 서구열강과 어깨를 나란히 하려는 열광적인 욕망과 자비심은일본으로 하여금 끊임없는 대외침략전쟁의 승리를 통하여 성취감을 얻게 하였다.

근대일본의 국가 사회 전체가 효율성 높은 전쟁기계로 탈바꿈되는 과정에서 사상가들의 이론과 주장이 윤활제와 같은 추진역할을 하였다. 후쿠자와 유키치(福澤諭吉)의 문명관과 탈아론(脫亞論)은 일본을 서구문명 우등생의 화신으로, 중국과 조선

① 福澤諭吉:「通俗國權論」前篇,『福澤諭吉全集』第4卷, 時事新報社, 1898, 51-52 頁.

② 福澤諭吉:『福澤諭吉全集』第10卷, 岩波書店, 1960, 240 頁.

등 이웃나라를 서구문명을 위반한 우매한 국가로 간주하고 일본이 이러한 이웃나라를 침략하고 정복하는 것은 문명전파를 완성하기 위한 정당행위로써 일본이 동아사회에서 마땅히 담당해야 할 국제책임이라고 인식하였다. 다카 마스(高增)는 후쿠자와 유키치(福澤諭吉)가 제출한 '탈아론' 은 19 세기와 20 세기전반기에 심중한 역사유산을 남겨 놓았다고지적했다. '탈아론' 은 일본으로 하여금 아세아의 나라들을 마음대로 유린하고 분할하는 길을 걷게 하였으며 아세아의 이웃나라들에 헤아릴 수 없이 많은 재난을 가져다주었다. 뿐만 아니라 그 후 일본이 군국주의 길을 선택하여 '실력정책(實力政策)' 을 고집하면서 대외확장침략을 감행하는데 이론적근거를 제공해 주었으며 최종적으로 20 세기에 일본민족이 비극의 길로 나아가게 하는 사상기초로 되었다.[1]

근대일본의 지식인계층에서 제국일본의 패권국가행위에 왕도의 외의를 장식하여 준 것은 독립사상을 결여한 일종 병적심리의 발로이다. 도쿠토미 소호(德富蘇峰)는 「다이쇼시대 청년과 제국의 전도(大正時代青年と帝國の前途)」라는 글에서 ' 청일전쟁은 일본국민 제국의식의 각성기였고 러일전쟁은일본제국이 세계의 인정을 받는 시기였다' 라고 하면서 두 차례의 침략전쟁에 역사사명을 부여하였다. 미국학자 시리얼브래크(Cyril E.Black) 등은 일본과 러시아의 현대화과정에 대한 비교연구에서 다음과 같은 인식을 얻었다.

" 19 세기에 어떤 사람들은 전쟁에서 승리하는 것이 시정건설에서 얻은 성적보다 현대화의 성과를 더욱 잘 입증할 수 있다고 믿었다. 일본과 러시아는 모두 육군과 해군의 발전을 가장

---

[1] 高增杰:「'脫亞論' 의 形成―福澤諭吉의 國際政治思想 軌迹」,『日本研究論集』4, 南開大學出版社, 1998, 403 頁.

우선적이고 중요한 위치에 놓았다." ①

'마관조약'의 배상금과 영토할양 조항은 일본사회의 전쟁으로 나라를 세우려는 강권의식을 조장시켰고 러일전쟁 후 히비야(日比谷)소동은 다른 한 측면으로 일본사회의 전쟁부속품에 대한 극도의 갈망을 입증했다.

V. 영국과 독일의 모방 그리고 일본서구화의 패턴

정치체제와 외교 등 영역에서는 영국과 미국을 스승으로 삼고 군사영역에서는 독일을 본보기로 삼아 서구열강의 강세적인 제도와 문화를 직접 복제한 것이 바로 일본서구화의 중요한 특징이다. 영국은 19세기 세계에서 가장강대한 제국주의 국가로서 근대 국제체제 속에서 극히 중요한 발언권을 가지고 있었고 서구열강 중에서 제일 먼저 메이지정권의 합법성을 인정함으로써 서구세계에서 시범역할을 하였다. 메이지정부는 서구나라를 모델로 하는근대국가 형성과정에서 영국으로부터 받은 영향이 가장 컸고 영국에 대한 인상이 특별히 깊었다. 예를 들면 메이지 4년(1871년) 일본정부가 고용한 외국고문 중에서 영국인이 119명, 미국인 16명, 프랑스인 10명이였고 지방정부에서 고용한 외국인고문 중에서 영국인 50여명, 미국인 25명, 프랑스인 19명이였다. 영국인고문과 전문가가 절대적인 다수를 차지하였다. 메이지시기 일본외무성은 영국과 미국의 고문을 가장 많이 초청한 부서로서 일본의 외교전보문도 전부 영문으로 주고받았으며 서구 각국과의 교섭문서도 역시 영미고문에게 맡겼다. 그러므로 메이지시기에 친영 친미 특징의 하관(霞關)외교가 출현한 것도 아주 자연스러운 일이고 서구화과정에서 강세적인 영미유전자가 근대 일본의

---

① Cyril E. Black 외저, 周師銘외역:『일본과 러시아의 현대화-비교연구보고』, 商務印書館, 1989, 175頁.

영미와의 동맹 및 협조의 외교성격을 결정지었다.

　　근대일본해군은 건립초기부터 영국식 근대해군을 모델로 영국화를 실현하였는데 갑오청일전쟁시기 "나니와호(浪速號)" 함장이었고 러일전쟁시기 일본연합함대사령관을 담임했던 도고 헤이하치로(東鄕平八郞)는 8년간의 영국유학 경력을 가지고 있는 철저한 친영파(親英派)였다. 일본해군사관의 육성도 영국교관이 담당하였다. 일본학자 우치야마 마사쿠마(內山正熊)는 심지어 "영국해군은 일본해군을 양육한 부모이다."라는 결론을 내렸다. 갑오청일전쟁 전 일본은 해군근대화의 신속한 발전을 위해 서양의 군함을 대량으로 구입하였는데 그 중 특히 영국군함의 수가 많았다. 일본연합함대의 주력함 전부가 영국제 군함이었다. 러일전쟁 시에도 마찬가지였다. 일본의 해군주력함대 전부가 영국제 전투군함이었으며 순양함대의 주력함 전부 역시 영국제 전투함이었다. 소량의 프랑스제와 독일제 군함이 있었지만 다만 보충위치에 배치되어 있었다. 일본제의 군함은 한척도 없었다.[1]

　　외교영역에서 영미를 추종하는 전략과 상응하여 일본은 "부국강병"의 근대군사체제의 확립 과정에서 영국식해군과 독일식육군을 군대건설의 철석같은 법칙으로 삼았다. 1872년(메이지 3년) 일본육군 리더 가쓰라 타로우(桂太郞)와 오야마 이와(大山巖)는 독일 방문 후 막부시대로부터 연습되어 내려 온 프랑스식 군제를 독일식 군제로 바꾸고 대대적으로 외국교관을 초청하여 일본 근대화 육군체제 건설을 돕게 했다. 특히 독일군사고문 요한 메켈(Johann Friedrich Meckel)이 중용되었다. 독일은 일본육군개혁의 모델로 되었고 일본의 군사제도와 전쟁이론 그리고 전법 등 모든 면에서 독일을 모방하였다. 1878년 12월 일본은 독일을 군사개혁의 모델로 삼아 육군참모국을 폐지하고

---

[1] 內山正熊:「日淸戰爭百年-光と影」, 日本國際政治學會編『國際政治』109號,「終戰外交と媾和后構想」, 1995, 145-146頁.

육군참모본부를 설립하였으며 '칙임(敕任)' 장관이 본부장을 담당하였다. 참모본부는 육군경(陸軍卿)과 대정대신(大政大臣)의 관할을 받지 않으며 천황에 직속되었다. "일본 참모본부의 설립은 일본이 무력으로 대외정책을 실시하는 권력기관이 형성되었음을 의미"[1]하는 것이었다.

　　프러시아는 비스마르크수상의 지도 하에 '철혈정책(鐵血政策)'으로 인한세 차례의 대외전쟁을 통하여 독일의 통일을 이루어 냈으며 구라파대륙에서독일의 강국지위를 결정지었다. 독일이 구라파대륙의 대국으로 성장한 성공적인 경험은 일본에 아주 강렬한 시범역할을 하였다. 일본은 참모본부를 설립한 후 적극적으로 중국대륙에 대한 침략전쟁을 준비하였으며 1882년 2월 제출한 『청국정토책안(淸國征討策案)』은 일본이 중국에 대한 본격적인 침략전쟁의 로드맵이라고 볼 수 있다. 이 책안에서 다음과 같이 명확하게 제출하였다.

　　일본제국의 독립을 유지하려면 국위를 신장하여 만국 속에 우뚝 설 수 있어야 한다. (중략) 영국의 부강 유지에는 반드시 인도가 필요하였다. 일본이 중국의 땅을 약탈하여 부속적인 방어물로 만드는 것은 영국에서의 인도와 같은 도리이다. 더구나 중국과 일본은 최종적으로 병립할 수 없는 형세에 처해 있다. (중략) 가장 주의해야 할 점은 시운에 맞추어 중국이 아직 유치한 시기에 처해 있을 때 그 사지를 꺾어버리고 신체에 중상을 입혀 더이상 활동하지 못하게 만들어야만 일본의 안녕을 유지하고 아세아의 대세를 유지할 수 있다.[2]

　　조선을 정복하는 것은 일본대외확장의 첫 걸음이었다. 역사적으로 볼 때 메이지시대의 주요 기조가 바로 "정한론(征韓論)"이었다. 야마가타 아리토모(山縣有朋)는 조선을 일본의

---

[1] 米慶余:「近代日本의 東亞戰略과政策」, 人民出版社, 2007, 109 頁.

[2] 米慶餘編:「日本百年外交論」, 中國社會科學出版社, 1998, 19 頁.

이익선(利益線)으로 업그레이드시켜 "사실 일본 이익선의 초점은 조선이다"①라고 하였다. 참모본부 독일고문 요한 메켈은 더 나아가 조선은 "일본의 심장을 향한 비수"라고 하면서 반드시 확보하여 제3국이 통제하지 못하게 해야 한다고 하였다. 독일 군사고문의 이 견해는 일본의 조선통제에 대한 긴박감을 더 한층 강화시켰다. 독일요소는 일본근대육군 발전과정에서 시종 중요한 존재로 작용하였으며 일본육군의 독일에 대한 이러한 각별한 감정은 20세기 30년대 군부가 정부를 협박하여 친영미(親英美) 정책을 포기하고 일독(日獨)동맹을 선택한 중요한 원인이었다.

Ⅵ. 전쟁과 제국형성의 초석

일반적으로 한 나라가 상승단계에 처해 있을 때 그 대다수는 주변의 국제환경에 순응하고 최선을 다해 자기보다 강한 나라와의 정면적인 충돌을 피면하면서 자국의 국력을 증강시키기 위한 시간을 쟁취한다. 그러나 근대 일본제국의 궐기역사는 근대역사상 대국궐기의 규칙을 위반하고 아주 급박한 심리상태로 10년이라는 짧은 시간 내에 연이어 두 차례의 모험적인 대외전쟁을 발동하여 나는 듯이 제국주의 클럽에 뛰어 들었으며 아울러 제국의 형성과정을 완성하였다. 이렇게 짧은 시간 내에 비정상적인 방식으로 한 제국을 건립하였기에 근대일본제국의 의식 속에는 역사의 침전과 사상의식에 대한 지양이 상당히 결여된 것이고, 침략전쟁에 대한 의존성이 강하고 군국주의 경향이 짙으며 대외확장의 열정과 욕망이 특별히 강하다. 일본의 대외확장정책과 영미의 아시아식민이익이 서로 조화를 이룰 때 영미는 자연히 일본의 동맹자와 악당으로 된다. 근대일본이 두 차례의 국운을

---

① 大山梓編:『山縣有朋意見書』, 原書房, 1960, 185 頁.

내건 전쟁에서 다행히 승리할 수 있게 된 것은 영미가 동맹자와 악당 노릇을 하였기 때문이다. 그러나 일본의 확장 세력이 영미의 아시아이익에 위태롭다고 느껴질 때 영미는 일본제국의 행동을 제한하고 규범화 시킨다. 근대일본 외교전통 속의 친영미(親英美) 협조주의는 바로 이러한 모순을 평형 시키기 위한 산물이었다. 메이지정부가 전면적으로 서구문명에 접근하는 과정에서 가장 먼저 모방하고 장기적으로 운용한 것이 바로 전쟁방식으로 동아시아의 이웃나라들에서 서구제국주의국가들이 누리고 있는 제국의 권리를 얻어내는것이었다. 이로 말미암아 일본은 특이한 나라로 되였다. 일면으로 일본과 서구열강사이에 불평등 조약이 존재하고 다른 일면으로 일본은 동아시아 이웃나라들로 하여금 불평등조약을 접수하게끔 강요하였다. 이러한 압박자와 피압박자 두 가지 국가캐스트의 병존과 끊임없는 전환은 일본으로 하여금 제국형성과정에서 모순적이고 분열적인 국가성격을 띠게 하였다.

특히 " 일본리드인물 중 많은 사람들은 글로벌국제질서를 ' 서구와 기타국가 ' 또는 ' 현대와 비 현대 ' 의 이원 대립적 지정학으로 표상 기술하고 ' 문명 ' 국가를 이중체계로 보았다. 일면으로는 문명국가의 활력과 기술로 일본제국을 건립하고, 다른 일면으로는 ' 원시 ' 사회들을 자국의 식민지로 전변시켰다. 일본의 리더들은 자국을 전자의 그 집단속에 귀속시켰다. (중략) 일본을 그 미묘한 ' 대국 ' 권 속의 두 번째 방식으로 업그레이드 시켰다. 즉일본의 리더들로 하여금 제국주의정책의 두 가지 우둔한 캐스트를 담당하게하였다. 하나는 제국의 건립자 캐스트이고 다른 하나는 낙후 민족에 대한 문명개화자 캐스트였다. 만약 조선이 일본의 외적인 위험요인으로 줄곧 존재하였던 전략적인 문제가 없었다 하더라도 일본과의 가까운 지리적 위치로인하여 일본제국주의 침략의 우선목표가 되였을 것"①이라고 했다. 전 일본 수상 오쿠마 시게노부(大隈重信)는 직설적으로 말하기를 "동방에 있어서 일본은 서구문명의 설명자이고 서방에 있어서 일본은 동방문명의 대표자이다.(중략)이것은 일본국민의 이상이고 일본제국의 천직"②이라고 했다.

　　대청(對淸)전쟁의 승리가 근대일본에 있어서 가장 중요한 의의는 일본으로 하여금 세계에서 가장 처음 비서구 국가로서의 강대제국으로 되게 한 것이다. 국가캐스트의 돌연적인 전환은 일본사회 상하층 전반에 강렬한 우월감을 가져다주었다. 이 우월감은 주요하게 서구나라의 일본에 대한 인정에서 산생되었다. 일본이 모험적으로 침략전쟁을 발동할 시기의 1894년 7월 16일 영국은 일본과 연합하여 러시아의 남부진공을 막기 위해 런던에서 일본과 '일영통상항해조약(日英通商航海條約)'을 체결하여 일본도시 내에 분산되어 있던 영국조계지를 폐지하고 5년 후 치외법권을 취소한다고 규정하였다. 이어서 일본이 갑오대청전쟁에서 승리하게 되면서 서구각국은 영국을 본보기로 선후하여 일본과 불평등조약을 수정하는 담판을 진행하였다. 일본은 동아시아이웃나라들을 능가하는 동시에 서구각국과 어깨를 나란히 할 수 있는 외교성과를 거두었다. 1894-1895년간의 청일갑오전쟁은 동아시아의 지정학적 전통을 뒤엎었고 뿐만 아니라 중 일 한 3국 근대동아시아역사의 발전도로를 완전히 개변시켰다.

　　청일전쟁은 일본자본주의 발판이었다. 그 후 청나라는 외채를 차용하여 거액의 배상금을 상환하는 과정에서 식민지화가 가속화되고 심화되는 결과를 초래하였다. 이와 반대로 일본은 거액의 배상금을 얻어 일면으로 군비를확충시키는 산업혁명을

---

　　① TotmanC. 著: 『日本史』(第二版), 王毅譯, 上海人民出版社, 2008, 324－325 頁.
　　② 大隈重信: 『新日本論』, 野村浩一著, 張學鋒譯, 「近代日本의中國認識: 亞洲로 향한 航蹤」, 中央編譯出版社, 1999, 8 頁.

진행하고 일면으로는 금본위제를 채용한 자금을 얻었다. 즉 런던을 중심으로 하는 국제금융시장의 통행증을 얻었다. 일본자본주의는 지리상에서 중국과 가까운 조건과 비교적 많은 조계지를 이용하여 구라파열강보다 더욱 유리한 조건을 취득하였으며 중국시장을 개척하는 새로운 여정에 들어섰다."①

일본이 청일전쟁을 계기로 국제금융시장의 통행증을 얻고, 중국 시장을 개척하는 여정에 들어섰음을 날카롭게 지적한 것이다. 또한 중국학자 무인(武寅)은 "이번 전쟁을 발동한 일본으로 놓고 보면 전쟁이 끝난 후 마땅히 한차례 철저한 회고와 반성을 해야 하였다. 그러나 그때의 일본은 전쟁승리의 흥분과 압제당한 울분의 이중적 자극 속에서 스스로 벗어나지 못하였다. 거대한 전쟁배상금은 일본의 더욱 큰 욕심을 불러 일으켰으며 전쟁의 위력을 더욱 굳게 믿게 하였고 열강의 황궁에 대한 핍박으로 인한 치욕은 일본으로 하여금 와신상담하여 보복하려는 결심을 다지게 하였다. 이렇게 갑오전쟁은 일본이 군사독재의 길을 고집하게 된 바람직하지 못한 시작이 되었고, 일본으로 하여금 멸망의 길을 향해 더욱 더 가깝게 달려가게 하였다."②고 지적했는데, 이는 일본이 만들어가는 제국의식의 길에 대한 사상적인 경고였다. 그럼에도 불구하고, 대외전쟁승리의 열광 속에서 일본사회전체에우월감의식을 불어 넣었다. 후쿠자와 유키치(福澤諭吉)는 심지어 이번 대외침략전쟁을 문명이 야만에 대해 치른 '성전(聖戰)'이라고 높이 평가하였다.군국주의정서 속의 열광적인 애국주의는 일본지식층으로 하여금 같은 열광 속에 푹 빠져들게 하였다. 도쿠토미 소호(德富蘇峰)는 일본이 중국을 전승함으로써 예전에 없었던 국제사회의 존경을 받았다. 그는 현재서구국가들은

---

① 信夫清三郎編: 『日本外交史 1853—1972』 上冊, 天津社會科學院日本問題研究所譯, 商務印書館, 1980, 293 頁.

② 武寅: 「甲午戰爭: 日本百年國策의 負面開端」, 『中國社會科學報』, 2014.

"문명이 백인의 특허가 아니다."라는 것을 인식하게 하였고 일본인도 "위대한 성취에 부합되는 특징을 갖고 있다."라고 말하였다. 그는 또 일본의 대외침략전쟁에 제국주의식의 합리적인 해석을 부여하여 다음과 같이 말했다.

일본이 중국에 대한 전쟁은 일본의 대외 개방이다. 타국에 대한 전쟁의 목적은 세계상의 우매를 타격하고 문명의 영광을 야만의 사회 속에 주입시키기 위한 것이다.[1]

갑자기 발생한 일본민족우월감의 다른 한 가지 표현형식은 중국인과 그 문화에 대한 멸시였다. 이것은 천백년이래 중화문화에 대한 존중과 숭배 그리고 종속에서 벗어난 후의 극단적인 표현이다. 이러한 중국에 대한 멸시감은 후쿠자와 유키치(福澤諭吉)와 같은 저명한 지식인들의 글에서도 나타났고 뿐만 아니라 이는 통속문화의 형식으로 일본사회의 밑층에 유행되어 전체 국민의 중국에 대한 멸시의식의 형성에 막대한 영향력을 갖고 있었다. 일본의 저명한 민본주의자 요시노 사쿠조(吉野作造)는 『청일전쟁후(淸日戰後)의 중국관』이라는 글에서 다음과 같이 썼다.

하지만 전쟁을 시작하고 보니 중국은 예상외로 유약하였다. 일본은 열강의환시(幻視) 속에서 정정당당하게 승리하여 쉽게 의외의 대첩을 거두었다. 이는 일본으로 놓고 보면 당연히 막대한 기쁨이고 복이었다. 또한 일본인의자부심을 크게 자극시켜 옛날과 다른 이웃나라와 우방(友邦)을 경멸시하는 비극의 붐을 일으켰다. (중략) 특히 사람들의 주목을 끈 것은 일본이 전쟁에서 국민의 적개심을 고무하고 진흥시키기 위해 '징응저미노(懲膺豬尾奴)'라는 노래를 널리 보급시켰다. 이는 마치 한 첩의 과량(過量)한 맹약(猛藥)처럼 중국을 멸시하는 풍조를 격렬하게 유행시켰다.[2]

---

[1] 德富蘇峰:『戰爭と國民』,和田守、竹山護夫、榮澤幸二著:『近代日本と思想』2,有斐閣,1979, 32頁.

[2] 河原宏:『近代日本の亞洲認識』,第三文明社,1976, 41頁.

일본지식계 리더의 민족우월이론과 유행통속문화 영향 속의 국민의식이 결합되어 일본 근대의 멸시적인 대중국관과 아시아인식을 전쟁이라는 특정된 배경 하에 발효 숙성 완성시켰다.

Ⅶ. 맺음말

메이지유신을 '시점(始點)'으로 하는 일본의 서구화 즉 근대화는 19세기 후반기에 보여진 일종의 세계적인 발전추세이기도 했다. 그렇지만 일본이 메이지유신에 있어서 '복고와 유신'이라는 모순된 '정신'을 품고 출발했던것처럼, 초기에는 서구화와 일본의 독자적 근대성에 대한 논의가 지식인들 사이에서도 분열되고 대립되는 복잡한 사상적 구도를 띠고 있었다. 미야케 세쓰레이나 다카야마 초규가 제시하는 '국수보존주의'가 전후 하시카와 분조가 해석한 보수주의적 성격, 즉 모든 혁신을 배제하는 입장의 보수주의가아니라, 시대적 정황에 의해 새로운 혁신을 가미해간다는 특수한 발전론을 갖는 '국수주의'였던 것이다. 그것은 다시 메이로쿠사(明六社)의 멤버나 니시무라 시게키, 우에키 에모리가 주장하듯이 서구와 동양의 융합이론이었던 것이다. 그것은 구가 가쓰난(陸羯南)이나 나카무라 마사나오(中村正直)처럼 중국에 대해 연대론을 주장하는 논리도 존재했던 것이다. 그렇지만 청불(清佛)전쟁에서 중국이 패하는 것을 보고, 후쿠자와 유키치나 도쿠토미 소호가 주장하는 '탈아(脫亞)'이론으로 수렴되어 가게 된다. 그것은 일본의 전통적인 일본정신, 국수주의가 국가주의로 전환되고, 민족과 국가의 개념이 획일화되면서 일본주의의 정신적 핵심인 천황제를 바탕으로 동아시아의 문명국임을 외부에는 사상적으로 교화(教化)하고, 내부에서는 정치적인 순치(馴致)를 통해 완성해 냈던 것이다.

앞서 언급한 것처럼 일본의 서구화에 대한 숭배나 서구화

추구도 역시 당시의 세계화 추세에 대한 순응 속에서 문명국임을 보여주었던 것이다. 그러한 측면에서 보아 근대국가의 발전이라는 '진화론'적 입장에서는 '"문명개화와 식산흥업"이 일본사회의 근대화에 있어서 비교적 성공적인 서구화 정책이었다. 그렇지만 "부국강병"은 일본 내부에서 순치시킨 천황중심의 보수주의적 ' 제국주의'는 중한양국에 대한 침략전쟁을 통해 이루어낸 '울트라 국가주의'의 표출이고, 동아시아에서 타자에게 폭력을 가하고, 자신의 이익만을 추구한 '착오적인 국책'이었다. 일본이 자칭하는 서구화의 "성공"은 메이지유신의 '문명개화와 식산흥업'이었고, '부국강병'은 청일전쟁을 통해 검증되었다. 메이지유신을 통해 서구화를 이루고, 동아시아에서 중국과 조선에 대한 우월성 확보라는 두 가지 욕망이 합체된 것이다. 그것은 바로 일본제국의 구축이었고, 중한양국의 폭력적 식민지 기초 위에서 달성되었던 것이다. 이러한 일본의 메이지유신과 청일전쟁은, 일본은 중 한 양국 근대화의 진로를 차단하고 그 대가로 '일본중심주의'를 실현한 것이다.메이지유신과 청일전쟁를 수행하면서 천황제 국가 이데올로기를 정당화하는 '철의 유산'을 하시카와 분조적 보수주의를 통해 동아시아 주변국에 폭력을 가하면서 갖게 된 '제국의식'과 일원화되는 '일본의 환시(幻視)' 속에서 빚어낸 것이었다.

(原載〔韓〕《日本思想》第二十七号)

帝国意识支配下的东亚人口移动问题研究

——以日本满洲移民政策为中心

20世纪30年代,日本曾以国家行为方式主导实施了一场以日本农民为主体,以中国东北为目的地的大规模人口移动,以所谓的大东亚战争为时空背景,与这场对外侵略战争相伴始终。这次大规模人口移动现象出现时如洪水泛滥,终结时如浮云消散。对于这一历史问题中、日、韩三国学者多有专门性研究,从还原历史真相层面基本上达成了史学研究的目的,但帝国意识层面的探究仍有很大的空间,本文侧重从帝国意识视角探讨这一特殊历史怪象产生的原因。

一 帝国意识视阈下侵略化身为"开拓"

所谓帝国意识是近代以来帝国主义国家共有的一种价值观念和社会意识形态,共性的内容就是对本国的政治、经济、文化、宗教、历史传统等元素持有一种强烈自恋情结,对异民族、人种和他国国民保有一种蔑视心态,视帝国和本民族对异民族的帝国主义统治为正当化的意识。

明治维新后日本在1894—1895年借助对清战争初步完成了"脱亚入欧"的国家目标,成为亚洲唯一一个摆脱了殖民地命运的近代国家,中日甲午战争和日俄战争使日本成为和西方列强一样拥有殖民地的宗主国。作为模仿者近代日本的帝国意识中无疑兼容了其模仿对象的主体性意识,诸如民族、人种的差别意识、大国主义(爱国主义)意识、文明传播使命者意识等。但日本文化传统积淀和国情的特殊性,又使日本的帝国意识中具有某些特定的价值观,如皇国意识和天皇制等,尤其是封建军国主义色彩浓厚的政治文化使其对外刚性扩张意识更为明显。20

世纪三四十年代，日本帝国追求建立"大东亚共荣圈"，就是这种刚性扩张意识最为疯狂的体现。

第一次世界大战后朝鲜半岛、中国东北、台湾、太平洋三大群岛等相继成为日本帝国的殖民地。进入20世纪40年代，日本帝国在强化对华全面战争和准备对美英战争的过程中，提出并确定了一个野心巨大的战略目标，即建设所谓"大东亚共荣圈"，日本帝国是这个以"共存、共荣"为标榜的势力范围的核心和领袖国家。

以西方文明优等生自傲的日本帝国赋予了自身对抗西方，拯救亚洲、开发落后邻国的天赋使命，日本思想史学者竹内好认为"日本文化在结构上是一种优等生文化。秀才们集中于军官学校和帝国大学，而这些秀才支配着日本。……自己作为构筑起这些优秀文化的日本文化代表选手，与作为劣等生的人民在价值上完全不同，自己是被选拔出来的。顺理成章，指导落后的人民是自己的使命。指导落后的东洋各国也是自己的使命。这就是优等生情结的逻辑推演。所以，主观上他们是正确的。于是，进一步产生了下面这种反映优等生心理的独断性结论：我们之所以优秀，是因为接受了欧洲文化，因此落后的人民当然会接受我们的文化施舍，也必须接受"①。"大东亚共荣圈"可以视为日本自赋天命欲在亚洲建设一个以日本为中心同欧美列强对等的势力范围的终极表现。

"大东亚共荣圈"一词最早是由1940年7月第二次近卫内阁外相松冈洋右提出，他在就任外相后的首次记者招待会上称："作为我国目前的外交方针，就是以此皇道的大精神为准则，首先以日满支为一环谋求大东亚共荣圈的确立"②。按照松冈洋右的理念，日本文化中的皇国主义精神是东亚共荣圈的精神内核和支柱，共荣圈内国家和民族的皇国化是理所应当的事情。

日美太平洋战争爆发前，日本以政府决策形式将"大东亚共荣圈"

---

① ［日］竹内好著、孙歌编：《近代的超克》，李冬木、赵京华、孙歌译，生活·读书·新知三联书店2005年版，第200—201页。

② ［日］小林英夫：『大東亜共栄圏・シリーズ昭和史7』，岩波书店1988年版，第16页。

固化为日本的势力范围,"帝国对大东亚共荣圈地带居于政治指导者之地位,负有维持秩序之责任。……在经济上,帝国在上述地带的国防资源方面,要保留优先地位"①。

到1942年6月,帝国日本用战争方式完成了对覆盖西太平洋、东亚、东南亚等近7955万平方公里,包括4.8亿人口的军政统治,② 这是"大东亚共荣圈"最鼎盛时期的状态。

在这样一个依靠当地政权傀儡化、属地统治军政化、被征服国家殖民地化的区域内,日本帝国的军事力量是这一势力范围能够形成并存立的唯一支撑。当然,区域内的人口与资源配置同样要服从于军事方面的需要。人口的移动同资源和产品的流动一样是由日本帝国政府根据需要来掌握、控制的。同重要战略物资、资源类原料普遍由各殖民地区域集中流向日本本土相反,日本人口主要是由日本本土呈放射状向各殖民地区域移动。中国东北成为这一时期日本国策中移民人口移动的最主要地区。

当时的日本社会普遍认为地旷人稀、物产丰盛的中国东北,是日本移民的理想之地。甚至某些所谓满蒙史学者提出满洲是"现代地球上最有力的移住地"③。日本将独占中国东北并使之殖民化看成是日本帝国的天赋使命。1927年7月,田中义一首相在东方会议上发表《对支政策纲要》中特殊强调"满蒙,特别是东北三省地区,对我国国防及国民生存拥有重大的利益关系。因此,我邦不仅要特殊考虑,而且,……作为接壤之邻邦,又不能不感到有特别的责任……万一动乱波及满蒙,由于治安混乱,有侵害我在该地特殊地位和权益之虞时,不论来自何方……都要决定不误时机,采取适当措施"④。驻奉天总领事吉田茂积极附和田中首相的对华强硬外交,称对华侵略无须中国人理解的

---

① [日]日本外務省編:『日本外交年表竝主要文書』下,原書房1966年版,第481頁。
② [日]小林英夫:『大東亜共栄圏・シリーズ昭和史7』,岩波書店1988年版,第43頁"大東亜共栄圏"の面積、人口表。
③ [日]矢内原忠雄:『満州問題』,岩波書店1934年版,第102頁。
④ [日]日本外務省編:『日本外交年表竝主要文書』下,原書房1966年版,第102頁。

奇论。他在向田中内阁提出的《对满政策之我见》的政策建议书中称："在他国领土上企划着如何伸展扩大本国的国力，向对方国家叙述自己国家的诚意，这种做法在国际上有没有成功的惯例我们还不得而知。并且在增强国家实力的国策执行之际，如果没有得到对方国家的承认我们也不能有踌躇逡巡之举。英国对印度的政策刚开始并没有得到印度人的支持；法国人也并没有顾及阿尔及利亚人的反对而放弃对阿的政策；美国人在美国中部地区虎视眈眈，并没有得到土著人给他们的箪食美酒，另一方面我们也恐惧我们所实施的对待中国及满洲制度给中国人民带来的抵日情绪。我们也正在为这个解决办法而煞费苦心。既然企图发展满洲及中国，就应该做好中国人民有抵日情绪的思想准备，就不能对中国的抗日情绪有恐惧心理，基于既往事实并且基于中国本身的国内形势，我们所实行的国策没有任何值得质疑之处。"① 显然，在极度崇拜欧美政治文化的吉田茂看来，英美在印度和美洲大陆的成功都是源于无视殖民对象的意志，日本帝国在中国东北同样应该如此效仿。

日本学者矢内原忠雄对殖民地的解读是，"从语义上看，殖民地应含有如下的三个要素：第一是本国人移民；第二是由移民者开垦利用土地；第三是政治上从属于宗主国"②。"满洲国"名副其实地成为日本的殖民地，而且日本帝国作为宗主国向中国东北地区的大规模移民，远远超出了以往传统帝国主义国家的殖民范畴。从移民的目的和目标角度来分析，日本帝国给大规模日本移民赋予了多重使命，治安移民和农业移民是其中两个最重要的方面。移居中国东北的日本移民，不是传统意义上的人口输出和农业开发，它还给移民人口赋予了浓厚的军事力量色彩。从移民多安置到靠近中苏边境地带的东北北部这一现象来看，其移民的军事用意极为明确。

所谓"满洲移民"从1932年开始直到1945年8月日本战败为止，被日本政府以"民族迁徙"形式送到满洲的日本移民为102239户，

---

① ［日］吉田茂著：『對滿政策私見』，http://www.jacar.go.jp/DAS/meta/MetaOutServlet/，2011年5月8日。
② ［日］满史会编：《满洲开发四十年史》上，东北沦陷十四年史辽宁编写组译，新华出版社1988年版，第5页。

1220968人（指普通的开拓团和义勇军开拓团总数）。此外，还有"满洲开拓青少年义勇军"（由15—18岁青少年组成）约有21986人。① 根据日本驹泽大学浅田乔二教授的研究结论，日本政府给满洲移民赋予了5项政治和军事任务。第一，协助确立和维持"满洲国"的治安；第二，作为防御苏联及战时的军事辅助人员，以协助关东军；第三，是为了解决日本农村的"人口过剩"和"土地饥饿"问题；第四，安置在满洲重工业地区的周边，承担防御任务；第五，使其成为在满洲确立"日本秩序"的中坚力量。② 显然，日本向中国东北移民的真实目的首先是作为军事上的辅助人员而确立的，经济上的考虑和人口压力缓解是次要目的。

日本学者冈部牧夫认为"日本人农业移民的政策，首先是以巩固日本统治东北而确立人口的基础为目标的，即以增加居住在东北的日本人绝对数量，来确保统治的稳定。所谓的100万户500万人的移民计划，是根据计算推断出20年后的东北人口将为5000万人，日本人将占其中的一成，说明这是一份精心策划的计划"③。

如此规模之大的官办移民，是在完全无视目的地区域民众既有生活状态下强行完成的，它对接受对象国的社会形态和民众生活，势必造成破坏性冲击，这就是本文要探讨的第二个问题。

二 殖民地化的中国东北成为多种矛盾的聚合区

日本对中国东北的侵略手法与控制手段，基本上是沿袭了日本殖民台湾的模式。"日本资本乃随国家势力而入台湾，再随国家及资本的活

---

① ［日］参见日本外务省调查、大藏省管理局：『日本人海外活動の歴史調査』（1949—1950年）23册；满洲开拓史刊行会：『満洲開拓史』，满洲开拓史刊行会1966年版。

② ［日］浅田乔二：《日本帝国主义与"满洲移民"》，载孔经纬、王承礼主编《中国东北地区经济史专题国际学术会议文集》，学苑出版社1989年版，第306页。

③ ［日］冈部牧夫：《伪满洲国》，郑毅译，吉林文史出版社2007年版，第143页。

动而有商品贸易的进行;同时,人口的移动亦随国家及资本的活动而进行。"①

日俄战争结束后,在台湾有过殖民地统治经验的后藤新平出任满铁首任总裁,他在《就任满铁总裁情由书》中提出了"经营满洲"的统治理念,"日俄的对抗,未必以满洲一战可以结束,第二次战争不知将在哪一年到来。如果胜利在握时,就先发制人;不能操胜,则以自重等待时机;即便开战亦不胜,我仍应留有善后余地。总之,我在满洲必须居于以主制客以逸待劳的地位……其得心应手之计,必当第一经营铁路;第二开发煤矿;第三移民;第四兴办畜牧农业设备……其中必以移民为要务……现在如依靠经营铁路不出 10 年将得以向满洲移民 50 万,俄国虽强也不能向我开启战端……我们倘在满洲拥有 50 万移民和几百万畜产,一旦战机对我有利,则进而作好入侵敌国的准备;于我不利,则肖然不动持和以待时机;这便是经略满洲大局的主张……"②

随后,满铁成为日本"经营满洲"的核心。但后藤新平提出的"不出 10 年向满洲移民 50 万人"的计划进展并不顺利,"截至满洲事变的 25 年间,移居满洲(包括关东州属地商埠地在内)的日本人才只有 23 万,大部分都是从事各方面开发活动的人员及其家属,农业移民不足 1000 人"③。日本政府将移民失败的原因归咎为"原因之一就是由于中国农民的生活水平低,无法同他们竞争"。"反之,中国人向满洲移民,从 1923 年至 1930 年间高达 290 万人,成为世界史上无与伦比的民族大迁移,与日本形成了鲜明对比。"④ 中国民众在本国土地上呈自然状态的人口流动,在日本帝国政府看来反而成为殖民者进入的最大阻碍。

"九一八"事变后,日本人移民中国东北出现了高速增长的趋势。所谓的"满洲",在 20 世纪三四十年代成为日本社会各阶层追逐的热

---

① [日]矢内原忠雄:《日本帝国主义下之台湾》,周宪文译,帕米尔书店 1987 年版,第 125 页。

② [日]鹤见佑辅:『後藤新平伝』,太平洋協会出版社 1943 年版,第 31—33 页。

③ [日]满史会编:《满洲开发四十年史》上,东北沦陷十四年史辽宁编写组译,新华出版社 1988 年版,第 11 页。

④ 同上。

点海外地域。"自1932年至1945年,有近30万日本农民服从移民国策,以各种各样的方式移居到满洲。……除了这些农民之外,在战败前的日本人当中,'满洲体验'也是以各种各样的方式存在着。仅在日本的权益铁路的南满洲铁路(满铁)的从业人员,大致也超过10万人。其他的日本资本的公司职员、官吏、一般侨民,再加上军人、士兵,合在一起最多时有100万以上的日本人生活在那里,如把短期旅行者包括在内,以某种形式与'满洲'有关系的日本人是极其众多的。即便是在距战败33年后的今天(1978年),大部分日本人,自己和朋友、熟人的亲戚之中,至少也可以找到一位曾经是'满洲体验者'!在这种意义上,日本人同'满洲'的关系,是贯穿整个日本现代史的最大的国民体验之一。"①

1935年以后,大规模向中国东北移入日本农户上升为日本与"满洲国"政府的十大国策之一,制订出一项为期20年(1937—1957年)的百万户移民计划。目的是稀释东北的民族成分,改变东北的人口结构。

在日本向中国东北实施移民过程中,日本国内移民事务由拓务省负责,满洲移居协会负责移民的后援、宣传、训练等事务,在"满洲国"内专门设立以获取移民用地为目的特殊公司——满洲拓殖公司。

"匪贼掠夺金钱和贵重物品,但并不掠夺土地。满拓(会社)强制收买农民生活的基本条件——土地,失去土地,乃是(中国)农民最痛苦之事。"② 据统计,到1941年年初日本移民在中国东北掠夺的土地面积达2002.6万公顷,是"日本内部耕地面积约600万町步的3.7倍强",占中国东北地区已耕地和未耕地的2/3。③ 大量失地农民被迫进入城市艰辛谋生,或被迫去开发更为荒僻的土地,或沦为日本移民的雇工,或加入反日武装。

作为帝国子民的日本移民在入居中国东北后,以开拓蛮荒之地的帝

---

① [日]冈部牧夫:《伪满洲国》,郑毅译,吉林文史出版社2007年版,第3—4页。
② [日]野村佐男:『开拓关系问题(一)』(1941年),转引自满洲移民史研究会编《日本帝国主义在中国东北的移民》,孟宪章等译,黑龙江人民出版社1991年版,第547页。
③ 高乐才:《日本"满洲移民"研究》,人民出版社2000年版,第345页。

国使命践行者自居，自身优越感极强，普遍地对中国民众持有偏见。日本当政者自己都承认："在日本内地以及当地，对开拓民的教育，由于灌输了作为国策移民的国士气概，因而徒劳无益地使其自高自大，同时，转化成为对原居地满人民族的蔑视观念，并过分地施以殴打暴行，甚至加以杀害，而且这常常是集体的行为；因而，给满人民族以被压迫、被迫害的感觉，为此使他们对开拓民感情激化，并加剧了某些满族民众的不稳定，并转化成为反日情绪的事例也屡见不鲜。"① 关东军的军事占领与日本移民的殖民开发构成了日本帝国主义在中国东北14年侵略史的一个实相。

大批日本移民涌入使中国东北地区原有的社会结构和社会发展进程受到严重的破坏，形成了一种新的殖民地色彩浓厚的社会结构，东北社会矛盾趋于复杂化，阶级间对抗与民族间矛盾交织在一起。

三 带有工具属性的朝鲜移民

东北地区与朝鲜半岛山水相连，越境移民现象早已有之。日本侵占中国东北后出现日本移民和朝鲜半岛移民同时涌入东北的局面，使东北地区的民族关系更趋复杂化。

日俄战争后，朝鲜半岛是作为对俄战争的战利品被日本帝国纳入版图之中的。日本独协大学教授中村粲对日本并吞韩国的历史给出这样的解释，"日俄战争后，日本并吞了韩国。为什么要并吞韩国？并吞的理由何在？简单地说，一是为了东方的稳定和东方的和平；二是为了日本的安全，即自卫。……换言之，在此之前的灾祸和混乱可以说全部起源于朝鲜。日清（甲午）战争和日俄战争都是因为朝鲜而引起的。日本不想打第三次决定朝鲜命运的战争，才取消了徒有虚名的韩国的独立，将他并吞"②。日本右翼学者依然还用这种充斥着帝国意识的思维方式，去向日本社会解读日本对邻国侵略行为的合理性与公正性，着实令人

---

① ［日］冈部牧夫：《伪满洲国》，郑毅译，吉林文史出版社2007年版，第150页。
② ［日］中村粲：『大东亚战争的起因』，载历史研究委员会编《大东亚战争的总结》，东英译，新华出版社1997年版，第9页。

诧异。

1910年日韩合并，日本设置了韩国统监府，完全殖民地化的朝鲜社会结构受到破坏，日本人大量进入朝鲜半岛，挤压了朝鲜民众的生存空间，大批朝鲜人迫于生计而移居中国东北。"迄至日本帝国主义强化侵略政策之前，各地的中国人和朝鲜人之间的关系是融洽的。当然两者间的关系，是以中国军阀对朝鲜农民的统治和中国地主对朝鲜农民的剥削为前提的，但远比日本帝国主义统治以后的情况好得多。"①

"九一八"事变前，日本政府对朝鲜人移民中国东北是采取鼓励政策，一方面可以缓解日本在朝鲜半岛殖民统治的内部压力输出矛盾；另一方面可以利用对朝鲜移民权益的保护名义，扩大日本对中国东北的实际控制，"万宝山事件"就是一例证。因此，这一时期的朝鲜移民被日本帝国主义利用成为释放内部矛盾的工具性质的输出移民。

日本并吞朝鲜半岛后，一方面在朝鲜半岛内挤压朝鲜民众的土地与生存空间，为日本国内人口移入腾出地域空间；另一方面又将朝鲜半岛的破产农户作为日本帝国的二等臣民补充日本在中国东北的人口数量不足。"由于九一八事变的战乱，部分朝鲜族人因其追随日本对东北的侵略，而被视为日本侵略者的走狗而陷入困境，而刚刚成立不久的'满洲国'政府因缺乏应对的能力，所以由朝鲜总督府和南满洲铁路株式会社出资，开展救济事业。"②

"满洲国"成立后，"朝鲜总督府作为统治朝鲜殖民地的最高权力机构，为了缓解朝鲜国内的民族矛盾，利用拓务省促进日本移民之机，也想推行朝鲜移民政策。然而，关东军作为'满洲国'的总后台，掌管全东北的社会治安和秩序，出于治安和军事上的考虑，尽管积极促进日本人武装移民，但对朝鲜移民却采取消极甚至反对的态度"③。这是由于日本独占中国东北之后，朝鲜移民对于日本帝国而言失去了以往的利用价值，日本人移民中国东北成为优先考虑的国策行为。后经朝鲜总

---

① ［日］满洲移民史研究会编：《日本帝国主义在中国东北的移民》，孟宪章等译，黑龙江人民出版社1991年版，第466页。
② ［日］滿洲國史編纂刊行会：『滿洲國史（各論）』，謙光社1973年版，第806页。
③ 孙春日：《中国朝鲜族移民史》，中华书局2009年版，第433页。

督府与关东军合议，决定对朝鲜移民暂时采取顺其自然的放任政策，"九一八"事变后，由朝鲜半岛迁入中国东北地区的朝鲜人移民仍逐年增加，据"满洲国"国务院统计处的调查，1938年东北朝鲜人已达1117892人。①"1945年日本战败时，居住在中国东北的朝鲜人口总数（包括早期迁入的朝鲜族人和朝鲜人移民），推断达150万人以上。"②

1939年，朝鲜总督府拓务次官田中武雄提出经营满洲的前提，应以日本人为核心，"另一方面，从统治朝鲜的立场出发，新归附的两千万同胞的人心向背，乃是政治上的极大问题"。"在海外发展，大陆雄飞，均以日本人为核心。同时，又须使得外地新归附人民各得其所，逐渐皇民化才能得益，这难道不是极为必要的吗？"③

经过日本政府、朝鲜总督府、"满洲国"方面的协调，朝鲜总督府在1939年1月制定出如下朝鲜移民政策方针。

（1）如何对待在满洲的朝鲜人。从日本帝国的立场出发，归根结底要以其为日本臣民，按其能力与内地人平等对待；从"满洲国"的立场出发，以五族协和之建国精神为原则对待。

（2）朝农的入殖地，难以避免由于军事上、行政上必要之掣肘，且由于"满洲国"自主地决定每个入殖地，故原则上将全满作为入殖地。

（3）将朝农移民入殖形态分集团、集合及分散三种，每年大致1万户。而集团、集合及分散移民，总体上必须有本府（朝鲜总督府）所指定的移住证。

（4）分散的已移居朝农，凡已定居者，不再使之成为集合移民。④

为了不影响日本人的国策移民，日本政府对待朝鲜人移民的政策是在统一的管制之下，主要移入东北的东南地区，尽可能地避免与日本移

---

① ［日］满洲國通信社编：『满洲開拓年鑒』，满洲國通信社出版部1941年版，第276頁。

② ［日］松村高夫：『日本帝国主義下における'满洲への朝鮮人移動について』，『三田学会雑誌』，1970年第63卷第6号，第87頁。

③ ［日］临时满洲开拓民审议会编：『临时满洲开拓民审会议议录』（1940年），转引自满洲移民史研究会编《日本帝国主义在中国东北的移民》，孟宪章等译，黑龙江人民出版社1991年版，第535页。

④ ［日］朝鮮総督府：『朝鮮総督府施政三十年史』（1940年），名著出版1972年版，第898頁。

民争夺北满地区的土地。

实际上,成为日本国策移民组成部分后的朝鲜移民,仍无法摆脱日本帝国二等臣民的地位。朝鲜移民作为一个族群而言,在"满洲国"的政治地位实际上是很低的,族群中的绝大多数成员仍身处社会底层,七百三十一部队的细菌实验对象同样包括朝鲜人在内就是一个例证。由于朝鲜移民多善耕种水田,其开发的农地更容易成为日本移民的首选土地,伴随着日本人移民团的入殖,朝鲜农民的水田多数成为被没收的对象,其境遇与中国农户并无太大的差异。"在满朝农常被到处追逐,无安生之日,实甚可怜。"①显然,"日本帝国主义占领满洲之前移居的朝鲜农民受中国地主和朝鲜地主的剥削,但占领后的状况,除还残留有地主统治,佃耕地租率增大的情况外,还表现为帝国主义统治者的直接统治取代了地主的统治"②。朝鲜移民作为二等臣民,其身份同样被定义为侵略者追随和协助者的角色,而在日本政府看来他们只是可资利用的皇国二等臣民。

四 结语

由于日本的殖民帝国是依赖军事力量建立和维系的,因此当日本宣布接受《波茨坦公告》,日本帝国军队无条件投降的那一刻,日本帝国在海外殖民地的统治体系就彻底崩塌了,帝国的消失缺少了一个瓦解的历史过程,海外移民失去了存在的基础,出现全面退潮现象也是必然的结果。作为服从日本帝国殖民战略需要而产生的国策移民们,不可避免地成为国家政治的牺牲品,出现了所谓的"残留夫人""残留孤儿"等特殊历史问题。朝鲜移民因其特定的身份在战后其资产同样被国民政府视为敌伪资产予以没收,人员被作为韩侨遣返回国,日本移民和朝鲜移民如同大海落潮一样,随着大日本帝国的崩溃而轰然退去。显然,这种纯粹出于国家政治目的的移民潮违背了人口移动的自然规律,只能是暂

---

① [日]满洲移民史研究会编:《日本帝国主义在中国东北的移民》,孟宪章等译,黑龙江人民出版社1991年版,第566页。

② 同上书,第541页。

时的，不具有可持续的社会基础。移民如若不能以和平的自然流入方式并获得当地社会的认同，其结局往往都是悲惨的，一部分朝鲜移民能够留居中国东北是历史积淀和自然融合的结果。

（原载《社会科学战线》2014年第10期）

论政治互信缺失与现实中日关系的困局

一 信任是相互的，前提是相互认知度

信任是国际社会最为稀缺的资源。尽管有关国家间的协定、协议，是基于所谓相互信任和了解基础上的妥协结果，但在实际运作过程中仍会时有不遵守协议原则的事情发生，这也体现了国际政治中国家利益为最高准则的精神。

绝对意义上的信任在国际政治当中是不存在的。而我们在这里探讨的是一般意义上两个国家间友好关系，尤其是两个具有地区和世界责任的国家间的友好关系的保持，应该是以信任为基础的，这不仅关系两国间外交关系，也关乎东亚地区国际秩序的稳定与平衡。

中日间的了解程度对彼此而言，似乎不是一个问题。两国间的交往历史有千年以上，但也正是有这样一种认识历史的存在，其中所形成的负面的、带有偏见的认知反而成为两国相互间认知的障碍和历史包袱。之所以提出这样的问题，首先是基于历史。在中日两国千年以上的交往历史中，从来都是一种强弱关系、大小关系，两国间关系并不是建立在一种平等基础上的自然交往关系，无论是隋唐时代，还是明清时代，近代甲午战争以后更是日强中弱的50年侵略与被侵略的关系史。东亚历史上，无论是近代以前存在的华夷秩序，还是现代日本帝国主导下的大东亚共荣圈，两国关系都是不平衡的一种畸形关系。东亚地区始终只有一个强国，这个强国主导东亚世界，是长久以来东亚历史上的特有现象。

如今，国际政治格局在发生深刻的转变，东亚地区尤其如此。中国在经济总量上已超越日本成为世界第二大经济国。中国是世界第二和发

展中国家第一投资目的地。截至 2006 年年底，中国累计对外直接投资 733.3 亿美元，境外中资企业达 10673 家，各类外输劳务人员约 68 万人，遍及全球近 200 个国家和地区。中国已成为世界经济增长的强有力引擎，对世界经济景气走势产生着越来越重要的影响。加之，中国是安理会五大常任理事国之一，对国际事务具有很强的影响力。在东亚事务中的朝鲜半岛问题上，中国同样具有举足轻重的作用。这些客观存在的现实表明东亚历史已进入中日两强并立的时代。对中国而言是如何扮演好一个负责任的地区大国角色；对日本而言则是摆正心态，客观理智地接受这一现实的心理调整过程。

日本方面的对华认知和心理调整，不是少数政治家和经济界人士的"专利"，广大日本国民同样需要调整好接受中国已经成为大国的既成事实。日本学者南博曾指出："从古至今，日本人的外国观有两种类型：第一是强调日本的落后，进而把特定的外国理想化的态度；第二是强调外国的落后，进而把日本自身理想化的态度。"①

甲午战争以后，日本国民普遍滋生了对华优越感和歧视意识，对近代中国而言，支配意识是日本社会的对华主流认知。世事变幻，21 世纪的中国已然完全摆脱积贫积弱的落后境地，正在成为对世界格局具有全局性影响力的大国，日本政治家都需要正视这一现实，在积极发展经贸关系的同时，两国的政治关系同样不能滞后。战后日本唯一具有世界级影响力的政治家前首相吉田茂在半个世纪前对中国问题的论断，笔者认为对当代日本政治家仍具有借鉴意义。吉田茂曾说："我认为东洋的问题，归根到底就是中共的问题。不是越南的问题，不是朝鲜的问题，不是台湾的问题。汉民族不管怎么说在东洋都是优秀的民族。它的兴废是决定东洋的命运或者说是决定世界的命运也不为过。因此，四亿也许六亿也未可知，如何获得这样的中国的人心，我认为在东洋是理应作为外交的中心问题呀。"②

---

① ［日］南博：『日本人論』，岩波现代文库 2006 年版，第 425—426 頁。
② ［日］财团法人吉田茂纪念事业财团编：『人間吉田茂』，中央公論社 1992 年版，第 629—630 頁。

二 中日两国彼此不是"他者",是邻居和伙伴

在近代日本向帝国日本转化的过程中,东亚邻国尤其是中国,成为帝国日本发轫到强盛及至覆亡的最主要参照物。

按照日本思想史学者子安宣邦的分析,"对于日本来说,中国曾经是一个巨大的他者存在,现在依然如此。就日本文化特别是成文书记文化来讲,中国及其汉字文化正可谓是一个作为前提条件的巨大存在。这是日本文化成立的不可缺少的前提,也是不可回避的条件。即使日本人的民族意识要对此予以否定,若没有中国文化这个前提,日本文化是不可能存在的,这一事实亦无法否定。……中国对日本来说是一个巨大的他者。始于19世纪后期的日本近代国家之自立的成长发展过程,乃是与巨大他者——中国经历了极其复杂的政治心理过程的历史。如果没有把自己与中国区别开来,就是说如果不强行把逐渐实现了近代化的日本与中国进行差异化,那么,日本作为近代国家的成立和发展都是不可能的。……最终,近代日本在中国大陆甚至展开了与杀父行为相仿佛的否定性行动"[①]。

根据子安宣邦教授的批判性分析,近代中日关系非理性的一面,完全是日本以差异化他者中国而展开的,诸多困扰现代中日关系的历史问题,也是在这一大背景下产生的。正视历史,以史为鉴是直面历史的应有态度。二战后德国政府和社会对纳粹德国历史的反省,足以成为日本政界和社会借鉴的模本,不真正反省历史,是无法达到谅解和理解的,不能在谅解、理解、和解基础之上能建立起真正的信任关系吗?这是一个不解自明的问题。名古屋市河村市长的抹杀南京大屠杀狂言,尽管是个例,但也反映出日本社会对侵略战争的反省态度是令人怀疑的。

在当今世界经济全球化的大背景下,任何一国的发展都离不开世界,作为东亚近邻,中日两国经济上互补性极大,本国的发展同样离不开对方。现实的中日两国不再是彼此的"他者",而应当是合作伙伴与

---

① [日] 子安宣邦:《东亚论——日本现代思想批判》,赵京华译,吉林人民出版社2004年版,第78—79页。

和睦相处的邻居，要彼此成为"友邻"而不是互为"恶邻"。日本前驻华大使丹羽宇一郎曾形象地比喻中日两国关系是比夫妻关系还要紧密重要的关系。前首相鸠山由纪夫提出的"东亚共同体"设想，尽管有理想主义色彩，但它的确应当成为东亚各国政府和民间努力实现的目标。

欧洲共同体的形成，关键在于法德两国和解并成为共同体的双核心发动机。东亚地区能否实现类似欧共体那样的地区性组织，关键是中日两国。日本应当接受中国与日本比肩，并终将被中国超越的现实。中日双核心体制是两国经济共同繁荣、地区安全稳定的关键所在。而严酷的现实是日本对崛起的中国明显缺乏信任感，联合美国对中国采取围堵政策，将所谓地区安全的希望完全寄托于"日美安保体制"和美国在亚洲的军事存在，显然这样的外交理念已落后于时代的潮流，也是对中日两国现实关系的一种侵蚀。

继续沿用冷战时代的思维方式来处理中日关系，显然不仅落后于时代，而且同冷战时代的日本政治家相比，也同样是国际战略观上的退化。2012年4月27日，澳大利亚国防部部长史蒂芬·史密斯在接受《悉尼先驱晨报》记者采访时表述了这样的观点："在我们现在经历的这个时期，战略影响正转移到我们所处的世界，战略影响、政治影响和经济影响等。""崛起的不仅仅只有中国，还有印度，还有东盟，还有日本持续强大的经济"，"要遏制拥有12亿人口的中国那是不可能的。要遏制像印度这样一个人口也超越10亿的国家也是不可能的。所以这只是关系到我们所处的世界，国际社会本身正在适应战略影响正在不断变化这个事实"[①]

在这样一种大背景下，日本政治家的决断力和大局观就显得尤为重要。

三　两国间政治关系理应成为最稳定的关系

40多年前的1972年，中日两国邦交能够实现正常化的关键因素，是中日两国同时代的政治家都具有果断的政治决断力和明智的大局观。

---

① 环球网，2012年4月27日，http://msn.huanqiu.com/world/exclusive/2012-04/2672227.html

进入不惑之年的中日关系在新时期能否健康平稳发展，仍然离不开两国政治家的共同努力，尽管经济因素是中日关系中最活跃的因素，但最重要的因素仍然是两国间的政治关系，政治关系是根，经济等其他关系是枝叶。如何建立良好的互信政治关系，两国政府都有意愿和态度，但有诸多差异性存在。

2012年3月，中国外交部部长杨洁篪在11届人大5次会议记者会上对中日关系是这样阐述的："中日邦交正常化40年来，两国关系在各方面取得了长足进步。中国政府高度重视中日关系。我们主张双方应在中日四个政治文件的基础上，不断增进政治互信，扩大各领域的务实合作，增进国民感情，推进中日战略互惠关系。关于中日关系当中存在的历史、钓鱼岛等敏感问题，我们希望日方充分认识到这些问题的复杂性和敏感性。因为这些问题是关系到中日两国关系的政治基础和两国关系的大局。所以我们希望，日本方面真正做到以史为鉴、面向未来，切实从两国关系的大局出发，处理好一些十分敏感的问题。"从杨外长的谈话中可以看出中国政府对日外交政策的总体思路和态度，是十分明确而稳定的，增进政治互信是对日外交政策中的一项重要原则。

进入21世纪后，日本政局发生急剧变化。高举"变革"大旗的民主党取代长期执政的自由民主党上台执政。在着力于内政变革的同时，民主党也试图在外交政策领域有所改革。鸠山由纪夫任首相时提出自主平衡的外交理念，一是坚持以日美同盟为基轴的基本方针的同时，强调日本外交的自主性，主张日美地位对等；二是重视亚洲外交，外交重心回归亚洲，希望在对美和对华外交中寻找一种平衡。"东亚共同体"这一理念就是在这样一种背景下提出的。

美国从自身国家利益考虑和重返亚太战略的需要，认为鸠山外交干扰和损害了美国在亚洲的战略利益。因此，对鸠山内阁采取强硬的不合作外交，致使鸠山首相无力兑现竞选时的政治承诺，被迫辞职。

菅直人内阁上台后，在对华政策上曾表示继续坚持中日两国既定的四个政治文件，推进中日战略互惠关系的发展。为对华表示友好，摒弃了自民党时代在历史问题上时有反复的政治态度，明确表示内阁全体成员均不在"8·15"参拜靖国神社，开创现任内阁全体成员不参拜的先例。在日本驻华大使人选安排上，也刻意将长期与中国关系密切的伊藤

忠商事最高顾问丹羽宇一郎作为人选，显露出重视对华外交的姿态。但国内政治生态环境的恶化，迫使菅直人内阁调整外交政策，修复和强化日美关系，在亚洲外交领域以加强"日韩信赖关系"为亚洲外交的重心，疏离对华关系，重新回归依赖美国的追随外交轨道中。菅直人内阁对日美同盟关系高度重视，称日美同盟"不仅支撑着日本的防卫，而且可以说，也是支撑亚洲和太平洋稳定与繁荣的国际共有财产，今后也将稳步深化同盟关系"。菅直人内阁的外交转向在对华政策上就表现为在钓鱼岛撞船事件上的强硬态度。中日间本就脆弱的战略互信关系，在菅直人内阁时期呈现的是一种退步，双方的互信基础受到破坏。

在"3·11"东日本大地震救灾大背景之下，民主党内完成内阁更迭，以"泥鳅政治家"自诩的野田佳彦出任首相一职，在救灾内政为第一要务的前提下，野田内阁基本上是延续菅直人内阁的外交政策，日美关系仍是最重要的外交关系，日美同盟依然是日本外交的基轴。尤其是随着美国方面重返亚太从口头变成现实，2012年美国《国防战略指针》明确提出将战略重心移至亚太。野田内阁视美国重返亚洲为一大良机，日本不仅在中日间有分歧的钓鱼岛问题上采取攻势政策，而且还积极插手南海事务，明显表现出对华不友好和对抗的态势，日本正在扮演着美国在亚太地区的大跟班角色。在这样一种国际环境背景下，野田内阁积极呼应美国重返亚洲，军事上对中国采取遏制政策。

通过对21世纪以来民主党的三届内阁首相外交理念的分析，我们认为日本的对华外交政策呈现一种从积极转为消极，再到追随美国围堵中国的态势。从政治决断力和大局观角度来看，这几届民主党领袖基本上属于政治决断力不足，且缺乏大局观的弱势政治家，其头脑中仍具有很浓厚的冷战思维，外交理念仍然没有脱离20世纪50年代吉田茂首相所确立的对美追随外交的范畴。但同60年前的吉田茂相比，当代日本政治家不但没有超越吉田茂，反而落后于吉田茂的对华认识，吉田茂对当时美国的对华遏制政策是持批评态度的。吉田茂曾指出："日本今后外交政策上的大问题就是中共对策问题。对于日本来说，必须开放与中国大陆的通商。必须从中国大陆输入资源，对日本的中小企业而言，中国大陆是最重要的市场。开放与中国大陆的通商，将进一步促进日本的

复兴。"①

显然,一方面中日两国现实经济关系十分紧密而不可分,另一方面政治互信远未达到适合现实两国社会紧密关系的程度。经济上视为合作伙伴,而政治上疏离,军事上敌视,这是日本政治家应该面对和反省的重要对华课题。

也许,2002年日本学者子安宣邦在美国哈佛大学燕京学社发表的一段演讲词,能给日本政治家一定的启示。他说:"1945年日本的战败和1949年中华人民共和国的成立,意味着以帝国日本为中心的东亚协同体重构和以此为基础的世界秩序重组构想的彻底瓦解。同样也意味着或者应该意味着,将自己与'他者'中国差异化,经历了一味与发达欧洲同化的日本近代化路线受到了顿挫。1956年日本获准加入联合国,重新回到国际社会。然而,日本这种回归国际社会受到国际冷战结构的制约,应该最需要修复关系的东亚近邻诸国——与中国、韩国等的关系却未能得到解决。1971年受到尼克松访华的冲击,使日本与中国慌慌张张地恢复了邦交关系。但是,这种关系修复并非站在对到1945年为止的日本与中国关系的本质做出清算基础上的修复,至今依然反复出现的围绕两国间'历史问题'的冲突摩擦,便清楚地证明了这一点。与东亚近邻,特别是与中国、韩国根本的关系修复不曾解决的日本,却重新以经济大国身份在世界发达国家间占据了重要的位置。可是,日本在亚洲,特别是东亚没有自己明确的定位。或者可以说,日本作为国家没有自觉的定位意识。对于日本来说,东亚问题还没有解决。那么,添补这一国家意识的空白和问题未曾解决的空白,或者实际上添补这些空白的是什么呢?这是让强大的美国来代理安全保障问题而强大起来的经济强国日本吧?抑或从欠缺的空白处彷徨而出的,是孤立于亚洲的帝国日本的亡灵?在与中国、韩国之间反复出现的'历史问题',难道不正是失去镇魂机会而彷徨不已的帝国日本亡灵的鬼使神差吗?"②

显然,头脑中的历史认识无疑妨碍了政治人物对政治互信的认识深

---

① [日] 吉田茂:『大磯隨想』,雪華社1962年版,第28页。
② [日] 子安宣邦:《东亚论——日本现代思想批判》,赵京华译,吉林人民出版社2004年版,第86—87页。

度，而变动频繁的政局和短命的内阁又进一步局限了政治家的决断力和大局观，对美追随外交的惰性思维自然会成为最便捷的外交选择。从这些层面上来看，中日间真正的政治互信还有很大的空间需要双方共同去努力，政冷经热现象既是中日关系的现实，也将会长期制约中日政治互信关系的建立。而现实中日间国家利益的冲突，也将不断侵蚀本已脆弱的中日互信基础。

（原载《日本研究》2012 年第 3 期）

吉田茂の遺産について

一　経済中心主義

　"勿论'ナチス'或は'ファッシスト'といったものは国家の貧困さが引き起こしたものであり、'民主'は富める国の産物である。'民主'を実現するためには、先ず国民の食を満たし、职业を与え、国民生活を向上し安定的に高めることが極めて重要なことである"
　——吉田茂
　米国の前大統領リチャード・クソンが語ったことがある"リーダーとなる人物は一種の道理というものを有している、つまり、偉大なリーダーは若者を育てることをしない、というのは自分自身の業績に酔いしれていて、自分の地位に取って代わるような人物が他にいるなどということを想像すらできないからである。この点で吉田は特別な例外であった"。
　ある一人のリーダーに関して言えば、自己の政策は彼自身が政治の舞台から離れても依然として長きに渡り継続していくと思っている、かなり高度な自我意識の強さである。
　吉田首相は在任期間中、党内外の有能な政治后継者を育てることを重視してきた。自分の国を治めるという偉大な事業を継続し得るようにという想いからであった。当時の日本社会の论评は"大量の大臣を生産した，などと揶揄されもした。
　吉田の教育手法は"官僚出身者に対しては政党政治を教え、政党出身者には行政教育を施した。この様な教育を通して彼らを鍛え上

げ、優秀な政治家に育て上げる"というもので、池田勇人、佐藤栄作、岡崎勝男、橋本龍伍、鈴木善幸、田中角栄等数十名の行政官僚や党人政治家を吉田派のメンバーとし、一時期"吉田学校"と称された。吉田の恩恵を受け政府の官職に任じた人数は七九名の多きに達し、后には一四〇名にも増大し、戦后の日本政治に于いて一大奇迹を成し遂げた。

八〇年代の日本首相中曽根康弘は私"は第二の吉田茂のような政治家になりたかつた"と希望したことがある。吉田茂は一九四六年五月の最初の執政早々、すぐに経済復興を基本政策の中心課題とし、これを核とし、軽武装的国防政策と対米追随外交を以つて政策の両翼と定め、戦后日本五〇年の基本的な治国政策とした。

吉田首相が確立したこの復興政策は、戦后歴代日本内閣に継承されるところとなつた。たとえ、反吉田政治の最大派閥の鳩山一郎や岸信介等といえどもこめ基本政策は未修正のまま一貫して堅持した。彼の愛弟子である池田や佐藤等については論を待たない。吉田が日本の政壇に登場して以来経済復興を極力重視したのは、決して偶然ではなく、深刻な歴史と現実的な原因が具わつていたからである。

吉田茂は明治時代に生まれ育ち、戦后名を成した。日本社会が明治中興より昭和に至り落ちぶれ、心を揺さぶられた歴史的プロセスの検証人として麦秀の叹を覚えていた。悲惨な敗戦の現実は一国の宰相となった吉田茂をして身を以って促したのは明治時代以来の、いわゆる"富国強兵"政策であり認識を新たにした。実際には、明治維新以来、日本政府が真に行ったのは"強兵"，政策であり、所謂"富国"は単なる言叶の绫に過ぎず、"強兵"が真の目的であった。

一八八〇年十一月、日本陸軍参謀本部山県有朋が明治天皇に奉上した文中には"強兵は富国の元であり、富国が強兵の元ではありません"とある。真にこの政策を思想とした指導の下で、国力をいとわず，結末は計らずに国家の命運を賭けた危険な戦争のため数次の海外派兵をし、最后に中国の古い諺が的中する結果となった、いわゆる"勝気な者は必ず敗れ、壮健なものは病に倒れやすい"。

吉田は、過去の歴代内閣が"強兵"という一方だけを追求した

結果、米英との開戦を惹起し、これが歴代上最大の误算になったことを認めている。彼は"歴史上最大の误算は日本国土と国民に巨大な損害を与え、日本の戦前に蓄えたかなりの財産をこの误算によって殆んど喪失してしまった"ことに鑑み、そこで、吉田政権下では"富国"政策に充分に傾注し、米国が提起した大規模な軍拡要求にはある種の本能的な不快感を示し、異常なほど固執シて拒絶した。以下にしても"富国"の目的を実現するために彼はいささかも躊躇することなく経済中心主義と言うよりは、経済优先主義政策を選択したといえるかもしれない。

一九四五年九月マッカーサーとの会見で语ったのは、勿論'ナチス'、或はフアッシスト，といったものは国家の貧困さが引き起こしたものであり、民主，は富める国の产物である。'民主を実現するためには、先ず国民の食を満たし、职业を与え、国民生活を向上し安定的に高めることが極めて重要なことである"と语った。此の為に、彼は执政早々の施政方针演说で、本内阁は"全ての力を傾注して国家再建に邁進します"と提起した。食糧危机とインフレの抑制を第1の重要な課題とし、これを端緒として経済復興の取組みを開始する。

総合的観察によると吉田茂は七年以上にわたる长期政権を担ったわけだが一九五一年九月のサンフランシスコ讲和条約締結を境として前期と后期とに分けられる。

前期吉田首相は経済復興に全力を注ぎ、米国との巧みな協調によって讲和条約の早期締結を実現した、この時期が吉田政権の最盛期であった。

后期吉田政権は完全に蚁地獄のような泥沼に嵌りこみ、阁内人事のいざこざや派阀抗争、さらには金権スキヤンダル事件など、一英雄の周辺には黄昏が迫つていた。

政権最盛期には吉田首相は日本経済の復興のため、慣例を破つて甚だ経歴の浅い池田勇人を蔵相に起用し補佐官として秘書の宮沢喜一と大平正芳を据えた。"吉田首相——池田蔵相"の政治ラインを形成し、一挙にインフレ傾向にある日本経済を抑制するための軌道に乗せることにし、最も卓越した治国政策を有能な干部に徹底して執行させ

る必要があつた。一国の興亡は一人の政治家の力量だけで成せるものではなく、几代にもわたる政治家の努力が必要となる。

　吉田首相の賢明なところは、ほかでもなく戦後日本の復興のために経済中心主義政策を選択したのみならず、さらに一連の経済中心主義政策の信奉者及び后継者を育成したことである。

　日本の戦后経済の復興と高度成長など、最も重要な点は吉田首相が決定した政策が、中途でぶれなかつたし、政策の一貫性こそが吉田政権の最大の特色といえる。これを米国大統領ニクソンにして用意周到さを高く評価せしめ、"吉田は特別な例外である"と言わしめた原因がここにある。

　経済中心主義政策のみならず、よしんば吉田政権が経済を復興させるため何度も具体的な経済目標の経営パターンを制定したとしても、その后の歴代政権は延々とその政策を継続した。

　一九四九年五月、第三次吉田内閣は昭和二十四一二十八〔一九四九一一九五三〕年度経済復興計画を制定、計画目標を明確にし、一人当たりの平均収入を昭和五一九（一九三〇一一九三四）年度水平に達するよう提起し、并せて経済回復のための良好な環境をつくり、自主経済の形成を目指した。

　一九五一年一月、吉田内閣は又自主経済計画を制定（昭和二十六一二十八年度）、これにより、国際収支のバランスをとるため輸入の確保を重点政策に定めた。国民経済の実際の需要に合わせ、経済発展のための短期目標を定め、国力の総合利用による、迅速かつ有効な発展により総体的な経済的実力を整えるため、有効かつ幅広い経済処置を施した。

　吉田内閣から開始された戦后日本の歴代内閣は全て明確な経済目標を提出した。鳩山内閣の"経済自主五カ年計画"、岸内閣の"新長期経済計画"、池田内閣の"国民所得倍増計画"、佐藤内閣の"中期経済計画"、"経済社会発展計画"、田中内閣の経済社会基本計画"、三木内閣の"昭和五十年代前期経済計画"、大平内閣の"新経済社会七年計画"等々である。

　多くの経済計画の中で吉田学校の優等生である池田勇人が制定し

た"国民所得倍増計画"が歴代政権の制定した経済政策の中で出色のものであった。六〇年代経済の急速な成長はこの冠たる経済計画との関係を抜きにして考えることは出来ない。吉田の経済中心主義政策は后世に極めて大きな影響を及ぼしたことがわかる。

二　世界最強の国家と同盟締結

"「外交はテクニックでもなく権謀術策でもない。正確な外交方針は、国力を基礎に考慮するほかなく、苦心惨たんしながら弛まざる努力を続ける事が国家の命運を切り開く、これ以外に方法はない。テクニックや権謀術策を駆使して国家の利益を求めたとして、たとえ一時的に成功したように見えても、長期的な展望に立つと、この様な方法で自然に得るものは補えないし、逆に相手方に対し長期間の不信感を持たせることになる。以上により、大局的な観点に立ち人類の平和のために、自由と繁栄に寄与するため、堅持するものは堅持し、妥協するものは妥協すべく決意すべきである"

——吉田茂

戦后、吉田首相は本国の存亡の必要に迫られ、日本が確立すべき外交政策の核心は米国追従外交であるとし、并せて同盟締結を目指すことにした。彼は"今日の日米関係は決して人が意図的に創ったものでも、また偶然にできたものでもなく、敗戦、占領、讲和、独立といった一連の歴史の過程で自然に発展してできた実情的な関係である"と話している。

アメリカの著名な学者ハンス・モーゲンソはその名著《国家間の政治》の中で、外交は国家権力の頭脳であり、而して民族の士気はその魂だと言っている。

もし、外交上の視野がぼけていたり、判断が不正確であったり、決心が揺らいだりせず、それでは、地理的条件が有利で、食糧自給が可能で、原料が豊富で、工業が発達し、軍備が整い、人口が多く、民衆の気風が純朴である等は全て長所であるが、長期的観点からみれば国家には何の役にも立たない。もし、ある国家が幸いにしてこのよう

な长所を有するなら、外交は却って相手との齟齬が生ずるが、それでも一定期間には比类なき豊富な天然の財産の助けを借りて一定の実绩を挙げることができる。ただ长期的観点にたって言うならば、天然資源を浪費しなければ何事も出来ず、国家の国際目標を追い求める時、それぞれの財産が有する役割を充分に発揮できない、或いは优位な財产を使い惜しみ、或いはそれを无駄に浪費することになる。

吉田首相が确立した米国追随外交戦略は、三つの利益要素が挙げられる。

一、経済実用主義

二、歴史上強国と同盟締結に成功した経験がある。

三、国家安全上のただ乗り同様である。敗戦后の日本、経済は疲弊し、山河は破れ、形ある物質財産は殆ど全て戦火で毀損した。

経済再建だけが政府及び国民の唯一生きるための選択であり、当時の日本社会について言えば、生き延びることが第一であつた。吉田首相は"日本は一島国であり、一海洋国である、狭い国土に世界的にも希に見る人口密度を有する、此れだけの人口を養うには、対外貿易の拡大が必然的である。同時に、絶えることなく経済を発展させるために、先進国の資本と技術の吸収が必要である"。対外貿易を拡大し外国資本の吸収を考えると、世界各国の中で経済が最も富裕であり、技術水准が最も先進的な国家を対象にしなければならない。

これは、どのような主義主張や思想的問題に関係なく、最も有効な方法である。"特に、日本がもし今后国内に必要である外国資本の吸収問題を解決しようと考えるならば、わが国にとって、特にアメリカとの友好関係を維持することが自然であり最も重要である"この点について、吉田は外の政界関係者と比べ最も深刻な見方を持っていると思われる。

敗戦后まもなく、东久尔内阁で国務大臣を務めた小畑繁四郎に書簡を送り、曰く"国際秩序が回復し、我が方の誠意を表明する努力をし、講和条約を拠り所とし、対日制裁期間を短縮し、ひいては米英の援助を求め、国家再建及び経済復興の目標を実現したい"。

一九四六年五月、吉田最初の組閣は、六〇万トンのコメの緊急援

助を仰いでいる状況下で行われた。まさに、極度の貧困生活を強いられていた食粮危机であった。

　同年十一月二十七日、彼は国会での施政方針演説で再び協調したのは"同盟国は決して日本国及び日本経済を破壊する意図はない、日本経済を復興するために、我々は理に適った要求をし、同盟国自らが适正なる考慮により同情的な援助を与えてくれると信じております"。

　米国側は重油、石炭、鉄道のレールなど重要な物資を提供し、确保した吉田内閣は"超重点生産方針"を実施し、日本経済の再生复興を軌道にのせた。

　占領時期、とりわけ一九四八年以降、アメリカの日本に対する経済援助は大がかりで豊富な実効性のあるものであった。

　一九四五年九月～一九五一年の間、アメリカの日本に対する経済再生のための援助額は二一億一、八〇〇万ドルに達した。サンフランシスコ讲和条约缔结后、アメリカは継続して日本の経済振興を育成するため、国際金融机关から、貿易及び諸方面にたいする投資などに寄与するため、ゆとりのある期限で适宜な発展環境を構築させるため資金を提供した。

　例えば五〇年代初期日本はアメリカの強力な提携で順調にGATT及びIMFに加入できた。然しながら一九四六年になつてやつと正式にIMF第八条の通貨の自由兌換義務を果たし得た。このように、ゆとりのある有利な国際環境を有し、戦后の日本はすぐに西側の広大な市場に参入し、"貿易立国"戦略を効果的に実行し、充分に余裕のある外貨准備を得て、順調に"経済立国"戦略を実現した。

　一介の貧乏な島国が、この様なゆとりと有利で突出した環境を獲得できたのは、吉田首相が設定した外交戦略と密接な関係があると言わざるを得ない。

　これらは全て同時代に世界最強の国——アメリカとの同盟関係が前提にあつて実現できた。国家戦略のための外交政策実行は疑う余地のない事柄である。ナポレオンが以前語つたのは、ある国家の地理条件を理解すればその国の外交政策も理解できる。

吉田茂は戦后の確定した復興戦略のためには，軍事力や政治力に頼らず"海外における経済活動を通して日本の威信拡大を実現する"と述べ、この様な選択は歴史の証明するところであり非常に賢明的確であることは明らかである。

　アメリカをリーダーシップとする西側諸国との講話実現は道義上やむを得ない日米安保条約の締結となり、巧妙に日本の安全と命運をアメリカとの一連托生に委ねた。アメリカの庇護を借りた日本は敗戦国から経済大国への脱皮を完成させるのにわずか二十年余りで、世界の奇跡と称された。

　吉田首相は戦后米国との同盟を追及した、いうなれば明治維新以来の日本外交戦略の伝統的な一種の回帰である。

　吉田茂は"明治維新当時の先輩政治家は、国家困難の歳月の中、国政を掌握し興国の大業を成し遂げた。その苦心惨憺の跡は我々が今日ひとつひとつ目の当たり思い起こすことができる。先輩たちの苦心に鑑み外国と筑き始める最初の日本外交基本方針を樹立した、一言でいえば、英国との提携も同様である。"彼は日英同盟条約の締結時英国は大英帝国の最盛時期であり、然るに日本ははるか東に位置する小さな一島国にすぎないことを認識している。

　また、当時の大英帝国と日本は現在の米国と日本に比べてより大きな差があったと言える。

　日本の近代の突出した歴史もまた確実にかくの如く，日本は当時世界最強の国家との軍事同盟結成の力を借りて、アジア第一の強国清王朝に戦胜し、また当時世界最大の陸軍強国ロシアをも撃破した。この二度の国家の命運を賭した戦争を契機に、日本は帝国主義列強の仲間入りを果たした。第一次世界大戦后、日本帝国の野心は急激に高まった。三十年代、日本はドイツと同盟を組み英米とは反目し開戦にいたった。吉田茂の此の件に関する説明は"前述した日本の対英米関系の異常な状態は絶対に本来の日本の姿ではなく、一時的な錯誤であった"。

　戦后、"心底からの絶対的親英米派"を自称する吉田首相は"日本外交の根本方針は英米友好が大原則であり、今后も変わることはな

い、というより変えるべきでない，故にただ単に戦争に負けた后の一時的な惰性によるものでなく、明治維新以来の日本外交の正しい路线を踏襲する"ことを認めている。国家安全上、吉田首相がアメリ力追従を確定したことはまた一つの利益を得る要因である。戦后の日本が国際社会に対する最大の要求は安全の确保であり、アメリカとの同盟締結はこの种の安全确保に最も頼りがいのある保障である。事実もかくの如く、冷戦期間に東アジアに発生した二度の大规模な戦争——朝鮮戦争、ベトナム戦争にも日本は巻き込まれることなく、日本の経済発展に対して絶好のチャンスになつたと言える。

しかしながら、同一时期、中国は国家安全の确保のため后先四回戦争或は軍事冲突に巻き込まれた。平均五．一年に一度一緒に戦つている。その中の朝鮮戦争では中国はほぼ六二亿元（但し一九九六年当時の推定価格で、一、二〇〇亿元）の軍事費の出資をしている。アメリカに対抗してベトナムを支援した戦争中、一九七一年～一九七三年の援助額はほぼ九〇亿元（一九九六年推定換算額、少なく見ても一、八〇〇亿元）に達する。

吉田首相は"全ての事情を前提として言えば、最も根本的な問題は国防上の安全と治安上の保障である。もしこの様な前提がなければ、即ち民主政治の順調な推進と国民経済の勢力的発展は絵空事に終止する。彼は"目前の国際关系は非常に複雑で微妙であり、自由と共産両国家陣営の対立と冷戦状態は今后更に限りなく変化する。いかなる国家でも自国の力だけで独立を保つのは不可能なことである"と認識していた。

第二次大戦終戦后間もなく、米ソ両国の同盟关系が破棄され、全地球が米ソを各々頂点とする両大軍事集団的対峙の中にあつた。世界の絶対多数国家が別々の陣営に別れたのに、いくつかの少数の伝統的な中立国家、例えば、スイス、スエーデン等は依然として中立を保持していた。

軍国主義日本はかつてドイツと同盟締結をし破滅的な戦争へと突入したことに鑑み、日本社会は戦后平和に対して大いなる渇望を求め、国民は日本が真の中立を突現することを強く主張した。

吉田首相は中立主義を主張する人を"井の中の蛙大海を知らず"、"中立主義は即ち日和見主義である"等と厳しく反対した。

彼は反駁時に"朝鮮事変は赤色侵略者の魔の爪は日本周辺にも既に伸びており、日本自身まさに危険な境地にある。連合国の措置に対して、出来るだけ国内協力を推し進めるべきである。いわゆる全面講和と永世中立等の話は、単に現実的な議論だけでなく、さらに自ら共産党の罠にかかる一种の危険な思想と言うべきである。日本の安全保障は、明確な表明が必要なのは、わが国は誠実に自由主義国家と一緒に世界平和を作り出す貢献的態度であり、それでやっと達成可能なのである」。

吉田がまた強調するのは"自由主義国家との同じ考え方は、私が当時から今日に至るまで終始変わちない外交政策上の信念である。自由国家主義と一緒にの前進は、つまり自由国家主義のリーダー——アメリカとの強調につきる」"。

日本とアメリカの同盟締結問題に話が及ぶとき、彼は"アメリカは自身の太平洋戦略上の必要性からと米国国政上日本との条約調印を締結した。日本もまた自身の防衛と日本の国政上、アメリカとの安全保障条約の締結をした"ことを明らかにした。

世界で軍事実力最強の国家が自己の安全防衛事務を担うことにより、大量の財力を節約できるのみならず、国際冲突に巻き込まれる心配もなく、充分に勘定の合う取引を逃すことはない。戦后五〇年世界では次々と九〇回以上の大小を問わず戦争が起こつた。しかし日本は自国のことだけを考えていればよく、如何なる戦争にも巻き込まれなかつたのは、吉田茂の確立した安全保障戦略に負うと言えない事はない。

吉田首相自身の回顧録《十年回想》の中で外交の概念を述べている、一介め外交官が外交に対して不変の真理は"外交はテクニックでもなく権謀術策でもない。正確な外交方針は、国力を基礎に考慮するほかなく、苦心惨たんしながら弛まざる努力を続ける事が国家の命運を切り開く、これ以外に方法はない」。

テクニックや権謀術策を駆使して国家の利益求めたとして、たと

え一时的に成功したように見えても、长期的な展望に立つと、この様な方法で自然に得るものは补えないし、逆に相手方に対し长期间の不信感を持たせることになる。以上により、大局的な観点に立ち人类の平和のために自由と繁栄に寄与するため、坚持するものは坚持し、妥协するものは妥协すべく决意すべきである" と思考している。

吉田首相が苦心の未确立した战后日本の外交戦略は下记に示す数项目の原则に包括することができる。

一、世界上最も强大な国家アメリカとの同盟缔结を前提として、国家の安全保障を獲得する。

二、米国の核保护をただで獲得したことにより日本自身の防卫力を低いレベルに保つことができる。

三、経済复兴に全力を投じ、日本をして一経済大国としての面目を新たにせしめ、世界からの承认と尊重を獲得し得た。

四、日本の外交は意识形态を破弃し国际协调に倾注する。吉田时代の《日米安全保障条约》から、岸内阁の《新日米安全保障条约》を経て、一九九六年の桥本内阁の日米安全保障连合宣言に至るまで、日本とアメリカの同盟缔结外交戦略は未だに内容の変更は行われていない。寄らば大树の阴的実用主義外交戦略は、吉田茂が戦后の日本社会に残した遺産であると言う事ができるのではないだろうか。

三　最低限度の軍事費支出

" 戦后一二年に至り日本経済の惊异的な复兴には、いろいろな原因があるが、财政経済面から見ると、未だに军备をせずに财政の浪费を控えたのが確実に主要な原因の一つである。一个の爆弾を制造するために費やす金銭、労力および部品も使わず、完全な非生産体制をとつた。ゆえに、无益な再生産ひとつとって見ても、この种の金銭及び物资はどぶに舍てるのと同じである"

——池田勇人

吉田茂が日本を复兴させる戦略の中で経済の复兴が第一の目标であつた。たとえ如何なる事情があろうとも、万难を排して政策の実施

に邁進した。

　一九四五年八月、日本降伏後全国的に武装解除をさせ、アメリカは日本占領を単独で実行し、日本の国家防卫責任を暗黙のうちに米国人に担わせた。

　一九四七年五月、《日本国憲法》を発布、その中で明確に規定したのは、日本は軍队を保有せず永遠に戦争を放棄することにした。一時期、日本は世界に无二の平和国家を作り上げた。

　ただし、一九四八年アメリカは中国大陸の大きな形勢変化により、アジア戦略を維持するために対日占領政策を直ちに変更しようとした。

　日本はアメリカにより作られたアジア太平洋地区の反共の砦であるとし再軍備を求めた。

　駐日米軍第八軍司令アイケル・バーカ中将は"日本人は世界で最も安値で軍隊を構築できる、此れを利用しないのは愚かである"と憚ることなく言い放つた。

　一九五〇年六月二十五日の朝鮮戦争勃発後、アメリカの国務長官代理ダレスは直ぐにマッカーサーに対し日本の再軍備を提言し、一方で、対日講和の話し合いの過程で、特使としてのダレスはしきりに吉田に圧力をかけ続け、日本の再軍備を求めた。

　ダレスは"今日の国際情勢を見り、日本が非軍備態勢を維続して維持することは、如何なる理由があろうとも許されるものではない。それ故に、再軍備を講和の条件とみなす"と強調した。然るに吉田茂は頑強に抵抗し、平和憲法を盾に米国の要求を拒否した。実際には、彼の心の中は"防衛は米国に任せ、その費用を経済復興に有用する"というものであつた。

　吉田は"痩せ馬理論"を持ち出し"日本の現状は、軍事上の要求の決め手となる兵力数量も足りない。目下国家の経済力を充実させ国民生活を安定させることが、依然として先決問題である。日本は敗戦により国力を消耗し尽くし、一匹の痩せ馬の如きであり、もしこの痩せ馬に過度な荷物を背負わせよたよたと歩かせれば直ぐに疲労し身体を壊してしまう"彼の構想によれば、日本の防衛は国内の治安を

維持することができれば充分で、増強スピードは必ず緩やかな伸びとし、経済復興の負担や障碍になるのであれば決して軍備は認められない。

　鳩山、重光等の再軍備の主張に対し、吉田は"目前の経済状況下では、一艘の軍艦を建造するのでさえ政府の財政は破局する"と反駁した、たとえアメリカとの講和問題の会談准備中であろうとも、吉田はまた外務省官僚に対しても"締結の不変原則は日本自身の再軍備を禁止することである。平和憲法に照らしても、また日本経済の能力及び国民感情を考慮しても、再軍備は決して論ずべきではない"と明確に表明した。七〇代末日本が経済大国になる前、日本の防衛事務政策の基本は吉田茂が戦後確定した緩やかな発展政策により軍事費は終始低水平を保つた。

　一九五〇年日本の軍事予算は二〇〇億円。

　一九五一年日本の軍事予算は三一〇億円、当年度日本のGNP比二・一九パーセントを占めた。

　一九五二年は五九二億円、GNP比二・一九パーセント。

　一九五三年は六一一億円、GNP比一・六七パーセント。

　一九五四年は七四二億円、GNP比一・七八パーセント。

　軍事予算額は年度を追うごとに増加しているとはいえ、実際の支出は決して増加していない、物資の仕入れが難しいというのを口実に実際の支出を引伸ばしていた。

　この程度の規模の軍事支出は戦前の軍国主義時代とは云泥の差というだけでなく、戦後多くの発達した国家と較べても、未だ大きな格差がある。

　世界には経済が未発達の国家が存在するが、何らかの原因或は何らかの目的が発生し、已むに已まれず軍備をしている国もある。我々は軍事支出には限度がないことは承知している。金銭を投入すればするほど、武器庫には直ぐに新式の武器が完備する。しかし、また絶えることなく投入し続ける必要が生ずる。女性が流行のファッションに金銭を投入する如くいつまでもファッションを追い続ける。いわゆる窮すればするほど軍備を行おうと思い、軍備を行えば行うほど窮し、

騎虎の勢いとなり、悪循環を引き起こす。インドとパキスタン及び北朝鮮のようなケースは、この典型的な国家ということができる。

旧ソ連の崩壊の重要な原因の一つは米国との軍備競争の結果であり、巨額の軍事支出は全国民の経済を破壊してしまつた。七〇年代米国経済の大衰退も同じ原因から出たのである。当然、私は貧困な国は決して軍備をすべきではないと考えている。自分の国力に応じて行い、収支のバランスを取るべきである。

头脑明晰な吉田首相は、腹蔵なく吐露したことがある"戦后アメリカは絶対優勢な軍事力を備えており、日本が如何なる努力をしてもあの水平に到達する方法はない。追いかけるより宁ろ経済の発展に専心したほうがよい"。戦后日本の长期に亘る低水平の軍事支出は、経済飞跃の重要な原因の一つである。

六〇年代吉田茂も"あの時、もし早期に再軍備をしていたら、日本経済の奇迹的発展はなかったかも知れない"ことを认めている。吉田茂が政治的后継者として育てた池田勇人は、戦后日本の复興と再軍備の間の微妙な関系は非常に深刻なものであった。彼の恩师吉田が第一线から退いた后、斯様な話をしたことがある"戦后十二年に至り日本経済の惊异的な复興には、いろいろな原因があるが、財政経済面から见ると、未だに軍備をせずに財政の浪費を控えたのが確実に主要な原因の一つである。一个の爆弾を制造するために費やす金銭、労力および部品も使わず、完全な非生産体制をとった。ゆえに、無益な再生产一つとって见ても、この種の金銭及び物資をどぶに舎てるのと同じである"

此の中で価値のある指摘は、戦后吉田茂が日本のために计画した防衛政策は、八〇年代に入ると日本の新世代の政治家により舎て去られてしまった。経済大国の冠を被った新世代日本の政治家达は政治大国、軍事大国の目標をも追求しはじめた。

若しかしたら新世代の政治家は日本の舵取りは、既に吉田茂時代のよたよたした痩せ馬を勇ましい軍馬に生まれ変わらせ、数机の飞行机や、軍舰、ミサイルまで背负わせたことを认めている。

一九八二年政権についた中曽根康弘は率先して愿望を表明し、彼

は"世界政治の中での発言権を強める必要から、日本は経済大国の上に更に政治大国の地位と役割を発揮すべきである"と言った。中曽根时代日本の军备费の支出は毎年五パーセントずつ増加し、ついに初めてGNP比一パーセントの限度を超え、一九九〇年日本の軍事支出は三〇〇亿ドルに達し、米国と旧ソ連に次ぐ世界第三位のランクとなつた。

一九九五年日本の軍事費は五〇二亿ドルに達し、ASEAN七力国にベトナムとカンボジアを加えた军事費の総額の三倍以上となつた。目前の"自卫队は既に世界屈指に数えられる强大な軍事力を保持した"。少なくともアジアでは、軍隊のレベルと武器装備の質量について言及するなら、日本の自卫队は超一流の水平に達し、誰もその后姿を看ることができなくなっている。しかも九〇年代以后、日本自卫队の任務は"専守防卫"から"周辺地域の事態に関心を持つ"に変化している。

一九九九年四月二十七日、众议院は一部野党と国民大众の声を无视し、《新日米防卫协力指針》関連法案を強行採决で通した。《新日米防卫协力指針》，は吉田時代の《日米安保条约》や岸信介時代の《新日米安保条约》とは内容に修正が加えられている。

日本はもともとの相棒を共同で行動する盟友と变える。そのうえ、自卫队の防卫范囲を日本本土から周辺地域に拡大し、ひいては吉田茂政権時でさえタブーであった台湾さえもその中に包含している。一九九七年九月、官房長官梶山静六は日米防卫协力には"台湾を包括することは些かも疑う余地はない"と明確に宣言した。

富国の目的に達した后、再び强兵路線を步みだし、既に戦后日本五〇年にして国家発展戦略の基本モデルを完成させた。吉田茂が当時確定した復興戦略とは決して矛盾するわけではないが、ただ吉田は富国戦略目標の実現がこのようにも早く廃棄されるとほ思いもよらなかつたであろう。このような新世代日本の政治家の，"胆魄と狂言"に対して、地下で永眠している吉田茂が知らずに領いて評価するだろうか？とれとも首を振つて叹息するだろ

うか？

　軍事大国への傾向が強くなる可能性が高くなると思われている日本に対し、中国側とか韓国側がその恐れを危惧し、日本側に歴史問題の認識を強く求めている原因がここにあると思う。

（原載〈日〉《山形史学研究》2007年總第37号）

附录一 吉田茂年谱

1878年9月22日　　出生于东京都。
1881年8月2日　　3岁时过继给横滨贸易商吉田健三做养子。
1889年2月　　入耕余义塾就读。
1889年12月1日　　养父吉田健三病殁。
1895年9月　　入日本中学就读。
1895年11月　　转入正则寻常中学。
1896年3月　　从正则寻常中学毕业。
1896年9月　　考入东京物理学校。
1897年10月　　编入学习院中等学校，毕业后升入学习院高等学科学习。
1901年8月　　学习院高等学科毕业。
1901年9月　　进入学习院大学学科学习。
1904年9月　　因学习院大学科废止，被编入东京帝国大学法科大学政治学科。
1906年7月　　东京帝国大学法科大学政治学科毕业。
1906年9月　　通过日本外务省外交官领事官考试。
1906年11月15日　　被任命为领事馆后补。
1907年2月　　赴日本驻中国东北奉天（今沈阳）领事馆任职。
1908年11月16日　　接到外务省调其赴英国伦敦任职的命令。
1909年3月10日　　与牧野伸显之长女雪子结婚。
1909年3月17日　　偕夫人赴英国伦敦任职。
1909年12月28日　　升任日本驻英大使馆三等书记官。转赴日本

驻意大利使馆任职。

1918年2月	日本驻中国济南领事馆领事。
1918年12月10日	随日本全权媾和特使牧野伸显赴法国参加巴黎和会。
1920年5月1日	任日本驻英大使馆一等书记官。
1921年8月21日	被任命为日本驻中国安东（今丹东）领事馆领事。
1922年3月25日	任日本驻中国天津领事馆总领事。
1928年7月24日	调任日本外务省任外务次官。
1930年12月6日	被任命为日本驻意大利大使。
1932年12月5日	赴中国大陆视察旅行。
1934年10月9日	以巡阅使身份赴欧美各国。
1936年3月	拟任广田弘毅内阁外务大臣，因军部反对未果。
1936年4月10日	拟任日本驻英国大使。
1939年3月20日	申请辞官，获准，回国赋闲。
1945年4月5日	因从事反战活动被捕入狱。
1945年9月27日	就任东久迩内阁外务大臣。
1945年10月9日	留任币原内阁外务大臣。
1946年5月14日	因鸠山一郎遭整肃，承诺任自由党总裁。
1946年5月22日	第一届吉田内阁成立。
1946年11月3日	《日本国宪法》颁布。
1947年4月25日	由高知县当选国会议员。
1948年10月19日	组成第二届吉田内阁
1948年12月23日	解散众议院。
1949年1月23日	率自民党参加选举获胜。
1949年2月26日	第三届吉田内阁成立。
1950年6月22日	吉田与美国媾和特使杜勒斯会谈。
1951年1月29日	吉田与杜勒斯举行第二次会晤。
1951年8月31日	吉田作为日本全权代表率代表团赴美国旧金山参加和会。

1951年9月8日　　　　签署《旧金山和约》。同日，签署《日美安全保障条约》。
1952年4月28日　　　《旧金山和约》生效。
1952年10月30日　　 组成第四届吉田内阁。
1952年11月10日　　 出席皇太子明仁亲王的立太子礼，在祝词中使用"臣茂"一词，引起轩然大波。
1953年2月28日　　　吉田在众议院斥骂社会党议员西村荣一"混蛋"，引发内阁不信任案。
1953年3月2日　　　 众议院通过对吉田首相的惩罚动议。
1953年3月14日　　　内阁不信任案通过，吉田解散众议院。
1953年5月21日　　　第五次吉田内阁成立。
1954年9月26日　　　出访欧美7国。
1954年12月6日　　　众议院在野党提出内阁不信任案。
1954年12月7日　　　吉田内阁总辞职。
1955年11月25日　　 出访澳大利亚、东南亚各国。
1960年4月　　　　　 出任日美协会会长。
1960年5月12日　　　以日美修好通商百年亲善使节团团长身份访问美国，顺访英国、西德、意大利、法国。
1962年5月1日　　　 出访巴西、意大利、英国、法国、比利时、荷兰等国。
1963年2月23日　　　访问台湾。
1963年12月23日　　 正式从政界引退。
1964年4月6日　　　 赴美参加麦克阿瑟将军葬礼。
1964年5月6日　　　 获天皇授予菊花大绶章。
1964年9月　　　　　 任亚洲调查会会长。
1965年10月15日　　 天皇赐予鸠杖。
1967年10月20日　　 去世。
1967年10月31日　　 日本政府为其举行国葬。

附录二 吉田历届内阁成员名录

第一次吉田内阁（1946年5月22日—1947年5月23日）
  首相 吉田茂
  内相 大村清一、植原悦二郎
  藏相 石桥湛山
  法相 木村笃太郎
  文相 田中耕太郎、高桥诚一郎
  农林相 和田博雄、木村小佐卫门
  商工相 星岛二郎、石井光次郎
  运输相 平冢常次郎、增田甲子七
  递信相 （1946年7月1日新设）一松定吉
  厚生相 河合良成
  国务相（副首相，复员）币原喜重郎、（行调）斋藤隆夫、植原悦二郎、一松定吉、金森德次郎、田中万逸、膳桂之助、高濑庄太郎、星岛二郎
  官房长官 林让治

第二次吉田内阁（1948年10月15日—1949年2月15日）
  首相 吉田茂
  副首相 林让治
  外相 吉田茂
  法相 殖田俊吉
  藏相 泉山三六
  文相 下条康磨
  厚生相 林让治

农林相　　　周东英雄
商工相　　　大屋晋三
运输相　　　小泽佐重喜
递信相　　　降旗德弥
劳动相　　　曾田甲子七
建设相　　　益谷秀次
国务相　　　（官房）佐藤荣作、增田俊吉、井上知治、岩本信行、森幸太郎、工藤铁男

第三次吉田内阁（1949年2月26日—1952年10月29日）
首相　　　吉田茂
副首相　　　林让治
外相　　　吉田茂
法相　　　殖田俊吉、大桥武夫、木村笃太郎
藏相　　　池田勇人
文相　　　高濑庄太郎、天野贞祐、冈野清豪
厚生相　　　林让治、黑川武雄、桥本龙伍
农林相　　　森幸太郎、广川弘禅、根本龙太郎
商工相　　　稻垣平太郎、横尾龙、高桥龙太郎
运输相　　　大屋晋三、山崎猛、村上义
递信相　　　小泽佐重喜、田村文吉、佐藤荣作
劳动相　　　铃本正文、保利茂、吉武惠一
建设相　　　益谷秀次、增田甲子七、野田卯一
官房长官　　增田甲子七、保利茂、冈崎圣男
国务相　　　本多市郎、青木孝义、木村小左卫门、贝诠三、大野木秀次郎、山口喜久一朗、中山寿彦、周东英雄、山县胜见

第四次吉田内阁（1952年10月30日—1953年5月20日）
首相　　　吉田茂
副首相　　　绪方竹虎
外相　　　冈崎圣男
法相　　　犬养健
藏相　　　向井忠晴

文相　　　　冈野清豪
厚生相　　　山县胜见
农林相　　　小笠原三九郎、广川弘禅、田子一明
通产相　　　池田勇人
运输相　　　石井光次郎
邮政相　　　高濑庄太郎
劳动相　　　户冢九一郎
建设相　　　佐藤荣作
官房长官　　绪方竹虎、福永健司
国务相　　　本多市郎、水田三喜男、佐藤荣作、木村笃太郎、大野木秀次郎、林屋龟次郎

第五次吉田内阁（1953年5月21日—1954年12月9日）

首相　　　　吉田茂
副首相　　　绪方竹虎
外相　　　　冈崎胜男
法相　　　　犬养健、小原直、加藤镣五郎
藏相　　　　小笠原三九郎
文相　　　　大达茂雄
厚生相　　　山县胜见、草叶隆圆
农林相　　　内田信也、保利茂
通产相　　　冈野清豪、爱知揆一
运输相　　　石井光次郎
邮政相　　　冢田十一郎
劳动相　　　小阪善太郎
建设相　　　户冢九一郎
官房长官　　福永健一、安藤正纯、大野伴睦、大野木秀次郎
国务相　　　冢田十一郎、冈野清豪、户冢九一郎、小泽佐重喜、木村笃太郎、安藤正纯、加藤镣五郎、大野木秀次郎

主要参考文献

日文类著作

外務省編:『終戦史錄』1—5卷,北洋社1985年版。

外務省編:『占領及管理日本重要文件』,東洋經濟新聞社1949年版。

外務省編:『日本外交文書』,原書房1957年版。

外務省編:『日本外交文書』第1卷第1册,日本国际协会1936年版。

外務省編:『日本外交文書』第28卷第2册,日本国际联合协会1936年版。

外務省編:『日本外交年表竝主要文書』上,原書房1965年版。

外務省編:『日本外交年表竝主要文書』下,原書房1966年版。

外務省特別資料部編:『日本占領及び管理重要文書集』第1卷,東洋經濟新報社1949年版。

参謀本部編:『戦敗の記録』,東洋經濟新聞社1967年版。

大日本思想全集刊行会編:『大日本思想全集』第17册,大日本思想全集刊行会1936年版。

日本史研究会、京都民科歴史部会編:『天皇制を問う-歴史的検証と現代-』,人文書院1990年版。

日本国民外交研究会編:『戦後日本政府外交史』,三一書房1967年版。

近代日本研究会編:『近代日本研究・16・戦後外交の形成』,山川出版社1994年版。

日本国际政治学会編：『冷戦——その虚像と实像』，有斐阁 1975 年版。

歴史學研究會編：『日本史史料』4，近代卷，岩波書店 2005 年版。

岩波新書編辑部編：『日本近現代史・10・日本の近現代史をどう見るか』，岩波書店 2010 年版。

周刊新潮編辑部編：『マッカーサーの日本』，新潮社 1970 年版。

亚纪書房編集部編：『天皇制を考える』，亚纪書房 1985 年版。

朝日新聞安全保障問題調査会編：『日本の自衛力』（『日本の安全保障』8），朝日新聞社 1967 年版。

井上馨侯伝記編纂会：『世外井上公伝』第 5 卷，原書房 1968 年版。

中村隆英监修、日本内阁统计局編：『日本帝国统计年鉴 59』，每日新闻社 1996 年复刻版。

鹿島和平研究所編：『日本主要外交文書・年表』第 1 卷，原書房 1983 年版。

財団法人吉田茂記念事業財団編：『吉田茂書翰』，中央公論社 1994 年版。

財団法人吉田茂記念事業財団編：『人間吉田茂』，中央公論社 1992 年版。

吉田茂：『大磯隨想』，雪華社 1962 年版。

吉田茂：『世界と日本』，番町書房 1987 年版。

吉田茂：『大磯清談』，岡倉書房新社 1952 年版。

猪木正道：『評伝吉田茂』上、下冊，読売新聞社 1981 年版。

猪木正道：『日本宰相列伝・吉田茂』，時事通信社 1986 年版。

今日出海：『吉田茂』，中央公論社 1983 版。

大嶽秀夫：『マッカーサーと吉田茂』，中央公論社 1986 年版。

大嶽秀夫：『二つの戰後・ドイツと日本』，日本放送出版協会 1994 年版。

高坂正堯：『宰相吉田茂』，中央公論社 1968 年版。

三浦陽一：『吉田茂とサンフランシスコ講和』，大月書店 1996 年版。

原彬久:『吉田茂——尊皇の政治家』,岩波書店 2005 年版。

大塚高正:『外交と日本国憲法:吉田茂の研究』,東京文真堂 1992 年版。

麻生和子:『父吉田茂』,光文社 1993 年版。

塩沢実信:『人間吉田茂』,光人社 NF 文庫 1998 年版。

内田健三:『戦後宰相论』,文藝春秋社 1994 年版。

内田健三:『現代日本の保守政治』,岩波書店 1989 年版。

下村宏:『終戦秘史』,大日本雄弁会講談社 1950 年版。

福沢諭吉:『福沢諭吉全集』第十卷,岩波書店 1960 年版。

尾藤正英、島崎隆夫校注:日本思想大系 45『安藤昌益,佐藤信淵』,岩波書店 1977 年版。

辻善之助:『増訂海外交通史話』,内外書籍株式會社 1930 年版。

信夫清三郎:『戦後日本政治史』1—4 卷,勁草書房 1965 年版。

林房雄:『吉田茂と占领憲法:戦败と复活の戦後史』,载『林房雄評論集』4,浪曼書房 1974 年版。

宫沢喜一:『东京——ワシントンの密谈』,実業之日本社 1957 年版。

宫沢喜一:『戦後政治の証言』,読売新聞社 1991 年版。

富田信男、曽根泰教編:『世界政治のなかの日本政治』,有斐閣 1995 年版。

増田弘、波多野澄雄:『アジアのなかの日本と中国——友好と摩擦との現代史』,山川出版社 1995 年版。

神谷不二:『戦後史の中の日米関係』,新潮社 1998 年版。

神谷不二:『日本とアメリカ——協調と對立の構造』,日本經濟新聞社 1973 年版。

升味准之辅:『戦後政治——1945—1955 年』,東京大学出版社 1983 年版。

田中明彦:『日中关系 1945—1990』,東京大学出版社 1991 年版。

山口定:『政治体制』,東京大学出版社 1990 年版。

石川真澄:『人物戦後政治——私の出会った政治家たち』,岩波書店 1997 年版。

石川真澄：『戦後政治史』，岩波書店1997年版。

後藤基夫、内田健三、石川真澄：『戦後保守政治の軌跡——吉田内閣から鈴木内閣まで』上、下，岩波書店1982年版。

西村熊雄：『サンフランシスコ平和条约・日米安保条约』，中央公論新社1999年版。

西村雄熊：『日本外交史・27・サンフランシスコ平和条约』，鹿島研究所出版会1971年版。

井田輝敏：『近代日本の思想像－啓蒙主義から超國家主義まで－』，法律文化社1991年版。

岩永健吉郎：『戦後日本の政党と外交』，東京大学出版社1985年版。

原榮吉：『日本の戦後外交史潮』，慶応通信株式會社1984年版。

豊下楢彦：『安保条约の論理：その生成と展開』，柏書房1999年版。

佐々木毅：『保守化と政治意味空間』，岩波書店1986年版。

河野康子：『沖縄返還をめぐる政治と外交——日米関係史の文脈』，東京大学出版社1994年版。

河野康子：『日本の歴史・24巻・戦後と高度成長の終焉』，講談社2002年版。

陳肇斌：『戦後日本の中国政策：1950年代東アジア国際政治の文脉』，東京大学出版社2000年版。

添谷芳秀：『日本外交と中国（1945—1972）』，慶応通信出版社1995年版。

儿島襄：『媾和条约』2，新潮社1995年版。

菅荣一、山本剛士、白西紳一郎：『日中問題：現代中国と交流の視角』，三省堂1971年版。

渡辺昭夫、宮里政玄編：『サンフランシスコ媾和』，東京大学出版社1986年版。

渡辺昭夫：『戦後日本の対外政策』，有斐閣1995年版。

北川勝彦、平田雅博編：『帝国意识の解剖学』，世界思想社1999年版。

安藤彦太郎：『日本人の中国観』，劲草書房 1971 年版。
平野义太郎：『大アジア主義の歴史の基礎』，河出書房 1945 年版。
河原宏：『近代日本のアジア認識』，第三文明社 1976 年版。
佐藤誠三郎：『近代日本の対外態度』，東京大学出版社 1974 年版。
芝原拓自編：『日本近代思想大系・12・対外觀』，岩波書店 1988 年版。
渡辺几治郎：『日本戰时外交史话』，千倉書房 1937 年版。
栗栖安一編：『解説吉田松陰遺文集』，撰書堂 1942 年版。
奈良本成也編：日本的思想 19『吉田松陰』，筑摩書房 1969 年版。
林屋辰三郎：『文明開化の研究』，岩波書店 1979 年版。
西锐夫：『国に破れてマッカーサー』，中央公論新社 1999 年第 5 版。
田中良紹：『憲法調查會證言集國のゆくえ』，现代書馆 2004 年版。
富永健一：『日本の近代化と社会变动』，講談社 1990 年版。
长谷川峻：『東久邇政權五十日』，行研出版局 1987 年版。
吉田裕編：『日本の时代史・26・戰後改革と逆コース』，吉川弘文館 2004 年版。
吉田裕等：『敗戰前後』，青木書店 1995 年版。
小森阳一：『天皇の玉音放送』，五月書房 2003 年版。
朝尾直弘：『岩波講座日本历史』第 22 卷，岩波書店 1964 年版。
高畠通敏編：『討論・戰後日本の政治思想』，三一書房 1977 年版。
重光葵、伊藤隆、渡辺行男編：『続重光葵手記』，中央公論社 1988 年版。
五百旗頭真編：『米国の日本占領政策戰後日本の設計図』上、下，中央公論新社 1993 年版。
半藤一利：『昭和史（1926—1945）』，平凡社 2012 年版。
細谷千博等編：『日米关系资料集（1945—1997）』，東京大学出版会 1999 年版。
竹前荣治、天川晃：『日本占領秘史』，朝日新闻社 1977 年版。
安藤良雄編：『近代日本經濟史要覽』，東京大学出版会 1975 年版。

大西典茂：『日本の憲法』，法律文化社 1979 年版。
大江志乃夫：『日本史』（10）現代卷，有斐阁 1978 年版。
楫西光速：『日本における資本主義の発達』下卷，東京大学出版会 1954 年版。
大山梓：『山県有朋意見書』，原書房 1957 年版。
『王政復古の大号令』，載『日本史史料』4，近代卷。
『宣揚国威宸翰』，載『日本史史料』4，近代卷。
『廢藩置县詔書』，載『日本史史料』4，近代卷。
日本史籍協會：『大久保利通文書』第四卷，東京大學出版會 1986 年版。
久米邦武著、田中彰校注：『特命全權大使米歐回覽實記』第 1 卷，岩波書店 1985 年版。
杉田一次：『近代日本の政戰略——幕末から第一次大戰まで』，原書房 1978 年版。
松下芳男：『明治軍制史論』下，有斐阁 1956 年版。
原田敬一：『叢書日本近現代史日清・日露戰爭』，岩波書店 2007 年版。
松本三之介：『近代日本の中國認識』，以文社 2011 年版。
和田守、竹山护夫、荣沢幸二：『近代日本和思想2』，有斐阁 1979 年版。
佐藤达夫：『日本国憲法誕生日记』，大藏省印刷局 1957 年版。
大谷敬二郎：『昭和憲兵史』，みすず書房 1966 年版。
白鳥令編：『日本内閣』Ⅰ、Ⅱ，新評論社 1986 年版。
白鳥令編：『保守体制』上，東洋經濟新報社 1977 年版。
加瀨英明：『總理大臣の通信簿』，日本文藝社 1995 年版。
袖井林二郎編：『世界史のなかの日本占領——国際シンポジウム』，日本評論社 1985 年版。
袖井林二郎：『マッカーサーの二千日』，中央公論社 1993 年版。
袖井林二郎、竹前榮治：『戰後日本の原点——占領史の現在』上，悠思社 1992 年版。
桥川文三編：『戰后日本思想大系・7・保守の思想』，筑摩書房

1968 年版。

信田智人：『総理大臣の権力と指導力——吉田茂から村山富市まで』，東洋經濟新報社 1994 年版。

林茂、辻清明：『日本内閣史録』，第一法規出版社 1981 年版。

中村正則：『明治维新と戰後改革——近現代史論』，校倉書房 1999 年版。

中村正則：『昭和の历史卷 2 昭和恐慌』，小学馆 1982 年版。

中村正則：『象徵天皇制への道』，岩波書店 1989 年版。

藤原彰：『日本軍事史』，日本評論社 1987 年版。

田中伸尚、田中宏、波田永実：『遺族と戰後』，岩波書店 1995 年版。

三浦永光：『戰爭犧牲者と日本の戰爭責任』，明石書店 1995 年版。

西島建男：『戰後の象徵平和・民主主義・天皇制』，新泉社 1981 年版。

入江通雅：『戰後日本外交史』，嵯峨野書院 1978 年版。

古川万太郎：『日中戰後关系史筆記』，原書房 1988 年版。

山崎拓：『2010 年日本實現』，ダイャモンド社 1999 年版。

小沢一郎：『日本改造計画』，講談社 1992 年版。

有賀貞、宇野重昭、木戶翁編：『講座国際政治・4・日本の外交』，東京大学出版社 1989 年版。

大河内一男編：『資料・戰後二十年史——勞働』第 4 卷，日本評論社 1966 年版。

村川一郎：『吉田茂とジョン・フォスター・ダレス』，国書刊行会 1991 年版。

加瀬俊一：『吉田茂の遺言』，読売新聞社 1967 年版。

秦郁彦、袖井林二郎：『日本占領秘史』上、下，朝日新聞社 1977 年版。

秦郁彦：『史录日本再軍備』，文藝春秋社 1976 年版。

信田智人：『総理大臣の権力と指導力—吉田茂から村山富市まで—』，東洋経済新報社 1994 年版。

佐々木隆爾：『世界史の中のアジアと日本』，御茶の水書房 1988

年版。

伊藤昌哉：『池田勇人——その生と死』，至誠堂 1966 年版。

南博：『日本人論』，岩波現代文庫 2006 年版。

小林英夫：『大東亜共榮圈・シリーズ昭和史 7』，岩波書店 1988 年版。

矢内原忠雄：『満州問題』，岩波書店 1934 年版。

林川一郎：『ダレスと吉田茂』，国書刊行会 1992 年版。

鶴見佑輔：『後藤新平伝』，太平洋協会出版社 1943 年版。

角田順：『政治と軍事——明治・大正・昭和初期の日本』，光风出版社 1987 年版。

小山弘健、浅田光辉：『日本帝国主義』上卷，新泉社 1985 年版。

井上寿一：『国連と戰後日本外交——国連加盟への道、一九四五——一九五六』，载日本研究會编《戰後外交の形成》，山川出版社 1994 年版。

朝日新聞社編：『資料日本と中国、一九四五——一九七一』（「朝日市民教室—日本と中国」）第八卷，朝日新聞社 1972 年版。

[美] 约翰・W. 道尔：《吉田茂とその時代》上、下，大窪愿二译，中央公論社 1991 年版。

[美] 理查德・B. 菲因：《マッカーサーと吉田茂》，同文書院 1992 年版。

译著

[美] 威廉・哈代・麦克尼尔：《美国和俄国，它们的合作和冲突 1941—1946》，叶佐译，上海译文出版社 1978 年版。

[美] 保罗・克奇克梅提：《战略投降》，北京编译社译，世界知识出版社 1958 年版。

[美] 哈里・杜鲁门：《杜鲁门回忆录》，李石译，世界知识出版社 1964 年版。

[美] 埃德温・赖肖尔：《当代日本人——传统与变革》，陈文寿译，商务印书馆 1992 年版。

[美] 埃德温・赖肖尔：《日本人》，刘文涛等译，上海译文出版社

1980年版。

［美］理查德·尼克松：《领袖们》，刘湖等译，知识出版社1984年版。

［美］鲁思·本尼迪克特：《菊与刀》，吕万和、熊达云、王智新译，商务印书馆2012年版。

［美］道格拉斯·麦克阿瑟：《麦克阿瑟回忆录》，上海师范学院历史翻译组译，上海译文出版社1986年版。

［美］约翰·托兰：《日本帝国的衰亡》，郭伟强译，新华出版社1987年版。

［美］约瑟夫·C.格鲁：《使日十年》，蒋相泽译，商务印书馆1983年版。

［美］戴维·贝尔加米尼：《日本天皇的阴谋》，张震久、周郑、何高济、杨品泉、郝镇华、王绍坊等译，商务印书馆1984年版。

［美］F·C.琼斯等：《1942—1946年的远东》，复旦大学外文系英语教研组，上海译文出版社1979年版。

［美］康拉德·托特曼：《日本史》第二版，王毅译，上海人民出版社2008年版。

［美］亨利·基辛格：《大外交》，顾淑馨、林添贵译，海南出版社1998年版。

［美］保罗·肯尼迪：《大国的兴衰：1500—2000年的经济变革与军事冲突》，陈景彪等译，国际文化出版公司2006年版。

［美］乔治·费里德曼、梅雷迪恩·勒巴德：《下一次美日战争》，何力译，新华出版社1992年版。

［美］罗伯特·A.斯卡拉皮诺：《亚洲的未来》，俞源、顾德欣、曹光荣译，国际文化出版社公司1990年版。

［美］倍利：《日本的问题》，傅曾仁译，金禾出版社1996年版。

［美］约翰·W.道尔：《拥抱战败：第二次世界大战后的日本》，胡博译，生活·读书·新知三联书店2008年版。

［美］西里尔·E.布莱克等：《日本和俄国的现代化——一份进行比较的研究报告》，周师铭等译，商务印书馆1989年版。

［英］马丁·怀特、布尔、霍尔布莱德：《权力政治》，宋爱群译，

世界知识出版社2004年版。

［意］圭多·德·拉吉罗：《欧洲自由主义史》，杨军译，吉林人民出版社2001年版。

［日］户川猪佐武：《政权角逐》，李汝松译，东北师范大学出版社1980年版。

［日］户川猪佐武：《吉田学校》，上海人民出版社译，上海人民出版社1977年版。

［日］古井喜实：《日中关系十八年——古井喜实回忆录》，田家农、田红译，中国和平出版社1993年版。

［日］盛田昭夫、石原慎太郎：《日本可以说"不"》，军事科学院外国军事研究部译，军事科学出版社1990年版。

［日］高桥纮、铃木邦彦：《天皇秘闻》，包容译，群众出版社1991年版。

［日］菊池久：《总理大臣铃木善幸》，亚岩译，吉林人民出版社1982年版。

［日］岩见隆夫：《新总理中曾根康弘》，伍兴文译，世界知识出版社1983年版。

［日］中曾根康弘：《日本21世纪的国家战略》，联慧译，海南出版社、三环出版社2004年版。

［日］中曾根康弘：《新的保守理论》，金苏城、张和平译，世界知识出版社1984年版。

［日］高桥纮、铃木邦彦：《天皇秘闻》，包容译，群众出版社1991年版。

［日］伊藤昌哉：《自民党权力斗争内幕》，安志达译，天津人民出版社1984年版。

［日］高坂健次编：《当代日本社会分层》，张弦等译，中国人民大学出版社2004年版。

［日］田中伸尚：《战后日本遗族透析》，程俊英等译，学苑出版社2000年版。

［日］吉田裕：《日本人的战争观》，刘建平译，新华出版社2000年版。

［日］经济企划厅编：《国民收入倍增计划（1961—1970年度）》，孙执中、郭士信译，商务印书馆1980年版。

［日］田中角荣：《大臣日记》，吉林师范大学日本研究室译，商务印书馆1973年版。

［日］栗原健：《昭和天皇备忘录》，陈鹏仁译，台湾国史馆2000年版。

［日］寺崎英成：《日本昭和天皇回忆录》，陈鹏仁译，台湾新生报出版部1991年版。

［日］太平洋战争研究会编：《日本最长的一天》，韩有毅、夏宁生、何勇译，河北人民出版社1986年版。

［日］日中友协（正统）中央本部编：《日中友好运动史》，吴晓新、高作民、陈延、王家柏、赵晨译，卞立强校，商务印书馆1980年版。

［日］小泽一彦：《现代日本的政治结构》，世界知识出版社2004年版。

［日］斋藤荣三郎：《中曾根首相的思想与行动》，共工译，商务印书馆1984年版。

［日］猪木正道：《吉田茂传》，吴杰等译，上海译文出版社1984年版。

［日］猪木正道：《吉田茂的执政生涯》，江培柱、郑国仕等译，上海译文出版社1986年版。

［日］五百旗头真主编：《战后日本外交史（1945—2005）》，张立译，世界知识出版社2007年版。

［日］吉田茂：《十年回忆》，韩润棠等译，世界知识出版社1965年版。

［日］吉田茂：《激荡的百年史》，孔凡、张文译，世界知识出版社1980年版。

［日］信夫清三郎编：《日本外交史1853—1972》上、下册，天津社会科学院日本问题研究所译，商务印书馆1980年版。

［日］弥津正志：《天皇裕仁和他的时代》，李玉、吕永和译，世界知识出版社1988年版。

［日］宫泽喜一：《东京——华盛顿会谈秘录》，谷耀清译，世界知识出版社1965年版。

［日］竹内好：《国家的独立和理想》，载［日］竹内好著，孙歌编《近代的超克》，李冬木、赵京华、孙歌译，生活·读书·新知三联书店2005年版。

［日］大隈重信等：《日本开国五十年史》，上海社会科学院出版社2007年版。

［日］石田雄：《日本的政治文化》，章秀梅译，吉林人民出版社1991年版。

［日］田尻育三：《岸信介》，北京大学亚非研究所译，吉林人民出版社1980年版。

［日］福武直：《日本社会结构》，陈曾文译，广东人民出版社1982年版。

［日］小泽一郎：《日本改造计划》，冯正虎、王少普译，上海远东出版社1995年版。

［日］富森睿儿：《战后日本保守党史》，吴晓新、王达祥、高作民、陈昭宜译，上海译文出版社1984年版。

［日］子安宣邦：《东亚论——日本现代思想批判》，赵京华译，吉林人民出版社2004年版。

［日］土居健郎：《日本人的心理结构》，阎小妹译，商务印书馆2006年版。

［日］冈部牧夫：《伪满洲国》，郑毅译，吉林文史出版社2007年版。

［日］满史会编：《满洲开发四十年史》，东北沦陷十四年史辽宁编写组译，新华出版社1988年版。

［日］矢内原忠雄：《日本帝国主义下之台湾》，周宪文译，帕米尔书店1987年版。

［日］满洲移民史研究会编：《日本帝国主义在中国东北的移民》，孟宪章等译，黑龙江人民出版社1991年版。

［日］历史研究委员会编：《大东亚战争的总结》，东英译，新华出版社1997年版。

[日]《产经新闻社》、古屋奎二主编：《蒋总统秘录》，（台）《中央日报》社翻译出版，1975年。

中文类著作

《反法西斯战争文献》，世界知识出版社1955年版。

《日本问题文件汇编》，世界知识出版社1955年版。

《中华人民共和国对外关系文件集（1951—1953）》，世界知识出版社1958年版。

中共中央文献研究室编：《建国以来毛泽东文稿》，中央文献出版社1991年版。

《朝鲜问题大事纪要（1945—1954）》，世界知识出版社1954年版。

《周恩来选集》下，人民出版社1997年版。

《国际条约集（1934—1944）》，世界知识出版社1961年版。

复旦大学历史系编译：《1931—1945日本帝国主义侵略史料选编》，上海人民版社1983年版。

中国社会科学院工业经济研究所、日本总合研究所编辑：《现代日本经济事典》，中国社会科学出版社、日本总研出版股份公司1983年版。

秦孝仪主编：《中华民国重要史料初编——对日抗战时期》第7编《战后中国》，中国国民党中央委员会党史委员会1981年印行。

韩念龙主编：《当代中国外交》，中国社会科学出版社1987年版。

陈正飞编：《第二次世界大战史料》（第四年），大时代书局1946年版。

王惠岩：《当代政治学基本原理》，天津人民出版社1998年版。

刘军宁：《保守主义》，中国社会科学出版社1998年版。

黎澍主：《论历史科学》，人民出版社1980年版。

杨孝臣：《日本政治现代化》，东北师范大学出版社1997年版。

周颂伦：《现在日本社会转型期研究》，东北师范大学出版社1998年版。

李国庆编：《日本社会结构特性与变迁轨迹》，高等教育出版社2001年版。

王少普、吴冀南:《战后日本防卫研究》,上海人民出版社 2003 年版。

任晓、沈丁立编:《保守主义理念与美国外交政策》,上海三联书店 2003 年版。

沈丁立、任晓编:《现实主义与美国外交政策》,上海三联书店 2004 年版。

金熙德等:《再生还是衰落——21 世纪日本的抉择》,社会科学文献出版社 2006 年版。

刘天纯:《日本改革史纲》,吉林文史出版社 1988 年版。

吴廷璆主编:《日本近代化研究》,商务印书馆 1997 年版。

徐思伟:《吉田茂外交思想研究》,世界知识出版社 2001 年版。

刘炳范:《战后日本文化与战争认知研究》,中国社会科学出版社 2003 年版。

张耀武:《中日关系中的台湾问题》,新华出版社 2004 年版。

王新生:《现在日本政治》,经济日报出版社 1997 年版。

彭曦等:《战后日本的政策研究》,中国社会出版社 2003 年版。

郑毅:《铁腕首相吉田茂》,世界知识出版社 2001 年版、2009 年版。

郑毅:《破解困局的智慧——吉田茂政治思想研究》,世界知识出版社 2011 年版。

何思慎:《摆荡在两岸之间:战后日本对华政策(1945—1997)》,台北东大发行 1999 年版。

林金茎:《战后中日关系与国际法》,台湾中日关系研究会 1987 年版。

高增杰编:《日本的社会思潮与国民情绪》,北京大学出版社 2001 年版。

高增杰:《"脱亚论"的形成——福泽谕吉国际政治思想变化轨迹》,载《日本研究论集》4,南开大学出版社 1998 年版。

秦孝仪编:《先总统蒋公思想言论总集》,台北中央党史委员会 1984 年版。

李卓:《中日家族制度比较研究》,人民出版社 2004 年版。

戴季陶：《日本论》，海南出版社1997年版。

王振锁：《自民党的兴衰——日本"金权政治"研究》，天津人民出版社1996年版。

高洪：《日本政党制度论纲》，中国社会科学出版社2004年版。

吴寄南：《日本新生代政治家》，时事出版社2002年版。

张宗平、汤重南：《2000万中国人之死》，辽沈书社1995年版。

冯昭奎：《战后日本外交史》，中国社会科学出版社1996年版。

冯玮：《日本通史》，上海社会科学院出版社2008年版。

张篷舟：《中日关系五十年大事记1932—1982》，文化艺术出版社2006年版。

顾维钧：《顾维钧回忆录》第9册，中国社会科学院近代史研究所译，中华书局1989年版。

于群：《美国对日政策研究1945—1972》，东北师范大学出版社1996年版。

林代昭：《战后中日关系史》，北京大学出版社1992年版。

米庆余：《近代日本的东亚战略和政策》，人民出版社2007年版。

米庆余：《日本百年外交论》，中国社会科学出版社1998年版。

高乐才：《日本"满洲移民"研究》，人民出版社2000年版。

孙春日：《中国朝鲜族移民史》，中华书局2009年版。

资中筠：《美国对华政策的缘起与发展（1945—1950）》，重庆出版社1987年版。

网络文献

亚洲历史资料中心，http：//www.jacar.go.jp/。

国立公文书馆，http：//www.digital.archives.go.jp/DAS/meta/Metsearch.cgi。

外务省外交史料馆，http：//www.mofa.go.jp/mofaj/annai/honsho/shiryo/。

国会图书馆近代数据库，http：//kindai.ndl.go.jp/。

后　记

　　这本文集中所收录的文章，是我从1985年起在吉林大学日本所攻读国别史硕士研究生时期开始撰写的有关战后日本保守政治家、亲英美外交家吉田茂的研究成果，在30年的日本史学习、研究过程中，对战后日本外交政策史的关注始终是我的学术兴趣所在。

　　为了保持当年笔者撰文时的学识、见解的原貌，在这次收集、整理过程中除对个别文字有修正外，文章的内容、结构和基本观点均未加改动。

　　北华大学东亚历史与文献研究中心的高超同学为文集的整理工作付出了很大的努力；我的学生李少鹏博士对文稿做了认真细致的校勘工作；中国社会科学出版社的梁剑琴女士作为责任编辑，为文集的出版提出了很好的建议，在此一并致谢。